한국어로 내려온
New Bible

새로운
성 경

제83권

6부 | 총10부

하얀마음

하나님 말씀 중에서

1. 사랑의 하나님

- 세상을 창조하신 하나님은 모두를 사랑하신다. 인간만 특별히 더 사랑하지 않고, 우주 만물을 다 똑같이 사랑하신다. 그러니 하나님이 창조하신 천지 만물과 화친하고, 미물까지도 소중히 대하라.

- 하나님은 특정 종파나 민족만을 더 사랑하지 않으신다. 자기 자신만 구원받겠다는 욕심을 버리고, 자기 종파만 구원받는다는 편협한 교리에서 벗어나야 한다. 종파를 초월해서, 모두를 사랑하라.

- 원수까지 사랑하라 했으니, 이 세상에 사랑하지 못할 자가 누가 있겠는가? 종파가 다르다고 해서 부모 형제와 원수처럼 지내는 자는 인간의 근본을 모르는 자다. 가장 가까운 가족부터 사랑할 때 남도 진심으로 사랑할 수 있다.

- 한 사람을 원수같이 생각하던 마음에서 사랑하는 마음으로 돌리면, 자기 자신의 마음이 가장 기쁘고 행복하다. 하나님께서는 인간의 마음속에 무거움이 없이 기쁘고 행복한 삶을 살기를 바라신다.

- 이웃을 "내 몸처럼" 사랑하라 했으니, 마지막 한 장 남은 천국의 티켓도 이웃에게 양보하라. 자기 중심적인 신앙에서 벗어나서 남을 위해 살아야 한다.

- 독초도, 약초도, 이단도 사탄도 천사도 다 필요하기에 존재한다. 독초일지라도 극소량을 사용해서 생명을 살릴 수 있고, 약초라 하더라도 남용하면 생명을 잃을 수 있다.

- 세상 모든 것을 명약으로 활용하는 것은 인간의 지혜에 달렸다. 어떤 것이든 어떤 사람이든 적재적소에 꼭 필요한 명약으로 승화시키라.

- 사탄도 이단도 천사도 모두 하나님의 주관하에 존재한다. 진정한 하나님의 백성은 사탄과 마귀까지도 감화시켜서 천사로 거듭나게 한다.

2. 기도

- 하나님은 인간의 생각까지 모두를 다 알고 계신다. 우리의 소원도 이미 알고 계시기에, 소원의 기도를 할 필요가 없다. 우리가 받을 자격이 되면 내려 주신다.

- 죄를 짓고 아무리 회개를 해도 용서받지 못한다. 도둑질한 자는 용서해 달라고 기도하고, 도둑맞은 자는 도둑을 잡게 해 달라고 기도하면, 공의의 하나님은 누구의 편에 서시겠는가?

- 자기가 잘못한 것은 그 사람에게 직접 갚고 용서를 구하라. 그가 용서하면 하나님도 용서하신다. 땅에서 매면 하늘에서도 매이고, 땅에서 풀리면 하늘에서도 풀리는 이치다.

- "회당에서 기도하지 말고 골방에서 기도하라" 했다. 눈에 보이는 골방이 아니라, 골방과 같이 고요한 마음이다. 잡념을 버리고 하나님을 향해 마음을 집중하며, 사랑하고 용서하는 아름다운 생각만 나오도록 하라.

- "두드리면 열릴 것이다." 하는 것은 육의 소원을 위해 두드리라는 것이 아니라, 진리의 깨달음을 얻기 위해 두드리라는 것이다.

- 기도하는 방법: 생활 속에서 수시로 기도하는 삶을 살아야 한다.

- "저의 죄를 용서하여 주옵소서." 하는 회개의 기도를 하라.
- 범사에 "하나님! 감사합니다." 하라. 현재 가진 것에 감사하며, 과욕하지 말라. 자기 노력 이상의 것을 더 갖고자 기도하는 것은 도둑놈심보다. 공의의 하나님은 각자 노력한 만큼 주신다.
- "하나님 뜻대로 살아가겠나이다." 하며 마음의 각오를 다지라.

- 기도는 하나님의 말씀을 받아서 "행하는 것"이다. 하나님이 계심을 굳건히 믿고, 하늘을 향하여 한 점 부끄럼 없이 사는 삶 자체가 가장 위대한 기도이며, 삶이 곧 예배다.

3. 지도자

- 똑같이 사랑한다는 말을 해도, 순수하게 하는 말은 천사의 말이지만, 사기 쳐서 재산을 가로채려고 하는 말은 사탄의 말이다.

- 종교 지도자가 아무리 훌륭한 설교를 해도, 신도의 재물을 거둬서 더 큰 교회를 짓고 자기의 부귀영화를 바라며 설교하면 사탄의 가르침이 된다.

- "저희 교회는 만원사례요, 믿음은 다 같으니 이웃의 개척 교회에 가서 예배를 드리시오." 하며, 이웃 교회의 부흥을 먼저 생각하여 제 신도를 보내는 종교 지도자가 있다면 그를 따르라. 그가 하나님의 사랑을 실천하는 자다.

- "부자가 천국에 들어가는 것은 낙타가 바늘구멍을 통과하는 것보다 더 힘들다" 하였거늘, 지금의 교회에서는 부자가 되기만을 기도하고 소원하니, 이는 곧 천국을 포기하고 지옥 행 열차의 티켓을 사는 것과 같다.

- 예수는 빈손이었다. 종교 지도자가 예수보다 더 호화롭고 편안하게 살아간다면 잘못된 것이다. 부귀영화와 명예를 바라는 자는 절대로 갈 수 없는 좁고 협착한 길이 종교 지도자의 길이다.

- 종교 지도자는 유리로 비춰 봐 한 점의 부끄러움이 없이 살아야 한다. 의식주도 직접 일해서 해결하고, 예수의 가르침과 행함을 그대로 따라야 한다.

- 종말은 없다. 지금의 잘못 가는 종교 집단에게만 종말이 있다. 보이지 않는 하나님은 보이는 육의 종말은 관여하지 않으신다. 환경 파괴로 인간이 스스로 멸망을 자초하는 것이다. 종파끼리 싸우기 전에, 무너진 인성을 바로잡고 지구의 몸살을 해결하는 데 뜻을 모으는 게 급선무다.

4. 성전이란

- 이 세상 자체가 하나님께서 만드신 성전이다. 자연보다 더 아름다운 성전이 있는가? 보이는 건물이 성전이 아니라, 성스러운 마음가짐이 성전이다.

- 반석 위에 교회를 지으라 했다. 지상의 단단한 돌은 인간이 쪼갤 수 있으나, 마음속의 굳은 결의는 세상 무엇으로도 쪼갤 수 없다. 바르고 굳건한 믿음으로 성경의 가르침을 실천하는 것이 마음의 반석 위에 교회를 짓는 것이다.

- 손으로 지은 건물의 교회에 모여서 복음을 전하는 것이 아니라, 교회를 개인과 가정에 심어 주어야 한다. 무너지고 부서지는 건물을 짓지 말고, 마음속에 영원히 불변하는 참진리의 교회를 지으라.

5. 십계명

▪ 십계명은 인간이 죽어서 반드시 통과해야만 하는 열 개의 관문이다.

- 부모를 공경하지 아니한 자는 "네 부모를 공경하라." 하는 제5계명의 관문이 열리지 않으니 구원받을 수 없다.
- 살인, 간음, 거짓, 우상 등의 나머지 계명도 마찬가지다.

▪ 십계명은 하나님의 친필이다. 모기소리만 한 하나님의 음성이라도 들어 보겠다고 여기저기 찾아 헤매지 말고, 십계명부터 암송하고 지키라.

▪ 십계명은 영혼을 구원하는 양식이며, 십계명을 지키는 것이 구원을 받는 길이다. 인간이기에 지키고자 노력하고 또 노력한다면 지킬 수 있다.

▪ 십계명을 지키고 천사처럼 아름답게 살아가는 그 마음 하나면 세상에 이루어지지 않는 것이 없다.

6. 보물

▪ 하나님은 재물이 아니라 우리의 마음을 받으신다. 사랑을 실천하며 천사처럼 변하는 마음이 하나님께 바치는 보물이다.

▪ 보이지 않는 하나님께 재물을 바치려 하지 말고, 너희를 길러 준 부모에게 용돈 드리고, 찾아뵙고, 효성을 다하라. 그것이 하나님께 효도하는 것이다.

▪ 하늘에는 선과 악의 창고가 있다. 자기 창고에 선이 많으면 천국으로 구원을 받고, 악이 많으면 심판받아 지옥으로 간다. 그것이 바로 "선한 일을 행한 자는 생명의 부활로, 악한 일을 행한 자는 심판의 부활로" 나오는 것이다.

▪ "선악과를 따먹지 말라"는 것은 양심을 지키라는 것이다. 선과 악을 구분할 수 있는 양심을 최초에 인간에게 주셨다. 선한 열매는 취하고, 악한 열매는 버리며, 양심에 비추어 부끄럼 없는 삶을 살아가라.

▪ 가장 작은 거짓말을 하지 않고, 가장 작은 죄를 짓지 않으며, 가장 작은 선행을 하고, 가장 작은 악행을 멀리하는 것이 율법의 일점 일획도 빠뜨리지 말고 다 지키는 삶을 사는 것이다.

7. 우상

- 박물관에 있는 불상은 하나의 예술품이다. 그 조각품에 대고 제 소원을 빌 때 우상숭배가 된다. 십자가라 하여도 그 앞에서 소원을 빈다면 우상숭배하는 것이며, 하나님께 소원을 빈다면 하나님을 우상으로 전락시키는 것이다.

- 지금 기복신앙에 젖어 있는 모든 사람이 우상 앞에 절을 하고 있다. 조각품을 우상이라며 파괴하지 말고, 네 마음속에 있는 욕심의 우상을 무너트리라.

- 생수를 약초가 먹으면 약을 만들고 독사가 먹으면 독을 만든다. 같은 성경을 봐도 선한 지도자는 신도를 천사로 만드는 데 활용한다. 그러나 욕심이 가득한 지도자는 재물을 거두어들여 제가 부귀영화를 누리는 데 악용한다. 그가 바로 성경을 우상숭배의 도구로 전락시키는 거짓 선지자다.

- 성경을 한 획도 빼거나 더하지 말라는 것은, 그 가르침을 빠트리지 말고 온전히 지키라는 것이다. 성경 속에서 자기에게 유리한 구절만 보는 것은, 자기에게 불리한 구절들을 빼 버리는 것이다. 믿음이 제일이요, 행함은 구원과는 관계없다는 것은 자신에게 유리한 쪽으로 성경을 악용하는 것이다.

- 진정한 종교 지도자는 종파에 관계없이 어떤 종파든 어떤 책이든 접하고 보고 깨우쳐 견문을 넓히도록 인도한다. 참진리를 모르고 자신이 없는 자가 남을 이단이라며 배척하고, 신도들의 눈과 귀를 가린다.

8. 예수

- 예수의 재림은 없다. 예수가 다시 온다 해도, 과연 누가 그를 예수라고 믿겠는가? 예수와 같은 삶의 행함이 곧 예수의 재림이다. 각자 모두가 "재림 예수"가 되는, 차원 높은 믿음으로 가야 한다.

- 예수는 "주여 주여 하지 말고, 아버지의 뜻대로 행하라"고 했다. 예수가 전한 하나님의 뜻이 곧 "길이요, 진리요, 생명"이며, 그 가르침이 예수의 보혈처럼 소중한 것이다. 예수를 믿는 것은, 예수의 가르침을 믿고 따르는 것이다.

- 예수는 낮은 자로서 만백성을 섬기고자 했다. 만나는 모든 사람을 다 하나님이라 생각하라. 돈을 벌수록 겸손하고, 높은 지위를 얻을수록 낮아지라.

▪ 예수는 종파를 만들지 않았다. 인간이 만든 종교와 인간의 교리를 따르지 말고, 예수를 통해 전한 하나님의 참진리를 연구하고 따르라.

▪ 예수가 2천 년 전에 만백성을 위해 죽었으니, 지금 이 땅에는 예수의 가르침대로 사는 천사만 존재해야 한다. 예수가 죽어 가면서 바란 것은 만백성이 천사가 되어 예수의 자리를 채워 주는 것이지, 지금과 같이 재물을 바치면서 중언부언 제 소원만을 비는 백성들을 바란 것이 아니다.

9. 구원

▪ 천사가 사는 천국에는 천사만 갈 수 있으니, 천사 같은 마음을 길러야 한다.

- "천국 열쇠를 네게 주리니 땅에서 무엇이든지 매면 하늘에서도 매일 것이라" 했다. 땅에서 천사같이 사는 자가 하늘에서도 천사가 되어 천국에 들어간다. 모든 사람에게 천사같다는 말을 듣는 삶을 살아야 한다.

▪ 천사의 곱고 아름다운 마음은 부모를 공경하고 어른을 어른으로 대접하는 데에서 출발한다. 효도하는 자는 형제와 화목하게 지내기에 가정이 화목해지고, 이웃과 화목해지고, 국가가 화목해지고, 온 인류가 화목해진다.

- 그러므로 지상의 아름다운 소왕국은 가정에서부터 이루어야 한다.

▪ 선택된 14만 명만 구원받는 것이 아니라, 천사처럼 변하고자 하는 14만 명을 기초로 온 인류가 천사처럼 거듭나는 영적인 개혁이 시작되는 것이다.

▪ 천 년에 걸쳐서 하늘에서 이루어진 것같이 이 세상을 낙원으로 만들어, 만백성이 지상의 천국에서 살다가 죽어서 그대로 하늘의 천국으로 들어가는, 영원한 지상 낙원을 건설하는 것이 하나님의 계획이다.

- **이것이 구약과 신약에 이어 "새로운 성경"으로 역사하시는 하나님의 창조의 완성이다.**

▪ 지금의 믿음으로 구원받을 수 있다면 그 길을 가라. 그러나 자신이 없다면 하나님께서 직접 내리신 160권의 "새로운 성경"을 읽고 구원의 길을 보라!

하나님 머리말씀

이 새로운 성경을 읽는 너희 모두는
이 율법에 따라 행하면 영원히 구원받을 것이니라.

너희 인간이 수년, 수십 년, 평생
성서를 공부하고 기도하는 것은
하늘나라 나의 곁으로 오고 싶은 소망일진대,

몇천 년 전의 너희 인성과 생각이
지금의 너희와는 판이하게 다르니,

꺾여 가고 병들어 가는 너희를 고칠 수 있는 길은,
오늘 내가 선지자에게 내리는 새로운 성경과 같이
너희가 변화되는 것뿐이니라.

나의 예수가 태어난 것처럼
내가 아들 선지자를 선택하여
나의 새로운 성경을 온 세계에 전하고자 하니,

묵은 것은 버리고 새로운 것은 취하여,
너희 모두는
'여호와 하나님! 저의 죄를 용서하여 주옵소서.'
하는 기도문으로 기도하고, 죄를 뉘우치라.

이 새로운 성경은
수천 년간 내려온 성서를 요약한 것이니,
너희는 이 책을 정독하여 쉽게 깨달음을 얻고,
이대로 실천하여 하늘에 오르라.

대역자 머리말

■ 하나님의 율법을 지키는 선지자로 선택을 받도다.

저는 남들처럼 그저 열심히 살아온 평범한 사람이었습니다. 그러나 50대 중반에 사업에 실패하여 많은 부채에 시달렸으며, 건강도 악화되어 눈이 잘 안 보이고, 걷기도 어렵고, 두통이 심해서 잠을 이룰 수 없는 고통의 나날을 보냈습니다. 그때 제가 선택할 수 있는 것은 육의 삶을 끝내는 길뿐이었습니다.

죽기 직전에 그동안에 죄를 지은 이들에게 용서를 빌고 인생을 끝내기로 작정하였습니다. 어려서부터 지은 죄를 빌고 빌다 보니 끝이 없었고, 죽음으로도 그 많은 죄를 용서받을 길이 없다는 생각에 하염없이 눈물이 흘렀습니다. 그 순간 '재래식 화장실의 구더기는 죄를 짓지 않는데, 나는 인간으로서 구더기만도 못한 삶을 살았구나.' 하는 생각이 들면서 괴로움에 몸부림칠 때, 갑자기 하나님의 음성이 들렸습니다.

"나는 여호와 하나님이니라. 너는 십계명을 암송하고 내가 내려 주는 메시지를 받아 책으로 만들어 만백성을 구하라." 하시며, 제 눈을 손으로 문지르게 하시고, 아픈 머리와 다리를 손으로 두드리게 하셨습니다. 그러고 나니 눈도 잘 보이고 걸을 수 있었으며 머리의 통증도 말끔히 낫게 되었습니다. 그때부터 십계명을 암송하고 나면 들려주시는 말씀을 기록하였고, 1999년 8월부터 2004년 7월까지 권당 288쪽, 총 160권을 받아서 "새로운 성경"이라는 책으로 펴내게 되었습니다.

그러한 저에게 죽기보다도 힘든 길이 시작되었습니다. 모든 교인들이 저에게 사탄이요, 이단이요, 악마요, 마지막 시대에 온 거짓 선지자라 하면서 공격하였고, 저를 짐승을 보듯이 대하는가 하면, 편협한 종교 지도자들의 선동으로 신도들이 이 책을 직접 읽어보고 평가할 기회마저 막아 버렸습니다. 그래서 하나님의 말씀을 세상에 내는 데 많은 어려움을 겪으며, 피를 토하는 심정으로 책을 전하고 있습니다.

그러나 아무리 인간의 힘으로 막으려 해도, 하나님의 뜻이 세상에 전해지는 위대한 역사는 계속될 것입니다. 책으로 전해지는 "하나님의 말씀"은 세상 끝날까지 항상 우리와 함께하실 것입니다. 사람은 죽어도, 책에 기록된 말씀은 영원히 남으니까요.

■ 따뜻한 실천

하나님께서는 어려운 사람들에게 삶의 터전을 마련해 주고, 미래를 열어 주는 것을 기뻐하십니다. 어려운 이웃이 스스로 자립할 수 있도록 이끌어 주는 것이 진정으로 이웃을 돕는 것이라고 말씀하셨습니다. 그래서 일자리가 없는 제자들에게 작은 사업장을 만들어 주는 "달란트 사업"을 하고 있습니다. 식당, 반찬 가게 등을 차려 주고, 기존의 어려운 사업장이 자립할 수 있도록 돕고 있습니다(커피숍, 미용실, 의상실 등).

하나님께서는 교회에 나와서 모든 시간과 재물을 쏟기를 원하지 않으시고, 그 시간과 재물을 교육에 투자하여 스스로 미래를 열어 가기를 원하십니다. 그래서 제때 공부하지 못한 제자들에게 학업을 이어 가도록 하였습니다. 중화요리 주방장을 하며 초등학교 검정고시부터 공부하여 2012년에 방통대를 졸업한 36세 남성, 만학도들의 2년제 중학교에 입학해서 2007년에 명지대학을 졸업한 38세 여성, 중학교 검정고시를 시작으로 숭의여자대학을 졸업한 47세 여성 등이 있습니다. 그밖에도 많은 제자들에게 나이를 초월하여 배우고 깨우쳐서 사회 속의 당당한 일원이 되도록 인도하고 있습니다.

학자금 대출로 힘겨워하는 젊은이들을 위해 "따뜻한 바람 장학회"를 발족하여(2016년 12월) 대출받은 학자금 전액을 매월 갚아 주고 있습니다. 또한, 다문화 가정을 위해 "다문화 가족 랜드"를 조성하여, 각종 시설을 무료로 활용하도록 하고 있습니다.

이러한 따뜻한 실천이 아직은 미약합니다. 그러나 책의 수입이 늘고, 저와 뜻을 같이하는 분들이 늘어나면 계속 확대할 것입니다. 지도자로서 신도의 재물을 헌금으로 거둬들여 착복하는 것이 아니라, 하나님께서 기뻐하시는 일에 사용하도록 중매 역할만 하며 살아가고자 합니다. 이런 제가 과연 사탄이고 이단인가요? 하나님께서 기뻐하시는 일이라면, 저에게 사탄이라 하든 거짓 선지자라 하든 굽히지 않고 실천해 나갈 것입니다.

끝으로, 일상의 삶 속에서 "지금 내가 하는 행동이 과연 하나님께서 기뻐하실까, 슬퍼하실까?" 생각하고, 매사에 하나님께서 기뻐하시는 길을 택하기 바랍니다. 교회에 모여서 집단적으로 예배 드리는 것이 아니라, 개인이나 가정 단위로 새로운 성경을 읽어 스스로 깨우치고 그대로 행하면 충분합니다. 그것이 마음속에 성전을 짓고, 신령과 진정으로 예배 드리는 길입니다. 그러면 천국의 문에 들어서게 됩니다.

2017. 2. 1.

하나님 말씀 대역자 김용철

차 례

십 계 명

이 책은 십계명을 암송하고 나면 내려 주시는 "하나님의 음성"을 듣고 그대로 받아쓴 기록입니다. 하나님께서 십계명을 모세에게 내려 주셨지만, 그것은 만백성에게 내려 주신 것입니다. 마찬가지로 이 책의 모든 말씀도 저에게 내려 주셨지만, 만백성 각자에게 들려주시는 말씀입니다. 여러분도 이 책을 접할 때마다 십계명을 암송하고 나서 정독해 주시기 바랍니다.

제일은, 너는 나 외에는 다른 신들을 네게 있게 말지니라.

제이는, 너를 위하여 새긴 우상을 만들지 말고, 또 위로 하늘에 있는 것이나, 아래로 땅에 있는 것이나, 땅 아래 물 속에 있는 것의 아무 형상이든지 만들지 말며, 그것들에게 절하지 말며, 그것들을 섬기지 말라.

제삼은, 너는 너의 하나님 여호와의 이름을 망령되이 일컫지 말라.

제사는, 안식일을 기억하여 거룩히 지키라.

제오는, 네 부모를 공경하라.

제육은, 살인하지 말지니라.

제칠은, 간음하지 말지니라.

제팔은, 도적질하지 말지니라.

제구는, 네 이웃에 대하여 거짓 증거하지 말지니라.

제십은, 네 이웃의 집을 탐내지 말지니라.

나 여호와가 존재함을 믿는 그 자체가 구원의 길에 들어서는 기본이요, 근본이며, 나의 새로운 성경을 가슴에 안고 정독하는 자, 반석 위에 서서 하늘에 오르는 찬란한 빛을 보게 되는 영광을 얻게 됨이니라. 진정 나를 따르고 믿는 자는 감히 사탄이나 마귀도 근접하지 못하느니라.

〈하나님 말씀〉

2003년 4월

6,069 번째 하나님 말씀

2003년 4월 30일 17시 41분

1 사랑하는 나의 아들아!
2 "네, 아버님! 말씀하옵소서."
3 이 세상이 내가 만든 가장 아름다운
성전이라 하였음이니,
4 내가 만든 성전 안에 있는 모든 동식
물이요, 인간인 나의 백성 너희는 다
똑같은 존재라는 그와 같은 폭넓은 마
음으로써 세상을 바라보며 그리 살아
가도록 해야 함을 잊어서는 아니 되느
니라.
5 지금은 내가 모든 백성을 구원하고자
하며 천 년에 걸쳐 이 지상에 아름다
운 낙원을 만드는 그와 같은 역사를
함에 있어서,
6 모든 백성이 또한 제 나름대로 제 직
분을 다하고 있으며,
7 그들이 제 나름대로 노력하는 자들이
수없이 있음이니,
8 그리고 모든 종파요, 모든 집단이 나
여호와가 존재함을 전하며 또한 깨우
쳐 가고 있음이니라.
9 또한, 그들이 일부의 담당하는 역할이
큼을 너는 그들을 사랑으로써 봐야 함
을 알아야 할 것이니라.
10 그들이 바르고 곱게 갔다면 내가 나의
법전을 통하여 그들의 잘못된 부분을
말하지 아니하려 했으나,
11 너희의 열 가지 중에서 여덟 가지를
잘못하며 한두 가지만을 지키는 그와
같은 역사를 하고 있음이니라.
12 그러니 그와 같은 두 개의 역사하는
것도 그들이 아니면 또 오늘과 같은
나 여호와가 존재함을 만방의 구석구
석에까지 전하겠는가?
13 너희가 생각할 때는 그들이 적이며 그
들이 정적보다도 더 무서우며 그들로
하여금 너희가 벽을 넘기가 너무 어렵
고 힘든 오늘의 이 형국이 되었으나,
14 또한 그들이 무너지기 시작할 때, 그
들이 나의 법전을 읽고 깨우쳐 정녕
하늘에 오르는 길이라 깨달을 때, 저
희는 지금보다도 열 배 더 강한 마음
으로 너를 따를 것이며,
15 나의 법전을 가슴에 안고 정독할 것이
며,
16 만백성에게 전하는 백성이 그중에서
나오게 되어 있음을 알아야 할 것이
니라.
17 그 일부를 구원하기 위하여 오늘의 역
사가 이루어졌음을 너는 그리 알아야
할 것이며,
18 그리하여 이 지상에 있는 모든 동식물
은 물론이요, 모든 종파를 떠나 모든
백성을 네 가슴에 안는 그와 같은 아
름다움을 네가 가지며,
19 그들에게 네가 할 수 있는 일이요, 네
가 역사할 수 있는 일이요, 나의 법전
이 세상에 전한 역사의 일부를 그들이
수고로움을 하고 있다는 것을,
20 너는 항상 그들에게 감사하는 마음을
갖고 살아가도록 그리하라.

21 그것이 네가 가야 할 길이니라.
22 모든 기적의 역사를 체험하며 나의 음
성을 들으며 나의 형체를 보며 나로부
터 직접 받는 것은 오로지 너 하나뿐
이니,
23 그 모두는 다 부분적으로 나의 법전
을 때로는 그들이 역사할 것이니라.
24 때로는 그들이 그를 전할 것이며 또한
지금의 믿음보다도 더 무섭게 나의 법
전이 하늘에 오르는 길이요, 참진리라
그리 외치는 자, 그중에 나올 것이며
또한 전사로 쓸 자 수없이 있음이니라.
25 이 점을 너는 깨우쳐 알아야 할 것이
니라.
26 그리고 너의 제자들에게 일깨워 전하
도록 그리하라.
27 모든 역사를 하며 기적의 그 모두를
듣고 나 여호와의 음성을 들으며 나로
부터 메시지를 전하는 나의 아들을 따
르는 너희가 얼마나 귀하고 소중한
존재인가,
28 그 제자들이 그것부터 먼저 깨우쳐야
함을 알아야 할 것이니라.
29 너희보다도 더 소중한 자가 없으며 너
희보다도 더 귀한 자가 없다는 것을
너희는 알아야 할 것이니라.
30 너희는 그러기에 나로부터 선택된 백
성이요, 나를 따르는 백성이요, 내가
역사하고자 하는 대업을 이루고자 하
는 선택된 백성이니라.
31 특히나 나의 아들을 따르는 제자 너희
는 살아가면서 그리하여 남들에게 바
른 모습이요, 곧은 자세로써 보여 줘
야 하며,
32 한 점의 부끄럼이 있는 삶을 살아서는
아니 되는 것이 나의 법전을 읽은 백
성이요, 나의 아들을 따르는 제자들이
가야 할 길이니라.
33 어렵고 힘든 길이나, 너희가 훈련의
과정을 거치고 나면, 너희는 그 모두
얼마나 행복한 것인가를 알게 될 것이
니라.
34 훈련이라는 것을 거치지 아니하면 너
희가 거기에 얻어지는 것이 없으며 이
루는 역사가 없다는 것을 알아야 할
것이니라.
35 그러니 너희는 남의 눈이 무서워, 남
이 보는 것이 두려워서, 남에게 어떠
한 소리를 들을까 봐, 남에게 들킬까
봐,
36 그리하여 너희가 남이 보지 않는 곳에
서, 또는 남들이 보는 곳에서 행하는
행동이 달라서는 아니 됨이니라.
37 너희는 남이 보지 않는 곳에서 행함이
두려운 줄 알며, 남들이 보지 않는 곳
에서 너희가 실수를 저지르는 것, 그
리고 남을 속이는 것, 그 모두가 얼마
나 두렵고 무서운 죄인가를 알아,
38 너희는 그와 같은 삶을 살아서는 정녕
아니 됨을 알아야 할 것이니라.
39 남들의 눈이 무서워서, 남들이 보는
것이 두렵고 겁이 나서, 남들의 입방
아에 오르는 것이 두려워서 너희가 다
스려 나가는 그와 같은 깨달음이라는
것은 깨달음이 아니라는 것이니라.
40 어려운 것을 용서하며 용서할 수 없는
것을 용서하는 것이 용서라 내가 말했
듯이,
41 그와 같이 너희가 남들이 보지 않는
곳에서 완벽한 삶을 살아가고자 노력

하는 것이 나의 아들을 따르는 제자들
이요, 나의 법전을 읽고 깨우친 백성
너희가 해야 할 일임을 알라.
42 남을 의식하지 아니하며 지키고 행하
는 행위, 그것이 진정한 변화된 모습
이니라.
43 그리하여 너희는 진정한 변화의 모습
으로써 만백성에게 비칠 때,
44 그들이 나의 법전을 읽고 깨우치는
자, 나의 법전을 놓고 결정하지 못하
는 자,
45 나의 법전을 놓고 이것이 사탄인가 이
단인가 고민하며 기존의 종파 속에 그
대로 몸을 담아 죽을 때까지 그대로
가는 것이 현명하지 아니할까 하여
결정을 못 하는 그 백성에게,
46 너희가 그들을 구원하는 길이 바로 너
희가 남들이 보지 않는 곳에서 행하는
것과 보는 곳에서 행하는 것이 일치하
는 그와 같은 삶을 사는 것이 가장 소
중함을 잊지 말라, 사랑하는 나의 아
들딸들아!

6,070 번째 하나님 말씀

2003년 4월 30일 17시 47분

1 사랑하는 나의 아들아!
2 "네, 아버님! 말씀하옵소서."
3 '하늘에 오르는 길'이요, '하나님! 말
씀하옵소서'라는 나의 이 법전을 사탄
이요, 이단이라 말하는 자,
4 그리고 네가 마지막 시대에 온 거짓
선지자며 왕사탄이라 말하는 자들,
5 그 모든 종교 집단과 지도자, 그들은
자신이 참진리요, 하늘에 오르는 길을
모르며 저 자신이 어디에 서 있는지
제 신분이 무엇인지도 모르는 자들이
니라.
6 그러니 그들이 하늘에 오르는 길이 무
엇이며 내가 원하는 것이 무엇이며 내
가 역사하는 것이 무엇인지 모르는
그들의 수준은 한계가 있으며,
7 더 이상 그들의 수준으로써는 전진할
길도 없으며, 더 나갈 길도 없으며,
8 성서를 가지고 저희가 평생 재탕하고
또 재탕하는 그와 같이 거짓말의 한계
도 이제 더 이상 나갈 길이 없으며,
9 저희가 나의 피조물 만백성을 속이고
재물을 거둬들이는 방법도 다 바닥나
있으며 마지막에 봉착한 그들의 형국
이니라.
10 그러니 그들이 존재할 수 없으며 더
이상 이끌어 갈 수 없고 그것이 힘들
며,
11 교회라는 곳에서, 종교 집단에서 떠나
는 백성은 늘어나나, 저희 앞에 고개
숙여 경배하며 맹종하고 맹신하며 재
물을 바치는 그 백성은 줄어듦이니,
12 그를 지키고 관리할 수 있는 길이 없
음이니라.
13 그때 신흥 종교요, 다른 종교 집단이
하나 생겼을 때 그들은 그것이 이단이
요, 말세에 사탄이 나오는 것이니, 너
희는 저희 성전이요, 저희가 만든 교
회를 떠나서는 안 된다 하여,
14 떠나는 저희 신도들을 묶어 놓으며 그
들을 남겨 놓고 존재할 수 있도록 하
는, 저희에게 더 이상 좋은 방법이 없
는 것이 다른 신흥 종교요, 진리를 가
지고 말하는 자들을 이단이요, 사탄이

라 밀어붙이는 그것이니,
15 그 어느 것보다도 떠나는 신도들을 묶
어 놓으며 그들을 다스리며 영원히 끌
고 갈 수 있는, 그리고 저희의 거짓말
이 위장됨을 덮을 수 있는 것은 오로
지 그 싸움밖에 없느니라.
16 그리하여 그들은 모든 방법을 다 동원
하여 새로운 신흥 종교 집단을 무너트
리고자 하며,
17 참진리라 해도 그들은 들으려 하지 아
니하며 그저 사탄이요, 이단이라 몰고
가는 것이니라.
18 그 내용이 무엇이며 가르침이 무엇이
며 설교의 내용이 무엇이며 그가 행하
고 있는 것이 무엇인가를 그들은 모르
느니라.
19 불쌍한 자에게 너희가 쌀이라는 것을
줬다 해도,
20 저희는 주지도 못하면서, 남이 준 것
은 사탄이요, 사악한 자니, 받아 먹으
면 아니 된다, 굶더라도 그대로 앉아
있으며,
21 나의 아들 예수를 찾으며, 그저 저희
손으로 지은 성전에 와 기도하는 것만
이 구원의 길이라 그리 말하는 어리석
은 자들이니라.
22 저희는 배고픈 자에게 베풀지 아니하
며 남이 베푸는 것까지도 사랑이 아니
라 말하며, 그게 사탄이요, 사악한 자
가 주는 양식이라 그리 말하니,
23 그를 받아먹는 자는 영원히 죽는다고
말하며 지옥 불로 간다 그들이 그리
몰아붙이고 가르치는 것이 아니던가?
24 그러니 지금 모든 종교 집단이요, 지
도자요, 그들이 과연 어떠한 길을 가
고 있는지 너는 아느냐?
25 그들은 참진리요, 나의 뜻을 가르치는
것이 아니요,
26 많은 백성이요, 신도들을 저희 손으로
지은 성전에 끌어들여 저희 생계 수
단으로 삼는 직업적인 종교 지도자들
의 대표적인 작태가 바로 그들임을 알
아야 할 것이니라.
27 그들의 거짓이 더 이상 견딜 수 없으
며, 더 이상 백성에게 설교하며 강론
할 것이 없으며,
28 저희 집안을 떠나는 신도들을 제 집안
단속이 제대로 되지 아니하며,
29 그 집안이 무너지는 것을 집안을 단속
하며 그를 지키기 위하여, 남의 흉을
보며 남의 종교의 참진리는 어떠한
것도 다 사탄이요, 이단이요, 악마의
장난이라 그리 말하며,
30 떠나는 백성을 단속하는 데 그들이 이
용하고 그를 써먹고 있다는 것을 알
아야 할 것이니라.
31 그러나 아무리 이단이요, 사탄이라 해
도 진리는 진리일 것이니, 머지않아
그들은 진리를 밝혀야 할 것이며, 그
를 알게 될 것이니라.
32 그리했을 때 그들이 얼마나 처참하며
얼마나 무서운 결과 속에서 저희가
대가를 치르는 것인지 알 것이니라.
33 그러니 그들은 두 가지 방법으로써 모
든 신흥 종교의 참진리를 사탄이요,
이단이라 그리 외치고 있음이니라.
34 바로 무엇인 줄 알겠는가?
35 하나는 저희가 떠나는 신도들을 잡아
두고자 하는 하나의 사악한 방법이요,
36 두 번째는 저희의 죄상이 드러나 무서

운 심판을 저희가 죽기 전에 신도로부
터 받을까 두려워,
37 그 모두를 덮어 나가기 위하여, 저희
가 존재하기 위하여, 저희의 삶을 유
지하기 위하여, 생활이요, 생계 수단
의 방법으로써 그것이 무너질까 봐 두
려워,
38 그들은 모든 작태와 모든 방법을 다
동원하여 지금 이와 같은 행위를 하고
있기에, 이 세상이 이와 같이 험악해
졌음을 너희는 만천하에 전해야 할 것
이며,
39 나의 법전을 읽는 백성 너희는 그 실
상을 들여다보며, 너희가 지금 믿음이
라 하여 가고 있는 형태와 너희를 이
끌어 가는 종교 지도자의 삶의 형태와,
40 나의 법전에 기록되어 있는 내용과 나
의 아들을 따르는 제자들의 살아가는
모습과 그 마음속을 들여다보면, 너희
가 알게 될 것이니라.

6,071 번째 하나님 말씀

2003년 4월 30일 17시 52분

1 사랑하는 나의 아들아!
2 "네, 아버님! 말씀하옵소서."
3 지금에 너희가 지은 모든 교회라는
곳, 성전이라는 곳, 그리고 회당이라
는 곳, 너희가 진리의 말씀을 가르치
는 곳이 아니라면 그곳은 바로 무엇인
줄 알겠는가?
4 죽음의 무덤과 같으니라.
5 그리고 나의 피조물 만백성을 지옥으
로 인도하고 안내하는 지상의 거점으
로서 너희가 자리 잡아 감을 알아야
할 것이니라.
6 하늘에 오르는 길을 안내하며 하늘에
오를 수 있는 백성을 나의 나라에 오
를 수 있도록 역사하며 인도한다는
자, 너희가 과연 하늘의 뜻을 알며 가
르치고 있는가?
7 그리고 너희가 나의 진리가 무엇인가
를 알고 가르치고 있는가?
8 지금 모든 종교 집단 그들에게 내가
말함이니,
9 그들은 나 여호와가 원하는 하늘의 뜻
을 모르며 내가 전하고자 하는 참진
리를 모르며, 내가 역사하고자 하는
것을 모르며, 내가 이루고자 하는 것
을 아무것도 모르느니라.
10 하늘에 오르고자 하는 백성이요, 천국
에 나에게 오르겠다는 백성이 나 여호
와가 행하는 뜻과 전혀 관계도 없는
길을 가면서 나에게 오르는 길이며 하
늘에 오르는 길이라 그리 말한다면,
11 너희는 물고기가 물을 떠나서 살 수
있다 억지를 쓰는 자며 그리될 수 있
다 주장하는 자와 똑같은 어리석은 자
라는 것을 알아야 할 것이니라.
12 과연 물고기가 물을 떠나서 살 수 있
겠는가?
13 그는 전혀 살 수 없음을 너희는 잘 알
것이니라.
14 그러나 지금 모든 종교 집단, 참진리
요, 하늘에 오르는 나의 뜻을 모르고
가르치는 자, 그들은 물고기가 물이
없어도 살 수 있다 악을 쓰는 자들이
니,
15 과연 그들이 얼마나 지탱하며 얼마나
살 수 있다고 생각하는가?

16 단 몇 초, 몇 시간은 그들이 지탱할 수
있을 것이니,
17 그걸 가지고 영원히 사는 생명의 근원
이요, 빛이라 말하는 것이 지금 잘못
된 종교 집단이요, 지도자들이 끌어가
는 것이며,
18 또한 구원을 받았다 몸부림치며 울고
불고 가는 백성의 하는 형태가 바로
그와 같은 꼴이 되어 있음이니라.
19 그 종교 지도자는 물이 없이 물고기가
살 수 있다고 말하는 것이며,
20 모든 종교 집단의 신도라는 백성이 바
로 물이 없는 곳에 있는 물고기의 신
세임을 너희는 알아야 할 것이니라.
21 그러니 그와 같은 형국에 너희가 있음
을 알라.
22 그것이 얼마나 어리석은가?
23 모든 종파는 스스로 신도들이 선택의
길을 갈 수 있도록 열어 줘야 할 것이
며, 안내하고 인도해야 할 것이니라.
24 한번 발을 들여놓으면 죽기 살기로 물
고 늘어지며, 그들이 참진리와 거짓을
구분 못 하도록 흔들어 놓는 것이 너
희이니, 그 죄를 알게 될 것이니라.

2003년 5월

6,072 번째 하나님 말씀

2003년 5월 1일 06시 24분

1 사랑하는 나의 아들아!
2 "네, 아버님! 말씀하옵소서."
3 나의 피조물 만백성 너희가 살아가면
서 얼마만큼 나이를 먹고 얼마만큼 세
월을 보내며 살았느냐 하는 것은 중요
한 것이 아니니라.
4 너희가 어찌 살아왔느냐가 중요한 것
이며 또한 지금 현재 너희가 어찌 살
아가느냐가 중요한 것이니라.
5 하루의 해를 넘기고 살아가는 하루하
루를 너희가 어떻게 사느냐가 얼마나
너희에게 소중하고 귀한 것인가를 너
희는 알아야 할 것이니라.
6 그러니 하루의 삶을 네가 어찌 살았느
냐 하는 것에 대해 너희가 모든 관심
을 두며, 그것에 모든 초점을 맞추며,
7 하루의 삶을 점검해 보는 그와 같은
삶을 살지 아니하면 아니 됨을 알아야
할 것이니라.
8 하루를 무의미하게 산다 하여 너희가
얻어지는 것이 무엇이 있으며,
9 하루를 살면서 깨달음이 없다면 그 삶
이 허송세월이요, 아까운 시간만 보내
는 것이 아니던가?
10 네가 나의 아들로서 세상에 나가 만백
성을 구하는 나의 법전을 나의 성령을

받아 기록하며, 너의 제자들 또한 나로부터 선택되어 모든 강론을 들으며 나의 법전을 듣고 공부를 하느니라.

11 그러니 너희가 어찌 나로부터 선택되었으며 너희가 선택된 그것이 중요함이 아니니라.

12 너희가 하루하루 살아가는 삶을 어찌 사느냐 하는 것이 더 중요하고 귀한 것을 알아야 할 것이니라.

13 나의 아들로서 네가 나의 법전을 나의 성령을 받아 기록하나,

14 네 삶이 오늘 하루를 어찌 살며 순간순간을 네가 어찌 처신하며 어찌 행동하고 사는가 그것이 중요하니라.

15 그 모두가 하늘을 향하여 한 점의 부끄럼이 없는 삶을 사는 그와 같은 삶이 아닐 때,

16 그는 네가 삶이 아니요, 네가 존재하는 것이 아니요, 죽음이라 내가 그리 말함이니라.

17 너를 따르는 제자들 또한 마찬가지이니라.

18 나의 백성으로 선택되어 전사가 되어 만백성을 구하는 역사를 이루고자 하는 너희가 오늘 하루를 어찌 사느냐 그것이 얼마나 중요하고 귀한 것인가를 알아야 할 것이니,

19 하루의 삶에 있어서 한 점의 부끄럼이 없는 삶을 사는 그와 같은 백성이어야만, 너희가 전사로서 모든 임무를 수행할 것이며,

20 나로부터 선택된 백성이 살아가는 길이라는 것을 알아야 할 것이니라.

21 너희가 나의 법전을 읽으며 강론을 들으며 나로부터 선택된 백성이라 하는 것은 중요하지 아니함이니라.

22 너희가 그를 듣고 깨우치고 변화되는 것이 어찌하느냐가 가장 중요한 것이며, 너희가 변화되는 삶을 사는 것이 가장 중요함을 너희는 알아야 할 것이니라.

23 그러니 너희가 한 시간을 사는 것, 하루를 사는 것,

24 그 모두를 한 점의 부끄럼이 없는 그와 같은 삶으로 살아갈 때, 내가 너희에게 모든 은혜와 상과 영광을 다 내리겠다 그리하지 아니하였던가?

25 너희에게 내릴 수 있는 상을 그득히 쌓아 놓았음이니 그를 가져가는 자가 없다 하였음이니라.

26 이는 내가 정답을 너희에게 가르쳐 주었으며, 하늘에 오르는 길이 무엇이며 나로부터 축복과 은혜와 영광을 받는 것이 무엇인지를 내가 상세히 기록하여 전했거늘,

27 어찌하여 나 여호와의 뜻대로 그리 살아가는 것이 아니라, 인간 세속의 너희 생각이요, 그 삶에 치우쳐 영광되고 가장 소중한 삶 자체를 소홀히 하는가?

28 절대 너희가 그와 같은 백성으로서 똑같이 살아가서는 아니 됨을 알아야 할 것이니라.

29 무엇보다도 너희가 하루를 지남에 있어서 한 점의 부끄럼이 없는 삶을 살아가는 길로써 달려가는 것을 잊어서는 아니 됨을 알라.

30 오로지 그것이 너희가 나에게 오르는 길임이니라.

6,073 번째 하나님 말씀

2003년 5월 1일 06시 36분

1 사랑하는 나의 아들아!
2 "네, 아버님! 말씀하옵소서."
3 잘못된 종교 집단들, 또한 잘못 가르
치는 종교 지도자요, 바른 진리를 모
르고 이치를 깨닫지 못하는 종교 지도
자, 그들이 하는 행동이요, 이끌어 가
며 가르치는 교리로 하여금 나의 많은
백성을 혼돈케 하는 것이 지금의 잘
못된 종교 지도자들의 가르침이니라.
4 그리하여 나의 사랑하는 백성이 나 여
호와가 존재함 그 자체를 의심하게 되
며,
5 또한 나 여호와가 과연 너희에게 심
판을 내리며, 너희는 죽은 후에 그 심
판의 대가를 치르는 것인가 그 자체
를, 또한 나 여호와가 존재함까지도
의심하도록,
6 그들의 잘못된 행동으로 인하여 나의
피조물 만백성이 마음의 갈등을 갖도
록 가르치는 것이 지금의 그들의 행위
이니라.
7 그리하여 종교 지도자가 한 점의 부끄
럼이 없이 사는 자요, 그리고 참진리
를 아는 자, 그리고 하늘의 뜻을 아는
자가 아닌 다음에는 그 모두는 나의
피조물 만백성의 마음을 혼돈케 하며,
8 그들로 하여금 나 여호와가 존재함을
의심토록 하며 마음의 등을 돌리도록
하는 것이 그들이 하고 있는 행위라는
것을 너희는 알아야 할 것이니라.
9 그러니 하나의 종교 집단의 지도자가
얼마나 소중하며 위대한 것인가를,
10 바른 종교 집단이요, 진리를 가르치는
집단이요, 진정한 지도자가 나온다면
그는 만백성을 하늘에 오르는 깨우침
이요, 진리의 길로 인도할 수 있으나,
11 그렇지 못한 지도자로 하여금 나 여호
와가 존재하는 그 자체도 의심토록 하
며 혼돈 속에 살아가도록 나의 백성을
너희가 그리 지금 가르치고 인도한다
는 걸 잊어서는 아니 될 것이니라.
12 그리하여 잘못된 종교 집단이요, 지도
자의 가르침에 의하여 너희는 어둠 속
에서 헤매다, 결국은 죽음의 문턱을
넘을 때 그때에 너희가 잘못되었으며
어떠한 어리석은 삶을 살았는가를 통
곡하며 한탄함이니라.
13 그러니 내가 너희에게 일찍이 가르치
기를 뭐라 말하였느냐?
14 진정한 지도자요, 참지도자를 만나는
것은 너희가 번지수를 가지고 남의 집
을 찾아가는 것이라 내가 그리 말하지
아니하였던가?
15 그러나 지금의 모든 종교 집단들은 이
정표가 없는 광야에서 헤매는 그와 같
은 형국이 되었음을 알아야 할 것이
니라.
16 한 치 앞도 안 보이는 어둡고 캄캄한
산길을 그저 끝없이 헤매고 있는 자들
이 바로 지금의 종교 집단이요, 지도
자들이니,
17 그들이 나의 피조물 만백성을 그와 같
이 인도하고 끌고 간다는 것을 내가
너희에게 가르쳐 주었음이니라.
18 저 자신이 앞길을 모르면서 저를 따르
면 구원을 받으며 광명의 길이 있다
하여 그저 나의 피조물 만백성이 죽음

의 길을 벗어나지 못하며, 죽음의 문
턱에 들어서는 시간까지 그들이 거짓
하며 거짓 증거하며,
19 그리하여 그들이 어두운 밤길을 끌고
다니다 저 자신도 죽어 가며 나의 백
성도 그곳에서 헤어나지 못하도록 하
는 자라, 바로 이것이 지금의 모든 종
교 집단이요, 지도자들이 가고 있는
형국이라 내가 그리 말하니,
20 너희는 분노하고 분개할 것이니라.
21 그러나 주소를 갖지 않고 사람을 찾으
러 다니는 백성이요, 성만, 이름만 가
지고 사람을 찾는 어리석은 짓을 하고
있는 것이 너희라 하였음이니라.
22 바른길이요, 주소가 있으며 이정표가
있는 그와 같은 길을 가지 아니하는
것이 스스로 지금 신도라는 백성 너희
이니라.
23 그러니 너희가 광야에서 이정표가 없
이 바른길을 보지 않으며 바른 이정표
가 없는 그 광야를 헤매다가 너희가
결국은 어찌 되는가를 내가 수차 나
의 법전에 기록하여 너희에게 전하였
으니,
24 너희가 그를 선택하여 깨우치도록 그
리하라.
25 너희가 목적하는 것을 지금으로써 절
대 구할 수 없으니, 그는 무엇이던가?
26 하늘에 오르는 길이요, 천국에 오르는
길이요, 너희가 다시 태어나는 생명을
얻는 것을, 절대 그를 너희는 얻을 수
없음이니라.
27 지금의 믿음이요, 종교 집단의 형태로
써는 너희는 구원을 받을 생각도 하지
말며, 나에게 오를 생각도 하지 말며,
28 그리고 재물을 갖다 바침으로써 하늘
에 오를 수 있는 표를 살 수 있다 생각
하는 자, 그와 같은 마음을 가진 자,
아무도 구원받을 수 없으며,
29 너희 모두는 천국의 문턱에도 오지 못
함이니라.
30 너희가 교회라는 곳에, 성전이라는 곳
에 갖다 바치는 그 정성을 낳아 주고
길러 준 네 부모와 형제에게 먼저 하
도록 하여, 주변으로부터 천사라 소리
를 듣는 것이 우선이니라.
31 그리고 너희가 나를 향하여 기도하는
마음, 나의 성경이요, 나의 십계명대
로 살아가겠다는 마음을 다지는 것이
우선이니,
32 너희가 나의 십계명을 모르는 백성이
없으며 그 뜻을 모르는 백성이 없을
것이니라.
33 이는 내가 직접 불로 써 내린 나의 친
필이라 하였으니, 그를 지키고 행하면
너희가 나에게 오를 수 있는 길이니라.
34 너희가 재물로써 사며 쉽게 하늘에 오
를 수 있는 길이라 하는 것, 나의 아들
이름을 부르기만 하면 너희가 그 보혈
로써 구원을 받았다는 가장 쉽고 편한
방법,
35 말로써 믿는 그와 같은 믿음으로써 너
희가 구원을 받지 못한다는 것을 나의
법전 160권에 수백 번 기록하여 전했
거늘,
36 어찌하여 이 중요한 내용을 너희가 모
르고, 아직도 이정표가 없는 광야를
허덕이며, 제가 길도 모르며 저 자신
도 지옥으로 가는 지도자들을 따라 캄
캄한 밤길을 평생 헤매다 너희가 그

리 가는 것인가?
37 너희가 어찌하여 바르고 곧은 길을 보
지 아니하고, 약도를 보지 아니하며,
하늘에 오르는 그 번지수를 보지 못하
고 어리석게 헤매며 가는가?
38 이제 모든 종교 집단이요, 백성 너희
는 눈을 뜰 때가 되었으며, 귀를 열어
세상에 내리는 나의 진리를 들어야 할
때가 되었음을 잊지 말라, 사랑하는
나의 아들딸들아!

6,074 번째 하나님 말씀

2003년 5월 1일 06시 44분

1 사랑하는 나의 아들아!
2 "네, 아버님! 말씀하옵소서."
3 잘못된 종교 집단이요, 지도자들이 얼
마나 무서운 죄를 짓고 있으며, 그들
의 하는 행위가 얼마나 나의 피조물
만백성에게 사악한 행위인 줄 아는가?
4 그들이 나의 백성의 귀를 막도록 하였
으며 그리하여 들을 수 없는 백성으로
만들었으며 눈을 감겼으니, 저들을 보
고 듣고 깨우칠 수도 없도록 그리 만
든 자들이니라.
5 그리고 그들을 합병증 환자로 만들어,
저 자신을 지탱할 수도 없도록 그리
만들었으며,
6 앞으로 걸어나갈 수 없는, 걷지 못하
는 자를 만든 것이 지금의 잘못된 종
교 지도자들이 나의 사랑하는 백성을
그리 만들었음이니라.
7 그리하여 오로지 그들은 구원을 받았
다는 것, 그것 한 가지로 구원을 받을
수 있다는 말만을 계속 부르짖으며
8 '나는 구원받은 자요, 나는 구원을 받
았다.' 그리 앵무새처럼 그 말만 반복
하는 나의 피조물 만백성으로 만들었
음이니라.
9 사과를 하나 들고, '이것을 너희에게
줄 것이니 나에게 절하고 충성하지 아
니하면 내가 주지 아니한다'는 그와
같은 방법으로써 나의 피조물 만백성
을 세뇌시켜 어리석은 바보가 되었음
이니라.
10 그저 하나의 사과를 얻어 먹기 위하여
온갖 작태를 다 부리는 그와 같이 어
리석은 백성으로 나의 사랑하는 백성
을 만든 것이 사악한 종교 집단이요,
지도자요, 이단이요, 사탄의 후예들이
하는 짓이라는 걸 너희는 알아야 할
것이니라.
11 어린아이에게 '그 사과를 줄 것이니,
내가 하는 대로 따라 노래 부르며 내
가 하는 대로 춤을 추며 나에게 너희
가 경배하라.' 그리 가르치니,
12 그 지각이 없는 어린아이는 사과 하나
를 먹기 위하여 가르치는 선생의 흉내
를 내며 그가 하라는 대로 모든 광대
짓을 다 하지 아니할 수 없는 것이 아
니던가?
13 너희가 나의 아들 예수의 보혈로써 구
원을 받으며 하늘에 오를 수 있다는
앵무새처럼 만들어 놓은 그 말 때문에
나의 피조물 만백성이 모두를 다 갖다
바치는 그와 같은 어리석은 형국으로
만들었음이니라.
14 그리고 그들에게 가르쳤음이니라, 이
세상의 모두는 다 이단이요, 사탄이
요, 너희의 적이니라.

15 그러니 너희는 적과 상대하지 말라 그
리 앵무새처럼 만들었으니,
16 이단이요, 사탄이요, 사악한 자요, 어
떠한 진리도 마지막 시대에 거짓 선
지자가 내려와 혼란케 하는 것이라는
그 말만 부르짖도록 앵무새를 만들었
음이니라.
17 그저 그 말밖에 하지 못하는 나의 백
성으로 너희가 만들었음이니, 나의 백
성을 그와 같이 만든 죄가 얼마나 두
렵고 무서운 줄 아는가?
18 나의 피조물 만백성이 그러한 형국이
되었느니라.
19 그러면서 그들은 나로부터 선택된 백
성이요, 영광된 백성이라는 그 착각
속에 삶이니,
20 그들이 모두를 다 빼앗기고 모두를 다
잃었기 때문이니라.
21 이제 나의 법전을 읽고 깨우친 나의
아들을 따르는 제자들이요, 나의 법전
을 읽은 백성, 너희는 구원을 받았다
는 것, 그저 앵무새처럼 부르짖는 것,
이 세상 모두는 다 사탄의 것이라 부
르짖는 앵무새와 같은 불쌍한 백성을
너희가 구원하여 하늘에 오르는 길로
인도하여야 할 것이니 그리 알라.
22 배고픈 어린아이에게 사과 하나를 줄
테니 그저 울라면 울고 웃으라면 웃는
그와 같은 형국의 춤을 추는 나의 사
랑하는 백성으로 만든 사악한 종교
집단, 그들이 이단이며, 마지막 시대
의 거짓 선지자로서,
23 나와 나의 아들의 이름을 팔아 너희에
게 인간의 삶, 세속의 삶의 풍요로움
을 얻고 가는 그들이 사악한 자들이
요, 이단이라는 것을 잊지 말라.
24 그들을 내가 용서하지 아니할 것이니,
너희가 두고 보면 알 것이니라.
25 지금 나의 법전을 내려보내며 나의 성
령을 내려보내는 이 법전이 세상을 덮
는다면,
26 수천 년 동안 흘러온 너희 종교 집단
의 물리적인 힘과 능력을 능가할 때,
너희는 스스로 굴복하는 날이 있을 것
이며, 너희 스스로 잘못되었음을 깨달
을 때가 머지않았음이니라.

6,075 번째 하나님 말씀

2003년 5월 1일 09시 12분

1 사랑하는 나의 아들아!
2 너희의 몸이 무거운 자, 체중을 빼며,
또 몸의 체중을 줄였을 때 너희는 가
벼움을 느끼지 않는가?
3 그러나 그 가벼움보다도 더 위대한 가
벼움을 느끼는 것이 무엇인지 알고 있
는가?
4 너희 마음의 변화이니라.
5 너희가 누덕누덕 지금까지 지고 있는
그 모든 죄를 하나하나 지워 버리는
것, 그 죄의 두려움을 알아 너희가 오
늘을 아름답게 살아가는 것,
6 지난날의 지은 죄에 대한 것을 반복하
지 아니하며 너희의 마음을 다스리며
죄를 짓지 아니하고 살아가도록 노력
하는 그 마음의 가벼움이 너희가 체중
이라는 실제 몸무게를 줄이는 것보다
도 더 가볍고 가벼움을 알아야 할 것
이니라.
7 나의 아들 너는 나의 법전을 기록하여

만백성을 구하는 대명을 받아 벌써 3
년이라는 긴 세월이 흐르지 아니하였
던가?
8 그러나 머리를 깎고 심심산골에 가서
수도를 하며 30년이요, 또 평생을 깨
우침을 얻고자 다니는 사람들과 비교
하여,
9 지금 3년이라는 짧은 기간에 네가 변
함이 정녕 그들에게 손색이 없음이니,
10 이는 오로지 나의 성령이요, 나의 가
르침에 그 뜻을 따르며 행하고자 하는
네 노력의 대가이니,
11 나 여호와의 마음의 기쁨이 한이 없음
이니라.
12 이제 네가 하루하루 변하는 변화의 속
도가 무서우리만큼 전진하니, 여기서
중단하지 말도록 그리하라.
13 여기서 변화가 이루어져서는 아니 됨
이니라.
14 너희가 선함을 행할 때 선함을 계속
행할 수 있듯이,
15 네가 하나하나 지난날의 누덕누덕 지
은 죄의 부끄러움이요, 두려움을 알
며, 그를 가볍게 털어 버리며, 그리고
네가 앞으로 한 점의 부끄럼이 없이
살아가고자 하는 노력, 그것보다도 더
위대한 것이 없으니,
16 여기서 네가 그를 중단하며 게을리한
다면 너는 다시 무너지게 됨을 알아야
할 것이니라.
17 네가 머리 깎고 깊은 산 속에서 공부
하며 수도를 한 것도 아니요, 네가 이
분야의 성직자의 길을 간 것도 아니요,
18 다만, 너는 내가 너에게 명하는 것을
충실히 따르고자 노력함으로 인하여
네가 한 점의 부끄럼이 없는 삶을 살
아갈 수 있는 기틀을 다졌으며, 이제
반석 위에 서기 시작하였음이니,
19 여기서 네가 주저앉아서는 아니 됨이
니, 더 무서우리만큼 변하는 그와 같
은 아름다운 모습으로 변하도록 그리
하여야 할 것이니라.
20 그리고 나의 아들을 따르는 제자 너희
도 그러하니라.
21 그리고 나의 법전을 읽고 깨우친 백
성, 너희가 지금까지 지고 있는 죄의
잘못된 살아옴이 얼마나 가짓수가 많
으며 얼마나 두껍던가?
22 그 모두의 두꺼움을 다 털어 버리는
그와 같은 영광을 얻도록 그리하라.
23 너희가 오늘의 삶을 아름답게 살며,
지난날의 잘못 살아온 것을 반성하고
회개하여 바로 고쳐 잡는다면,
24 너희의 지난날의 누덕누덕 붙었던 그
죄의 무게는 모두 다 날아가며 가벼
워짐이니,
25 그리하여 너희가 가벼운 마음으로써
인생을 살아갈 수 있도록 그리하라.
26 그 무거운 죄를 털어 버렸을 때, 지난
날의 너희가 알고 지은 죄, 모르고 지
은 죄, 그 모두를 털어 버렸을 때,
27 너희의 마음이 어찌 되는 것인가 그
영광과 기쁨을 얻도록 그리하라.
28 그리하여 너희가 그 모두를 털어 버리
고 가벼운 마음으로써, 오로지 하늘을
향하여 천사와 같은 마음으로써 한 점
의 부끄럼이 없는 삶을 사는 길에 최
선을 다하도록 그리하라.
29 그것이 너희에게 얼마나 축복이고 영
광인가를 스스로 그 길을 가는 자만이

알게 될 것이니라.
30 사랑하는 나의 아들아, 네가 아름답게
변하는 모습을 너의 제자들이 알게 될
것이며, 나의 법전을 읽은 모든 백성
이 알 것이며, 네 주변의 모든 백성이
알게 될 것이니라.
31 그러니 그들이 너를 보며 네 눈에서
빛나는 아름답고 찬란한 빛을 볼 수
있도록 네가 그리 살아가라.
32 네가 남들처럼 노력한 것도 아니요,
남들처럼 네가 어떠한 과정을 이수한
것도 아니요,
33 다만 네가 나의 명령을 따라, 나의 뜻
에 따라 내 가르침을 듣고 변하는 네
모습의 그 아름다움은 나 여호와의 기
쁨이니라.
34 그리하라, 사랑하는 아들아!
35 이제 주저하지 말며 더 전진하라.
36 조금만 더 전진하고 조금만 더 네가
매진한다면, 이제 걷기 시작한 너는
달리기 시작할 것이며,
37 달려도 넘어지지 않으며 장애물을 피
해서 달려갈 수 있는 그와 같은 네가
될 날이 머지않았음이니라, 사랑하는
나의 아들아!
38 이 마음이 변하지 말며 이 마음이 흔
들리지 말며,
39 네가 변하고 깨달은 그 모두를 너의
제자들의 가슴에 심어 주어 그들도 너
와 같이 똑같은 가벼움의 영광을 얻도
록 그리 가르치라, 사랑하는 나의 아
들아!

6,076 번째 하나님 말씀

2003년 5월 1일 09시 19분

1 사랑하는 나의 아들아!
2 "네, 아버님! 말씀하옵소서."
3 나의 사랑하는 만백성 그들에게 다시
한 번 깨우쳐야 할 것이니라.
4 내가 너를 통하여 내리는 그 모든 가
르침을 그들은 가슴속에 깊이 기억하
며 살아가는 것을 잊어서는 아니 된다
그리 가르쳐라.
5 그리고 항상 법전을 읽고 깨우쳐, 그
내용이 무엇이며 내가 원하는 것이 무
엇인가를 너희가 알고 그와 같은 지혜
로움으로 살아야 한다 그리 말하라.
6 내가 너를 통하여 너희에게 뭐라 말하
였느냐?
7 너희가 아무리 선한 일을 하고 살아가
며 착하게 살아간다 해도,
8 한순간에 한 번의 죄를 짓는 순간에
너희는 나의 아들딸이 아니요, 사탄의
자식으로서 전락한다 내가 나의 법전
에 기록하여 너희에게 깨우쳐 주지 아
니하였더냐?
9 항상 아름답게 살아가는 그 길만이 너
희가 나의 자식으로서 영원히 존재하
며,
10 너희가 순간에 나쁜 짓이요, 죄를 짓
는 순간,
11 그로부터 너희가 사탄의 자식으로 변
화되는 것이며, 나와 관계없이 너희가
전락한다 하지 아니하느냐?
12 그리하여 성경에 내가 기록하여 전한
한 구절을 너희는 깊이 깨우쳐 음미할
때가 되었음을 알라.

13 내가 성경에 기록하여 전하기를, '죄
를 범하는 자는 죄의 종이라' 하였으
니,
14 이는 나의 아들을 통하여 내가 너희에
게 상세하게 가르치는 오늘의 그 가르
침을 이제야 너희는 알겠는가?
15 성서에 기록되기를, 죄를 범하는 자는
죄의 종이라 하였으니,
16 내가 나의 아들을 통하여 너희가 아름
답게 살아가며 선하게 살아가며, 나에
게 오르고자 살아가다 한 번의 실수
요, 죄를 짓는 순간에 너희는 사탄의
자식으로 전락한다 하였음이니,
17 바로 죄의 종이 되는 그와 같은 이치
를 내가 좀 더 깊이 상세하게 지금 나
의 법전에 기록하여 너희에게 전함이
니라.
18 내가 이와 같이 정확하게 너희에게
상세히 가르쳐 주거늘,
19 어찌하여 너희가 지금 내가 내리는 법
전이 나의 성령의 뜻이 아니요, 나 여
호와의 가르침이 아니라 그리 감히 말
할 수 있단 말이던가?
20 너희가 깨우쳐 알고 있지 않은가?
21 성경에 기록되어 말하기를, 죄지은
자, 지옥으로 가니 나와 관계없다 함
을 너희는 알지 못하는가?
22 너희는 그를 알아야 할 것이니라.
23 종은 영원히 주인집에 거할 수 없으
며, 오로지 그 아들만이 주인집에 거
할 수 있으며 영원히 존재한다는 가르
침의 의미 또한 너희가 이제는 그 뜻
을 깊이 되짚어 볼 때가 되었음을 알
아야 할 것이니라.
24 너희가 착하게 아름답게 사는 것은 나
의 아들이니, 너희가 나의 유업을 받
을 것이며, 나의 집이요, 천국에 너희
가 영원히 거할 수 있는 그와 같은 삶
을 살 수 있으나,
25 너희가 실수하며 죄를 짓는 순간에 너
희는 아들이 아니요, 종이 되므로, 죄
의 종이요, 사탄의 종이 되므로, 너희
가 내 집에 영원히 거할 수 없으며 나
와 더불어 살 수 없음이니,
26 이와 같은 내용을 내가 성경에다 기록
한 것은 그것이 어떤 의미인 줄 아는
가?
27 너희가 아름답게 살며 아무리 착하게
살아가도, 너희가 죄를 지으며 사악한
생각을 하며 그를 행동으로 실천하며
그와 같은 마음을 가지고 있을 때,
28 너희는 그 순간에 사탄의 자식이 됨이
니, 너희는 나의 아들이 되지 못함이
니라.
29 그러니 나의 아들이 되지 못함이니,
너희가 하늘에 오를 수 없으며 내 집
에 거할 수가 없는 것이라 그리하지
않았는가?
30 너희가 사악한 자의 종으로서 전락하
기 때문이니라.
31 이와 같은 가르침을, 내가 성경에 기
록된 비유의 뜻을 너희가 깨우치지 못
하며 알지 못하기에,
32 내가 나의 법전에 아무나 읽고 깨우
쳐, 그 뜻이 무엇이며 내가 가르치고
자 하는 것이 무엇이며 내가 역사하고
자 하는 것이 무엇인가를 너희가 바로
알고 깨우칠 수 있도록 내가 내리는
것이 새로운 성경이요, 나의 법전이니
라.

33 그리하여 책표지에 '하늘에 오르는
길'이 이 속에 있으며 '나 여호와의 말
씀'이라 하여 내가 지금 288쪽의 대장
정의 160권의 법전을 세상에 내려보
냄이니,
34 이보다 큰 역사, 이보다 더 큰 기적을
이루는 자 있거든 그가 나로부터 선택
된 자라 그리 말해도 내가 그를 벌하
지 아니할 것이니라.
35 그와 같은 역사의 기적을 이루지 못하
는 자들이, 종교 집단이요, 지도자들
이 이를 사탄이요, 이단이라 하는 것
은 시기와 질투이며, 저희의 욕심이며,
36 저희의 추한 모습을 감추려는 것이며,
저희가 쓰러짐을 지금 버티고자 하는
수단이나,
37 이는 결코 오래가지 못하며 지속할 수
없다는 것을 알아야 할 것이니 그리
알라.
38 이제 내가 너희를 단죄하기 시작하며,
내가 알곡식을 추리며 가라지를 버리
는 그 역사가 지금 엄격히 이루어질
것이니,
39 여기에 너희가 어느 길을 가느냐, 그
리고 너희가 나로부터 어느 길에 선택
되느냐 하는 것은,
40 너희가 지금부터 깨우치고 변화되는
삶을 사느냐, 그렇지 않으면 지금 같
은 형국으로써 그저 지옥 불로 달려
가는 삶을 살 것인가 하는 것은 너희
에게 기회를 주었음이니 그리 알라.

6,077 번째 하나님 말씀

2003년 5월 1일 09시 27분

1 사랑하는 나의 아들아!
2 "네, 아버님! 말씀하옵소서."
3 성경에 기록하여 너희에게 가르치기
를, '어찌하여 내 말을 너희가 깨닫지
못하며 내 말을 들을 수가 없으며 내
말귀를 알아듣지 못하는가?' 그와 같
은 답답한 구절이 거기에 기록되어 있
음이니라.
4 그것이 무엇을 의미하는지 너희는 알
겠는가?
5 그 의미는 바로 그와 같은 것이니라.
6 모든 백성이 예수를 따르며 예수와 같
이 너희가 구원을 받고자 한다면,
7 예수의 행함을, 예수의 살아온 발자취
를 그대로 닮아 가야 하며 그 심성을
닮아 가야 하는 것을 알아야 할 것이
니라.
8 판에 박히듯 똑같은 그와 같은 아름다
운 삶을 살며 그와 같은 행동을 하며
너희가 그와 같은 선함을 행하는 사랑
을 베푸는 삶을 살지 아니하면 너희가
예수와 같은 영광을 얻을 수 없을 것
이니라.
9 그러니 너희가 내 성경을 가르치는 그
말을 깨닫지 못하며 알아듣지 못하는
것은 당연함이니라.
10 그는 바로 무엇이던가?
11 예수가 존재하는 그 시대의 만백성이
요, 제자들이 마음을 비우지 못하였다
는 것을 증명함이니라.
12 지금 바로 모든 종교 집단이요, 지도
자 너희가 과연 마음을 비웠는가?

13 그리고 나의 예수를 따랐던 그 제자들
보다 너희가 더 마음이 깨끗하고 아름
답다 생각하는가?
14 너희가 과연 그와 같은 마음으로써 지
금 믿음의 길을 가고 있는가?
15 그와 같이 너희는 못 할 것이니라.
16 그러니 나의 아들 예수를 따랐던 그
제자요, 그 당시의 백성도 예수가 전
하는 뜻을 알아듣지 못하며 말귀를 알
아듣지 못한 것은,
17 그들의 마음이 비워지지 아니하였으
며 그들이 천사와 같지 아니하였기 때
문에 그를 알아들을 수도 없었음이니
라.
18 그러니 지금 너희 종교 지도자요, 모
든 집단에 신도라는 백성 너희가 과
연 예수의 시절에 예수를 따랐던 그
제자들만큼 너희 마음이 깨끗해지며
천사와 같이 되었는가?
19 그렇지 않다면, 가끔 예수의 제자가
예수의 가르침을 알지 못하며 알아듣
지 못했듯이 너희도 지금 그 내용을
모르고 더욱이 캄캄한 자들이니라.
20 그러니 그와 같은 자들이 종교 집단의
우두머리요, 지도자라 하여 나의 백성
을 하늘에 이끈다 그리함이니, 그게
바로 무엇이더냐?
21 내가 원하는 길의 반대 길로 달려가는
그와 같은 오늘의 형국이 이루어졌음
이 여기에 있느니라.
22 성경에 기록되어 있는 내용을 잘 알라.
23 '어찌하여 내 말을 깨닫지 못하며 내
뜻을 모르며 내 말을 알아듣지 못하느
냐' 한 그를 알라.
24 그것이 바로 예수의 생각과는 멀리 가
있으며 예수의 행함과는 멀리 가 있는
그 제자들이기에,
25 그를 따르는 자들도, 수행하는 자들
도, 그 백성도 말귀를 못 알아듣더라
함은 그들이 마음을 비우지 아니하였
기 때문이니라.
26 그러니 지금 모든 종교 집단이요, 지
도자 너희가 나의 피조물 만백성을 하
늘에 오르는 길이요, 지금의 가는 길
이 전부라 그리 말함이니,
27 예수를 따랐던 그 제자들보다 너희가
깨달음이 높으며 생각함이 높으며 느
낌이 높다 생각하는가?
28 그들의 십 분의 일도 따라가지 못하는
것이 지금의 믿음이니라.
29 너희는 상업적으로 생계의 수단으로
써 지금 모든 종교 집단이요, 지도자
들은 존재함이니,
30 거기에서 너희가 감히 어찌 내가 말하
는 성경의 그 뜻을 알며 비유의 가르
침을 알 수 있는가?
31 전혀 모르는 것은 당연하니라.
32 그리하여 너희가 하늘에 오르고자 나
의 아들 예수의 보혈로써 구원을 받았
다 말할 수 있다면,
33 다 너희는 그것을 따지지 말며 과거의
성경에 기록된 내용을 시시비비하지
말며,
34 예수가 행했던 삶이요, 예수가 사랑을
베풀었던 삶이요, 그와 같은 것을 너
희가 깨달아 그대로 행하는 것만이 나
의 성경에 기록되어 있는 그 비유의
뜻을 알 수 있으며 내가 원하는 뜻을
알 수가 있음이니라.
35 그리하여 너희가 그를 모르고 기초가

다져지지 아니하였기에, 성서를 너희
가 볼 수 있으며 그 비유의 뜻을 알 수
있으며 하늘의 뜻을 알 수 있는 나의
법전을 160권을 만들어 내가 상세히
풀어 세상에 내보냄이니,
36 너희가 기초요, 기본의 교본임을 잊지
말라.
37 그리하여 나의 법전을 읽고 정독하지
않은 자, 하늘의 뜻을 알 수 없으며,
심판을 받을 수 없으며, 나에게 와 심
판을 받을 자격까지 없다 함이 여기
있으니, 기본의 근본을 배워야 할 것
이니라.
38 너희가 글을 배울 때 기초를 배우지
아니하고 배워 나간 자, 그는 흔들림
이니라.
39 제대로 그는 쓸 수가 없는 것이니라.
40 그러니 그보다도 더 정밀하고 그보다
도 더 정확하며 그보다도 더 세심하게
너희가 가야 하는 것이 바로 무엇인
줄 아는가?
41 믿음의 정확함이니라.
42 그러니 너희가 그를 모르고는 절대로
구원을 받을 수 없으니 예수의 근본이
요, 예수의 뜻이요, 예수의 행함을 모
르고는 절대로 구원을 받을 수 없으니,
43 예수의 근본이요, 예수의 뜻이요, 예
수의 행함을 너희가 무시하고서는 너
희는 정녕 나와 관계없는 백성이요,
나와 관계없는 길로 달려가는 자라 한
그 의미의 뜻을 너희가 알아야 할 것
이며,
44 그 무서운 뜻과 무서운 내용의 의미를
깊이 새겨 바로 깨닫는 백성이 되도록
그리하라.

6,078 번째 하나님 말씀

2003년 5월 1일 11시 49분

1 사랑하는 나의 아들아!
2 "네, 아버님! 말씀하옵소서."
3 모든 백성의 지도자요, 전사요, 남을
인도하는 자는 완벽해야 한다는 것을
내가 너희에게 강조함이니라.
4 완벽하지 아니하면 너희가 설 수 없는
것은, 바로 완벽하지 아니하고 완벽한
것을 남들이 먼저 알기 때문이니라.
5 남들이 너희를 평가하고 아는 자가
너희가 완벽하지 아니할 때 너희를 따
르겠는가, 완벽한 자의 말을 듣겠는가?
6 이것은 너희가 물어보나 마나 정답은
완벽한 자를 만백성은 따를 것이니라.
7 똑같은 과일의 형태가 있다 하자.
8 그러니 너희가 설익은 과일이 되겠는
가, 완벽히 익은 과일이 되겠는가?
9 똑같은 형태의 과일도 완벽하게 익은
과일은 그 과일의 특성인 아름다운 향
기요, 단내를 풍김이니라.
10 그러나 똑같은 형태라도 익지 않은 과
일은 그 향기를 낼 수 없음이니, 그러
니 그 과일이 제 직분을 다하지 못하
는 것이 아니더냐?
11 그와 같은 것이니라.
12 그를 모두가 다 알고 있음이니라.
13 너희가 완벽한 백성이 되었을 때, 너
희의 눈빛이 천 리를 비추며,
14 한 마디의 흘러나오는 말은 지상에서
지워지지 아니하며 영원히 존재하며,
15 모든 동식물이 그를 듣기 위하여 귀를
세우며, 너희가 한마디 하는 말을 듣
기 위하여 그들이 온 신경을 다 쓰고

있다는 걸 너희는 알아야 할 것이니
라.
16 그리하여 완벽한 너희가 하는 이야기
요, 행동하는 것은 만백성을 구하는
것이니,
17 과일이 익었을 때 제맛을 내며 향기를
풍길 수 있으며,
18 너희가 똑같은 형태라도 익지 않은 과
일과 익은 과일을 향기로써도 스스로
알 수 있지 않더냐?
19 익지 않은 과일은 향기가 없음이니라.
20 완전히 익은 과일은 향기를 풍기지 않
더냐?
21 그와 마찬가지이니라.
22 모든 것을 완벽한 것과 완벽하지 아니
한 것을 선별할 수 있는 능력을 갖추
고 있는 것이 너희 인간이니라.
23 또한, 향기가 없는 과일이라 하여도
그 과일이 익었는지 안 익었는지, 너
희가 먹을 수 있는지 없는지를 식별할
수 있으며 구분할 수 있는 지혜와 능
력을 가지고 있는 것이 너희가 아니더
냐?
24 어떠한 방법이든지 그를 알게 되어 있
음이니라.
25 너희는 또 그를 찾아냄이니라.
26 그러니 너희가 똑같은 백성 중에서 스
스로 저희가 스승으로 받드는 자요,
스승으로 모시는 자요, 저희가 하늘에
오르는 길의 안내자로서 선택하고 그
를 따르고자 하는 자들이 어떠한 형태
인가를 알겠는가, 모르겠는가?
27 그들이 다 알고 있음이니라.
28 그러니 그들이 그것을 볼 수 있기에,
너희가 바로 익어야 한다는 것이니라.
29 지금 모든 종파가 잘못 가고 있으며
나의 뜻과는 관계없는 길을 가며,
30 그들이 정녕 하늘에 오르는 길이라 하
여 시간을 바치며 재물을 바치며 기도
하며 울고불고하며 그들이 가고 있는
길이요, 그것만이 천국의 길이라 하여
그들이 가고 있는 것이 무엇인 줄 알
겠느냐?
31 그러니 나 여호와가 그들이 잘못되었
으며 잘못된 종교 지도자요, 지도자라
말하나,
32 그들은 그 길만이 옳다, 그 길밖에 없
다며 따라가는 것을 너희는 기이하다
생각하나,
33 그들은 아직 익은 과일의 향기로움을
맡지 못했음이니라.
34 그 향기로움을 보여 주는 종교 지도자
가 없었음이니라.
35 진정한 빛이요, 하늘에 오르는 길이
요, 나 여호와의 뜻에 따라 살아가는
지도자요, 집단이 없기 때문에 그들이
그것을 보지 못하기에, 그저 지금의
그들이 완벽한 길이요, 구원의 길이라
하여 가고 있는 형국이니라.
36 맛있게 익은 과일이요, 완벽하게 인간
이 먹을 수 있는 다 익은 그 과일의 향
기로움을 그들이 맛을 보고 냄새를 맡
는다면, 그들이 어찌하겠는가?
37 설익은 과일을 따라가겠는가, 설익은
과일을 먹겠는가?
38 절대 그렇지 아니할 것이니라.
39 아직 익은 과일이 세상에 없음이니라.
40 아직 나의 뜻대로 가는 자가 없음이니
라.
41 나의 아들 예수가 곧 익은 완벽한 과

일과 같은 자였나니,
42 나의 아들 예수가 왔다 그를 세상에
전하지 못하여 그 맛을 보지 못하며
그를 제대로 배우지 아니하며 그를 제
대로 제 것으로 만든 백성이 지금 없
음이니라.
43 오죽하면 나의 아들이 성경을 통하여
너희에게 제 말을 듣는 자, 저를 아는
자가 없다 하였음이니,
44 직접 가르치고 전하는 나의 아들 예수
의 말을 모르며 그 뜻을 모르며 그 의
미를 모르는 자가 하늘나라 창조주 나
여호와가 계획하며 내가 가고자 하는
그 뜻을 알겠는가?
45 이제 너희가 완벽한 익은 과일이 되어
야 함을 알아야 할 것이니라.
46 내가 너희를 사랑하며 너희로 하여금
이 세상에 재앙을 내리지 아니함은,
47 너희가 완벽한 과일이 되었을 때, 그
과일의 향기를 맡은 백성이요, 그 과
일을 맛본 백성은 절대 설익고 쓴 과
일을 먹지 아니할 것이니, 지금 내가
그리하여 너희를 익혀 가는 것이라 함
을 알라.
48 내가 저수지의 썩은 물속에 생수를 보
냄이니, 거기서 몇 마리의 물고기가
그 생수의 맛을 본다 하지 않았느냐?
49 그리하여 그 물고기가 완벽하게 성장
하며 회복할 때까지 내가 기다린다 하
지 아니하였더냐?
50 너희가 익어 가는 과일이요, 향기를
품을 수 있는 과일이요,
51 만백성이 너희를 접했을 때 그 과일의
진정한 맛을 볼 수 있도록 너희를 지
금 익혀 가고 있음이니라.
52 태양의 빛에 익히며, 바람에 익히며,
흙에서 나오는 열기로 익히며,
53 밤과 낮을 가리지 아니하고 달빛이 너
희를 익히고 있으며, 태양이 너희를
익히고 있으며,
54 이 세상의 모든 잡초요, 식물이 완벽
한 과일로 익어 주기를 바라고 있으
며, 모든 동식물이 너희가 익어 주기
를 바라고 있으며,
55 지상에 있는 미물까지도, 바닷속에 있
는 물고기까지도 다 너희가 완벽하게
익어 가는 과일이 되기를 지금 기다리
고 있음이니라.
56 너희들이 익었을 때, 그들이 사는 세
상이요, 자연의 아름다움이요, 내가
만든 하늘의 천국이 지상에서 이루어
지기 때문이니,
57 모든 세상에 있는 공해 속에 시달리는
자, 그리고 사악한 언어 속에 시달리
는 자, 인간들이 버리는 쓰레기에 시
달리는 모든 미물까지 그들이 그 모두
다 새 생명을 얻는 것은,
58 너희가 완벽한 익은 과일이 되면 나의
피조물 만백성이 그 향기를 맡으며 너
희를 알게 됨이니,
59 그를 알아야만 이 세상이 정상으로 돌
아가며, 하늘에서 이루어진 것같이 이
땅에 낙원이 이루어지는 것이니,
60 그들이 너희가 익기를 바란다는 것을
잊지 말라, 사랑하는 나의 아들딸들아!

6,079 번째 하나님 말씀

2003년 5월 1일 21시 51분

1 사랑하는 나의 아들아!

2 "네, 아버님! 말씀하옵소서."
3 나의 피조물 만백성 그들이 가지고 있
는 마음의 가짓수요, 그들의 생각을
헤아릴 수 없음이니라.
4 모든 이 세상 나의 피조물이 같은 사
람이 없으며 닮은 사람이 없으며 같은
성격을 가지고 사는 자가 없듯이,
5 너희가 생각하는 것이요, 너희가 모든
사물을 보고 분석하고 평가하는 것도
천태만상의 그와 같은 형국으로써 가
고 있음이니라.
6 그러니 너희가 하나의 마음이요, 하나
의 길로 과연 갈 수 있다고 생각하는
가?
7 그렇다면 나의 피조물 만백성이 천태
만상의 성격을 가진 것을 너희가 하
나로 바로 세울 수 있는 길은 무엇이
던가?
8 악한 자의 자세로써, 악함으로써 하나
로 만들어야 할 것인가?
9 무엇으로써 너희가 한 사람이요, 한
뜻을 가지고 너희가 나 여호와에게 올
수 있는, 그리고 나의 아들딸이라 말
할 수 있겠는가?
10 그 길은 과연 너희가 어찌 역사해야
하며 어찌 이루어야 하는 것인지 알
겠는가?
11 너희는 이 세상의 나의 피조물 만백성
이 생각하고 계산하고 살아가는 방법
이 너희의 상상을 초월함을 알아야 할
것이니라.
12 나 여호와가 존재하지 아니하다 생각
하는 사람, '이 세상에 사후의 세상이
어디 있으며 구원이 어디 있으며 미래
가 어디 있는가?' 하며,
13 오늘의 육의 세상의 삶을 아름답게 사
는 것, 그리고 행복하게 사는 것, 남에
게 폐를 끼치지 아니하며 남과 더불어
사는 그와 같은 삶이 가장 소중하다
생각하는 사람이 있는가 하면,
14 저희가 모두 따르는 종파요, 그 뜻에
따라가는 길만이 하늘에 오르는 길이
라 생각하는 사람이 있음이니,
15 나의 피조물 만백성의 생각하는 것이
천태만상이니라.
16 그 모두를 하나로 다스릴 수 있는 길
은 무엇이라 말하는가?
17 그 백성이 한 길이요, 하나로 다스려
졌을 때, 너희가 모두를 역사하는 것
이며 새로운 변화를 이룰 수 있다는
것을 알아야 할 것이니라.
18 그러니 그들을 바로 세우고 깨우치는
것은 무엇이던가?
19 나의 법전이 세상을 덮으며 나의 법전
을 읽고 깨우친 너를 따르는 그 제자
들이 바로 서는 그와 같은 세상의 이
치를 너희가 알아야 할 것을 잊어서는
아니 됨이니라.
20 이 세상에 나의 피조물 만백성 너희가
얼마나 어리석은 자며, 종교 집단이
요, 깨우치고자 하여 너희가 성서를
가지고 공부하고 깨우쳤다는 그 백성
또한 얼마나 불행하고 우매한 백성인
가를 너희는 아는가?
21 너희는 말하느니라, 이 세상의 모두는
다 나 여호와가 필요로 하여 이 세상
에 만들어졌다 하였음이니,
22 세상에 독소를 가지고 있는 모든 식물
이요, 독소를 가지고 있는 미물이요,
그리고 독소를 가지고 있어 너희가

물리며, 또 너희가 먹으며 너희가 만
졌을 때 해를 가하는 모든 미물이요,
동물이요, 모든 잡초요, 그 모두가 다
무엇 때문에 존재하는가?
23 나 여호와가 그들을 존재하게 하여
이 세상에 존재한다는 것을 너희가 안
다면,
24 내가 이 세상에 내려오는 나의 법전이
요, 나의 책이요, 나의 강론이라 하여
인간들의 세상에 내려보내는 것은 그
들이 그만큼 이유와 뜻이 있기에 그를
전하는 것이니,
25 그 모두는 나의 주관하에 이루어지고
역사한다는 것을 너희는 알아야 할
것이며, 너희가 그리 안다 말하며 그
리 말하고 있음이니라.
26 모두는 너희가 편리할 때는 세상의 모
든 것은 나 여호와 창조주가 만들었다
그리 말하며, 너희 필요에 따라서는
또 그를 구분함이니,
27 너희가 얼마나 어리석고 불쌍한 백성
인가?
28 너희가 아프고 병마가 왔을 때, 그리
고 육의 고통이 왔을 때,
29 너희를 치료하는 병원이라는 곳이 있
으며, 약국에서 구입하여 그 약으로써
너희를 치료하는 그와 같은 약이라는
것이 있음이니라.
30 그 약이라는 것이 어떤 종류가 있는가?
31 너희가 건강을 미리 예방하기 위하여
보약이라는 그와 같은 약으로 쓸 수
있는 것이 있는가 하면, 너희가 아프
고 병들 때 그와 같은 것을 치료하는
치료제의 약이 있음이니라.
32 그러나 한쪽엔 너희가 먹어서 죽는 비
상약이요, 극약이라는 것이 약국이요,
또는 병원에 비치되어 있음이니라.
33 그것이 너희를 고치는 약이요, 건강을
보호하는 약만이 존재하면 되거늘,
34 어찌하여 극약이라는 것을 또 비상이
라는 것을, 먹어서는 안 되는 그와 같
은 모든 약재를 모든 약국이요, 병원
이요, 이와 같은 곳에서 그것을 관리
하며 보관하고 있겠는가?
35 그것으로써 너희를 치료할 수 있기 때
문이니라.
36 일반 사람에게 극약이요, 독약인 그
모두가 또 그게 필요한 자가 있으며
그를 필요로 하여 병을 고칠 수 있는
자가 있기 때문이니,
37 그와 같이 너희가 만지고 먹고 쓰는
것도 죽고 죽지 않는 그 극약과 또 너
희가 필요한 약을 같이 만들어 이가
세상에 존재함이니,
38 이와 같은 이치요, 내가 이 세상의 모
두를 다 만들었을 때 너희에게 독소가
되는 것이요, 너희에게 영양가가 되는
것이요, 너희의 병을 치료하는 것이
요, 그 모든 미물과 동식물이 다 같이
세상에 존재하는 이치를 너희가 폭넓
게 볼 수 있다 하면,
39 너희는 이 세상의 모두는 나의 뜻에
따라 존재한다는 것을 알게 될 것이며
나의 계획하에 존재하는 것을 알 것이
니라.
40 그러나 너희는 필요에 따라서 모두가
변함이니라.
41 한 입 가지고 두말하는 것이 너희이니
라.
42 이 세상의 모두는 나 여호와의 권능이

요, 나의 은혜로써 이루어졌다 하면서,
43 저것은 나와서는 아니 될 것이며 저것
은 나올 것이며, 그러면서 저것은 사
탄이 만든 것이며 악마가 만들었다 하
니,
44 이 세상에 나 여호와가 만들며 내가
창조한 것이며, 사탄이 만든 것이요,
사탄이 내려보낸 것을 너희 인간이
과연 구분할 수 있으며 그를 분별할
수 있단 말이던가?
45 종교 지도자들이 나의 피조물 만백성
앞에서 설교할 때 이것은 사탄이요,
이단이라 말하거든,
46 그가 바닷속에 살아가는 물고기의 숫
자요, 이름을 아느냐 한번 물어보도록
그리하라.
47 그리고 그 물고기들이 어떤 역사를 하
며 어떤 기능을 하며 왜 그것이 필요
한가, 바닷속에 있는 식물의 이름이
요, 그 식물이 하는 역할을 다 아느냐
물어보라.
48 그렇지 않으면 바닷속을 갈 수 없어
모른다 하면, 너희가 그 주변에 있는
모든 식물이요, 동물이요, 미물이 어
떠한 성능을 가지고 있으며 어떤 특성
을 가지고 있으며 그 숫자와 이름을
다 아는가, 종교 지도자요, 목사라는
자들에게 물어보라.
49 그것을 다 알지 못하고 대답하지 못하
는 자가 어찌하여 심판할 수 있으며
옥석을 가릴 수 있단 말인가?
50 그것도 알지 못하는 자가 내가 이 세
상에 내려 주는 그 모든 것을 다 어찌
하여 사탄이요, 천사요, 나 여호와가
만든 것이며, 악마가 만들어 내려보내
는 것이라 제가 그를 구분할 수 있으
며 그리 평가할 수 있는가?
51 저희 주변에 있는 같이 더불어 살아가
는 저희를 위하여 존재하는 동식물의
이름이요, 기능이요, 역할이요, 효능
도 알지 못하는 주제에,
52 저희가 어찌하여 하늘의 뜻이요, 나
여호와가 만들어 세상에 필요하도록
존재한 것을, 무엇은 사탄이 만든 것
이며, 무엇은 악마가 만든 것이며, 무
엇은 나 여호와가 만든 것이라 구분하
는 그 행위는 바로 무엇이던가?
53 그것은 바로 제가 창조주 나 여호와
로 착각하는 것이니라.
54 이 세상의 모두를 다 구분하고 알 수
있는 것은 나 여호와밖에 없음이니,
심판할 수 있는 것도 또한 나 여호와
밖에 없음이니라.
55 그러하거늘 저희가 그를 심판하며 결
정하여 내리는 것은, 바로 저희가 나
여호와요, 유일한 신이라 말하는 자며,
56 그와 같은 사악한 행위요, 사악한 마
음을 가지고 있는 자들이 감히 그와
같이 말을 할 수 있다는 이 무서운 사
실을 만백성에게 전하도록 그리하라.
57 내가 이 세상에 필요한 너희의 약도
보약이요, 너희를 치료하는 약이요,
너희의 몸을 보호하는 약이요, 너희가
병들고 썩은 것을 치료하는 약이요,
너희가 먹어서는 안 되고 또 만져서
는 안 되는 극약을 그들이 같이 쓰고
있음이니, 그 원리가 무엇이던가?
58 다 필요하기 때문에 그가 필요하며 존
재함이니라.
59 그러니 너희가 나의 피조물 만백성이

이 세상에 존재하는 것을 감히 내가
만든 것이요, 사탄이 만든 것이요, 구
분하려거든, 바닷속의 동식물이요, 강
속에 사는 모든 물고기의 성능과 이
름까지도 대 보라 하라.
60 그것 하나라도 제대로 대는 종교 지도
자요, 목사가 있다면 그는 심판할 자
격이 있다 내가 그리 명할 것이니,
61 그렇지 못하거든 더 이상 주접 떨지
말며, 나의 피조물 만백성을 욕되게
하지 말며,
62 너희를 우롱하여 천국에 오는 길이 아
니요, 지옥으로 인도하는 그와 같은
행위를 하지 말라 하여, 너희 신도들
이 이제는 단죄해야 함을 잊지 말라.
63 너희가 단죄하지 아니하면 사악한 뿌
리요, 그 사악한 역사는 계속 지속될
것이니,
64 이는 바로 너희가 지옥으로 가는 것
이며 너희의 후손도 지옥으로 감이니,
너희가 그를 막고 단죄해야 할 것을
잊지 말라.

6,080 번째 하나님 말씀

2003년 5월 1일 21시 57분

1 사랑하는 나의 아들아!
2 "네, 아버님! 말씀하옵소서."
3 더 이상 바라볼 수가 없으며 더 이상
너희가 하는 것을 들여다볼 수 없기
에, 나 여호와가 너희에게 이 밤에 다
시 한 번 너희가 깨우쳐야 할 대목을
강조함이니,
4 이를 듣고 깨우쳐 하늘에 오르는 길을
바라보는 백성이 되도록 그리해야 할
것이니라.
5 너희가 믿음이라는 그 길을 가는 백
성, 너희가 평생을 다 바쳐 그 믿음의
길을 가는 백성, 너희가 보는 주일 예
배요, 참석하는 모든 예배요, 종교 지
도자가 설교하는 그곳에 참석하지 아
니하였기에, 또 십일조를 내지 아니하
였기에 저주받았다 하는 종교 집단이
요, 지도자,
6 그들이 다 사기꾼이며 협박범이며 공
갈범임을 너희는 알아야 할 것이니라.
7 이 세상의 많은 백성이 주일 예배요,
기도하며 종교 지도자의 설교를 듣지
아니하는 백성도, 감사 헌금을 내지
아니하는 자도, 십일조를 내지 아니하
는 자들도 잘살고 잘 견뎌 가고 있음
이니,
8 저희가 부모를 찾아뵙고자 가다가 개
울에 발이 빠져 양말이 젖었다 해도,
주일 예배에 참석지 아니해서 그와
같은 벌을 받았으며 그와 같은 형국이
생긴다 그리 말하고 있음이니,
9 그들이 다 공갈협박범이 아니고 무엇
이던가?
10 사기의 집단임을 너희가 강하게 그들
에게 깨우쳐 주고 전해야 함을 너희
는 잊어서는 아니 될 것이니라.
11 자기 부모를 찾아뵙는데 사업이 안 된
다, 그리고 제 부모를 찾아뵘으로 예
배를 빠져서 모든 것이 패가망신하며
역사할 수 없다 그리 말하는 자, 너희
는 예배를 보지 아니하는 자들도 잘
살아가며 편안하게 살아가는 그와 같
은 사람들의 형태를 무어라 말할 것이
며 어찌 변명을 댈 것인가?

12 주일에 교회라는 곳에 가지 아니하고
예배하지 아니하고 경배하지 아니하
고, 부모를 찾아보며 형제와 우애를
돈독히 하며 살아가는 백성이 아름다
운 모습으로 살아가는 자가 더 많으니,
13 너희는 과연 그와 같은 것을 무엇으로
변명하고 그를 대답할 것인가?
14 또한, 교회를 오지 아니하면 구원을
받지 못한다 너희가 그와 같이 말하는
것이 바로 무엇이던가?
15 너희가 공갈 협박범이니라.
16 교회를 가지 않는 백성이 구원을 받지
않는다는 것을 너희가 어떻게 알며 무
엇으로 단정할 수 있는가?
17 그리고 교회라는 곳에 가지 않는 백성
은 은혜를 받을 수 없다 말하는 것, 교
회라는 곳에 가지 아니하며 설교를 듣
지 아니하고 편안히 아름답게 살아가
는 백성의 형태를 너희는 과연 무엇으
로써 해명할 것인가?
18 그들은 감사 헌금을 아니 하며 십일조
를 내지 아니하며 좋은 것을 종교 지
도자 너희에게 바치지 아니하여도 아
름다운 모습으로써 세상을 살아가는
것이 지금의 그 백성의 형국이니라.
19 너희가 교회라는 곳에 가지 아니해도
편안히 살아가는 백성이 더 많음이니,
20 너희가 교회를 다닌다 하여 평생 바치
다 하루 이틀 빠져도 너희가 빠진 것
에 대한 대가를 치르며 벌을 받는다
그리 말함이니,
21 이제 너희가 교회라는 곳을 가지 아니
하고 차라리 벌을 받지 않는 백성이
더 현명한 백성이라는 것을 너희는 알
아야 할 것이니라.
22 너희는 부모 형제를 찾아뵙기 위하여,
이웃의 어려움을 같이하고자 그와 같
은 믿음이라는 시간을 다른 곳에 썼을
때,
23 너희는 온갖 방법으로써 저주를 받는
다 하며 그 대가를 치른다 그리 말하
는 것이 오늘의 너희의 형국이니,
24 그게 바로 모든 종교 집단이요, 지도
자 너희가 지금 바로 사기꾼이요, 공
갈범이요,
25 나 여호와까지 거짓말쟁이로 만드는
무서운 죄를 짓고 있음이니라.
26 어찌하여 너희가 너희 부모를 찾아뵈
어 주일 예배를 보지 아니하고 십일조
를 바치지 아니한다 하여 너희에게 벌
을 내리는 나 여호와라 하며 거짓 자
로 너희가 그리 만백성에게 전하고 가
르치는가?
27 그 죄가 얼마나 무서운 것인가를 알
날이 머지않았음을 알아야 할 것이니
라.

6,081 번째 하나님 말씀

2003년 5월 1일 22시 10분

1 사랑하는 나의 아들아!
2 "네, 아버님! 말씀하옵소서."
3 나의 아들 예수를 세상에 내려보내어
만백성을 깨우쳐 너희를 구원하고자
했던 나 여호와의 심정을 아는 자 누
가 있는가?
4 그와 같은 나의 아들을 너희가 죽게
하였으며 고통스럽게 죽게 만들었으
며,
5 과연 그와 같이 지금의 2천 년의 역사

가 흐른 결과요, 너희가 나에게 바친
대가는 무엇인 줄 알겠는가?
6 너희는 2천 년 동안 나의 아들을 죽게
한 그 세월 속에서 모든 종교 집단이
요, 지도자들이 그들의 생계 수단으로
써 모두를 다 이끌어 왔으며,
7 그들은 아무것도 나를 위해서 한 것이
없음이니라.
8 나의 아들 예수를 죽게 하며 너희가 2
천 년이라는 역사가 흘러와 나의 새로
운 법전이 세상에 나오는 지금까지 너
희가 한 것이 무엇인 줄 알겠는가?
9 너희가 적게는 교회라는 곳에 오지 아
니하며 저희 부모·형제를 찾아뵈며
부모·형제와 돈독한 인간관계를 맺고
자 하면,
10 저희가 타고 오는 차가 교통사고를
막을 길이 없으며 저희는 반드시 화
를 당한다는 그와 같은 것으로써 2천
년 동안 너희는 나의 백성에게 그리
깨우쳐 주었으며,
11 십일조요, 모든 감사 헌금이요, 그와
같은 것을 철저히 내지 아니할 때 저
희 모든 집안이요, 사업은 다 거덜날
것이며 사업은 부도날 것이며 문을 닫
게 될 것이며 거리로 나앉는 거지가
될 것이라 너희가 그리 가르쳤음이니
라.
12 2천 년 동안 너희가 여태껏 하고 온
그와 같은 행위로 지금 흘러왔으며,
또 너희가 뭐라 말하였는가?
13 나의 아들 예수의 보혈로써 너희가
구원을 받았다는 그것으로써 나의 피
조물 만백성에게 2천 년 동안 부르짖
고 너희가 지금까지 온 행위는 그것
뿐이니라.
14 아무것도 너희는 역사한 것이 없으며,
나의 백성을 바로 세운 것이 하나도
없으며, 하늘에 오르는 백성의 안내자
의 역할도 제대로 한 사람이 하나도
없다면 너희는 과연 믿겠는가?
15 너희가 2천 년 동안 지금의 모든 종교
집단들이 형제요, 가족과 부모에게 우
애를 돈독히 하고 부모에게 효성을 하
려 할 때, 너희는 교통사고가 날 것이
며 크나큰 재앙을 맞는다 가르치는 것,
16 그리고 각종 헌금을 내지 않는 자, 모
든 사업이 문을 닫게 되며 거지가 된
다는 것,
17 그리고 나의 아들 예수의 죽음의 그
대가로써 나의 아들 예수의 이름으로
그를 찾으면 구원을 받는다는 것,
18 그와 같이 너희가 만병통치 약장사와
같은 소리만 부르짖고 지금까지 온 것
이 2천 년 동안 흘러온 세월이니,
19 이를 내려다보는 나 여호와가 얼마나
마음이 아프며, 내가 너희가 살아가는
것을 들여다볼 수 없으며, 너희의 그
추하고 더러운 행위를 더는 볼 수 없
는 나의 아픈 마음을 과연 누가 다스
릴 것이며,
20 누가 나를 위하여 이 새로운 시대의
역사를 이룰 수 있다 하는가?
21 그는 오로지 나의 법전을 접한 너희
요, 나의 아들을 따르는 백성 너희밖
에 할 수 없는 길이니, 이를 너희는 과
연 어찌하여야 하겠는가?
22 너희에게 그리 말하느니라.
23 나 여호와는 예수요, 나의 아들이 지
금까지 살아오고 역사한 그 모든 고통

의 그것은 다 내가 너희에게 무어라
말하였느냐?
24 나 여호와가 나의 아들 예수를 세상에
내려보낸 것은 그 모두가 다 너희와
같은 형제로서 동등한 자격을 가지고
세상에 사는 나의 아들딸이라 내가 너
희에게 그리 말하였음이니라.
25 또한, 예수도 너희에게 그리 말하였느
니라.
26 나 여호와는 보낸 이요, 예수는 보냄
을 받은 자로서, 그는 너희와 똑같은
형제임을 천명했으며,
27 그가 성서에 기록하여 그리 전하였음
이니라.
28 그런데 지금 모든 종교 집단이 어찌
둔갑을 시켰던가?
29 예수는 너희가 받아야 할 모든 죄에
대한 심판을 대신 다 받도록 되었으
며 받았다 그리 말하며,
30 너희가 사악한 짓, 지은 죄 그 모두의
대가를 치러야 하는 것을, 나의 아들
예수가 그 죄의 대가를 다 치렀다 너
희는 그리 말함이니,
31 나의 아들 예수나 지금 나의 백성 너
희나 나의 아들은 다 똑같거늘, 어찌
하여 나의 아들 예수가 너희가 받아야
할 그 죄의 대가의 심판을 나의 아들
이 받았으며 그 죄의 대가를 나의 아
들이 혼자 치른다 너희는 그리 말하는
가?
32 너희는 알아야 할 것이니라.
33 이와 같은 해괴망측한 소리를 하는 것
이 2천 년 동안 나의 아들이 죽음의
고통의 대가요,
34 그와 같이 너희가 지금 역사하고 있
는 그 행위에는 나에게 무엇인가를 하
나도 아픈 마음을 위로하는 길이 없으
며, 내 아픈 마음을 달래는 길이 없으
며,
35 나의 아들 예수의 진정한 그 죽음의
의미와 뜻을 행한 것이 하나도 없음을
너희는 알아야 할 것이니라.
36 이제 내가 너희에게 전함이니, 이와
같이 해괴망측한 말로써 나의 피조물
만백성을 우롱하는 그와 같은 문을 닫
도록 하는 것이 너희임을 알아야 할
것이니라.
37 너희는 알고 있지 아니하는가?
38 너희가 나로부터 심판받으면 각자 스
스로 심판을 받는다는 것을, 나의 법
전을 읽은 백성 너희는 알고 있을 것
이니라.
39 그리하여 너희가 살아오면서 지은 죄
와 그에 대한 상과 너희가 그 죄의 대
가를 치르는 것은 너희 스스로 행하
는 것이며,
40 남이 대신할 수 없으며, 나의 아들 예
수가 대신할 수 없으며 그 누구도 대
신 할 수 없다는 것을 너희는 알고 있
을 것이니,
41 이 나의 뜻을 만백성에게 전하는 그
역사를 하며 너희가 잠시도 게을리해
서는 아니 될 것이니라.
42 이제 나 여호와가 이 사악한 뿌리를
뽑으며 사악한 종교 지도자들의 문을
닫게 하고자 함이니,
43 그 모두를 너희가 역사하는 것은 너
희가 바로 살며 바로 깨우치며 만백성
에게 모범을 보이는 그 힘만이 그 모
든 시간을 단축하게 하는 것이며,

44 그 모든 역사가 이루어지는 것의 근본
이요, 기본이 나의 아들과 나의 법전
을 읽고 깨우친 너를 따르는 제자들이
요, 만백성, 나의 법전을 읽고 이 길이
나 여호와에게 오르는 길이라 마음을
굳힌 자, 그와 같은 너희가 역사하는
것이며,
45 너희의 삶이며, 너희의 행함이요, 너
희가 이루어 가는 그 모두가 내가 이
루고자 하는 새로운 역사를 이루는 기
틀이요, 근본이요,
46 그 모두의 잣대가 됨을 잊어서는 아니
됨이니 그리 알라.

6,082 번째 하나님 말씀

2003년 5월 1일 22시 17분

1 사랑하는 나의 아들아!
2 "네, 아버님! 말씀하옵소서."
3 지금 모든 종교 집단이요, 지도자들이
얼마나 사악한 자들이며, 구원을 받고
자 하는 신도들 또한 그 마음이 얼마
나 끝없이 사악하고 검은 것인지를 너
희는 알겠는가?
4 종교 지도자들이 뭐라 가르치느냐?
5 저희가 재물을 거둬들이며 나의 피조
물 만백성을 쇠고리로 묶어 저희가 더
큰 성전이요, 많은 재물을 거둬들이기
위하여 그들이 나의 피조물 만백성의
코를 꿰는 것이 무엇인 줄 알겠는가?
6 너희는 원죄가 있다 가르침이니,
7 원죄가 있기 때문에 너희가 아무리 아
름답게 살지라도 저희가 지은 성전에
와 기도하고 용서를 빌어야만 구원을
받는다 그리 말하느니라.
8 그것이 너희가 나의 피조물 만백성을
첫 번에 고리로 엮은 것이니,
9 너희가 그러고도 정녕 종교 지도자요,
깨우치며 지각 있는 백성이라 말할 수
있는가?
10 너희는 무어라 말하느냐?
11 나의 아들 예수가 너희가 지은 죄를
대신 심판받아 다 사해 주었으니, 너
희는 천사와 같은 자라 말하며, 죄가
없다 말함이니라.
12 그러니 나의 아들 예수가 너희의 조상
이 지은 죄를 죽음으로써 용서를 하
지 아니하고, 예수가 살아 나와 죽은
시대의 백성부터 지금까지 너희 후손
의 죄만을 사해 주며 너희의 죄를 대
신 심판을 받았다 말할 수 있는가?
13 너희는 어찌하여 한 입 가지고 두 말,
세 말하는 그와 같은 사악한 자가 되
었단 말이던가?
14 너희가 재물을 거둬들이기 위해서는
원죄가 있다는 것으로 그 고리를 걸기
위해서 필요하니 원죄가 있다 그리 말
하며,
15 또 나의 피조물 만백성을 많은 집단을
이루며 너희에게 그저 맹신하며 맹종
하며 재물을 거둬들이기 위해서는 너
희는 뭐라 말하느냐?
16 예수를 믿기만 하면 예수가 다 너희의
죄를 사해 주었으며 심판을 대신 받았
으며 그 대가를 다 치렀으니 너희는
무조건 죄가 없고 천사가 되어 하늘에
오른다 그리 말함이니,
17 과연 너희의 죄가 없다 하면 너희는
또한 기도할 때 무어라 말하는가?
18 너희는 나 여호와에게 울고불고 너희

죄를 용서해 달라 그리 말하며 너희
죄를 수없이 꺼내어 빌고 있으니,
19 이 또한 내가 어찌 받아들여야 하며
너희를 어찌 해석하고 이해해야 한단
말이던가?
20 너희가 또한 그 재물을 거둬들이기 위
해서 그리 말하느니라.
21 원죄가 있으니 너희는 두말할 것 없
이 무조건 재물을 바쳐야 한다, 원죄
가 있으니 교회를 오든 말든 모든 백
성은 재물을 바쳐야 한다 그리 뒤집
어씌우는 것이며,
22 그리고 나의 아들 예수의 보혈로써 너
희의 모든 죄를 사해 주었으니 죄가
없다 하는 것은,
23 너희가 그저 집단을 이끌어 가며 또한
그들을 노예와 같이 부리고자 하는 것
이며,
24 그러면서 너희는 또 무엇이더냐?
25 죄를 빌라 하니, 죄를 빌고 찬송하며
눈물 흘리고 콧물 흘리며 그저 밤과
낮을 가리지 말고 용서를 빌고 죄를
또 빌라 말함이니,
26 과연 이 기준을 어디다 두어야 한다는
말이던가?
27 내가 너희에게 무어라 말하였느냐?
28 원죄는 없다 내가 그리 말하였음이니
라.
29 원죄는 지은 자가 그 죄의 대가를 다
치렀으니 너희는 원죄가 없다 내가 그
리 말하였음이니라.
30 그 의미를 너희는 알아야 할 것이니
라.
31 그리고 내가 뭐라 말하였느냐?
32 너희는 진정 죄를 사함을 받는 것이
아니요,
33 너희의 죄가 너희를 떠나는 것이 아니
라 하였음이니라.
34 너희의 죄의 대가는 나에게 와 심판을
받을 때까지 따라옴이니,
35 모두는 너희 스스로 그 죄의 대가를
치르는 것이며, 그 죄의 대가를 치른
다는 것을 너희가 잊어서는 아니 됨을
내가 수없이 강조했음이니라.
36 그러나 지금 너희는 남이 모든 죄의
대가를 치르며 그로부터 용서를 받았
다 그리 말함이니, 바로 너희가 깨끗
지 못한 자들이 아니던가?
37 깨끗지 못한 자, 천사들이 사는 하늘
나라에 올 수 없으며, 그리하여 한 명
도 올라온 자가 없다 내가 너희에게
말하고 깨우쳐 주었음이니, 너희는 이
를 깊이 깨우쳐야 할 것이니라.
38 너희가 지은 죄는 다 그 대가를 치르
며, 너희가 그 대가에 따라서 심판을
받는다는 무섭고 엄연한 사실을 가슴
깊이 새기며,
39 너를 따르는 제자들이요, 나의 법전을
읽은 백성, 너희는 그와 같은 마음 자
세로 살아야 할 것이니라.
40 원죄는 없느니라.
41 그리고 누가 대신하여 너희의 죄를 사
해 줄 수도 없느니라.
42 너희가 죄를 용서받는 것은 말로써 수
다 떠는 것으로 용서를 받는 것이 아
니요,
43 너희가 열배 백배 선행을 함으로써
그 모두가 사함을 받을 수 있으며,
44 나에게 와 심판을 받을 때 너희 사악
한 죄의 고리가 선함에 의하여 묻히고

떨어진다는 것을 절대 잊지 말라.
45 지금 모든 종교 집단이 부르짖는 것
을, 이제 성도라는 모든 백성 너희는
내가 나의 아들을 통하여 기록하는 이
뜻을 잘 알라.
46 너희가 원죄라는 것으로 첫 번째는 고
리를 걸며,
47 두 번째는 나의 아들 예수가 모든 죄
를 대속했으며 대신 심판을 받았다는
것은, 너희가 코를 꿰어 그 죄를 계속
빌어야 하며,
48 그리하기 위해서는 재물과 금화와 은
화를 수없이 하늘에 쌓아 놓아야 너희
가 하늘에 오른다 축복을 받는다 함이
니,
49 그와 같은 의미를 하나하나 짚어 보고
너희가 대답하도록 그리하라.
50 이는 세 살 먹은 아이에게 가르쳐도
깨달을 것이며, 말 못 하는 아이에게
깨우쳐도 그가 고개 끄덕거려 이 내용
을 알 수 있다는 것을 알라.

6,083 번째 하나님 말씀

2003년 5월 2일 06시 34분

1 사랑하는 나의 아들아!
2 "네, 아버님! 말씀하옵소서."
3 너희가 인간사 살아가면서 잠시도 숨
을 쉬지 아니하면 살아갈 수 없는 공
기요, 너희가 마시지 아니하면 안 되
는 물이요, 그 모두가 나의 은혜로써
이 세상에 너희가 마음껏 사용하며 즐
기고 살아갈 수 있는 그와 같은 그 모
두를 과연 얼마나 감사함을 알며 고마
움을 알고 살아가는가?
4 그러나 그를 감사함과 고마움을 모르
는 것이 너희이니라.
5 그와 마찬가지니라.
6 너희는 항상 가까운 사람들과 같이 하
는 사람, 그와 같은 사람들이 얼마나
소중하고 귀한 것인가를 모르느니라.
7 그리하여 자주 만나며 너희와 더불어
같이 역사해 가는 백성, 이웃의 형제
가 얼마나 소중한가를 모르기에,
8 그들에게 말을 함부로 하며 행동을 함
부로 하는 그와 같은 삶을 사는 것이
지금의 너희가 가지고 있는 마음의 자
세며 형태이니라.
9 그러니 너희가 산소와 공기요, 물을
나에게 무상으로 가져가 무상으로 쓰
며, 무상으로 받으면서 감사함을 모르
듯이, 너희가 그 감사함을 알아야 할
때가 되었느니라.
10 그러니 너희는 너희와 더불어 같이 가
는 백성이요, 이웃의 형제요, 항상 같
이 하는 자의 소중함을 알아야 할 것
이니라.
11 그것을 모르기에 너희가 질서를 파괴
하며 이 세상의 모두가 다 무너짐이니
라.
12 너희가 한 가정을 이루며 살아가는 부
부간이라는 남남이 만나 이루어진 사
이도 얼마나 소중하고 귀한 것인가를
아는가?
13 그것을 귀함과 소중함을 모르기에 너
희 가정에 불행이 생기며 또한 가정에
환란이 생기는 그와 같은 일들을 서슴
없이 하고 있음이니라.
14 너희와 더불어 가까이 살아가는 것,
항상 너희와 같이 하는 사람들, 그들

의 소중함을 알아야 할 것이니라.
15 그러니 이제 나의 아들을 따르는 제자
들이요, 나의 법전을 읽고 깨우친 백
성, 너희는 너희 주변에 있는 사람에
게 말 한마디, 그들에게 보여 주는 행
동, 그들을 사랑하는 마음이 너희가
바꿔야 함을 알아야 할 것이니라.
16 너희가 가장 소중한 것은, 같이 만나
고 같이 대화하는 사람들, 같이 행동
하는 사람, 같이하는 그들의 소중함을
알아야 할 것이니라.
17 너희가 아무리 가까운 형제지간이라
해도, 같이 이웃에서 더불어 사는 이
웃의 형제처럼 소중한 사람이 없고 귀
한 사람이 없듯이,
18 너희가 항상 그와 같은 마음의 자세
요, 행동으로써 이제는 자세를 바꾸고
살아가야 함을 알아야 할 것이니라.
19 그러니 이제는 너는 너의 제자들에게
그를 깨우쳐 주라.
20 너희와 같이 공부하는 제자들이 형제
보다도 얼마나 소중한 것인가, 그들의
소중함과 귀함을 알라 전하라.
21 매일 만나는 사람, 매일 접하는 사람
들이 마음 상하는 말, 마음 상하는 행
동, 마음 상하는 일을 해서는 아니 됨
이니라.
22 그것이 지금 너희가 다스려야 할 마음
자세이니라.
23 그리하여 내가 너희 자신을 소중히 생
각하라 함이, 너희로부터 모두가 이루
어지고 역사한다고 하지 않았는가?
24 모두는 너희 주변에 있는 사람, 같이
하는 사람들과 더불어 역사함이 이루
어지니,
25 그들이 소중하고 귀하다는 것을 먼저
너희가 깨닫도록 그리 전하라, 사랑하
는 나의 아들아!

6,084 번째 하나님 말씀

2003년 5월 2일 09시 15분

1 사랑하는 나의 아들아!
2 "네, 아버님! 말씀하옵소서."
3 나의 피조물 만백성 너희를 내가 가장
아름다운 모습으로써 가장 지혜를 높
여 이 세상에 살아갈 수 있도록 만든
그 은혜와 영광을 너희는 과연 얼마
나 감사하는 마음으로 사는가?
4 너희가 이 세상의 어떤 미물에서부터
식물에 이르기까지, 또한 그 힘센 동
물에 이르기까지 그 모두는 다 너희를
이길 수 있는 자가 아무도 없다는 것
이니라.
5 인간인 너희를 이길 수 없으며 모든
것이 하나도 이길 수 없도록 만들어
놓은 그 자체, 그것이 얼마나 축복이
고 영광인가?
6 그 감사함을 과연 너희는 생각해 보
고 사는가?
7 너희가 산소의 고마움을 모르듯이, 너
희가 내가 이 세상에 어떠한 것도 너
희를 대적해서 이길 수 없는 그와 같
은 내가 이 모든 것을 너희가 통제할
수 있도록 만든 그 감사함에 대해서
과연 얼마나 생각해 보았는가?
8 땅속을 뒤지고 사는 미물이요, 동물까
지도 너희의 지혜 앞에 너희의 그 머
리 앞에는 그들이 존재하지 못하며 감
히 너희에게 대적하지 못함이니라.

9 모두는 다 너희의 소유며 너희의 지
혜 앞에 그들이 견딜 수 없음이니라.
10 아무리 힘센 맹수라 하여도 그 맹수가
너희를 이길 수 없으며 너희를 지배
할 수 없도록 만들어 놓은 그 자체 하
나로써, 너희는 나의 그 은혜에 감사
하는 마음을 갖고 사는 백성이 얼마나
있는가?
11 어떠한 지혜로써, 어떠한 능력으로써
도 감당할 수 없는 그와 같은 것이 이
세상에 존재한다면 너희는 어떠한 형
국이 되겠는가?
12 아마 멸종의 그와 같은 형국이 이루어
졌을 것이니라.
13 너희를 지배하며 너희를 능가하며, 너
희가 아무리 머리를 쓰며 계획을 하며
준비를 한다 해도 그를 능가하는 어떠
한 동물이요, 내가 다른 것을 선택하
여 세상에 내보냈다면, 인간 너희는
과연 어떠한 생활을 하겠는가?
14 그보다 더 비참한 삶이 없을 것이며,
지금 너희는 멸종의 위기에 다다랐을
것이니라.
15 그것 하나만 보더라도 창조주 나 여호
와에게 너희가 감사하며, 나 여호와가
존재함을 믿고 그와 같은 길을 가야
하거늘,
16 어찌하여 너희가 그리 오만하며 자만
에 빠져 있는가?
17 인간이 무엇이며 너희가 생각하는 한
계가 어디까지기에 너희가 그리도 나
의 뜻이요, 내가 명하는 말에 순종하
지 아니하며,
18 감히 내가 내린 계명을 지킬 수도 없
다 하며, 내가 내린 율법을 지킬 수 없
다 하며, 내가 내리는 법전이요, 새로
운 성경대로 살 수 없다 그리 말하며,
19 세상 것을 너희 마음대로 임의로 평
가하며 채점하며 그와 같이 평가절하
시키며, 또한 너희가 모두를 지배할
수 있는 능력을 준 것을 감사하는 마
음이 아니요, 오만하여 그를 남용하고
사는 것은 과연 없는가?
20 인간 너희 머릿속에 조용히 생각해 볼
수 있는 그와 같은 기회를 가져야 함
을 잊지 말라.
21 지금의 모든 나의 피조물 만백성을 평
가하는 집단이 과연 누구던가?
22 하늘에 오르는 길이요, 나의 뜻에 따
라 살아간다는 그 백성이 모든 나의
사랑하는 백성, 너희 형제를 갖다 감
히 평가절하하며 점수를 매기는 그와
같은 사악한 짓을 하고 있는 것이니라.
23 그러니 이 세상에 이루어지는 모든 역
사 앞에 너희가 지배할 수 있고 통제
할 수 있도록 만들어 준 나 여호와에
게 감사하며 겸손한 마음을 가지고 산
다면,
24 너희가 감히 같은 형제요, 인간을 평
가할 수 있는 그와 같은 오만방자한
행동은 할 수 없을 것이니라.
25 제 뜻과 같지 아니하면 이단이요, 사
탄이요, 제 뜻과 같지 아니하면 사탄
의 자식이라 말하는 너희가 과연 어
떠한 자세에서 그리 말하며 평가할
수 있는가?
26 그리고 나의 사랑하는 아들딸이 나에
게 오를 수 있는 자요, 못 오르는 자
요, 나에게 은혜를 받는 자요, 받지 못
하는 자라 감히 그와 같이 결론을 내

림이니,
27 그것은 너희가 나보다 더 높고자 하
는 자며 나보다 더 위대한 자며 이 세
상을 창조한 것처럼 착각함이니, 그
죄를 어찌 감당하려 하는가?
28 이제 나의 법전을 읽고 깨우친 백성이
요, 나의 아들을 따르는 백성, 너희는
하나서부터 모두가 다 감사하는 마음
으로 살라.
29 그리고 내가 너희에게 '범사에 감사하
라'는 뜻이 무엇인 줄 알겠는가?
30 이 세상에 더 이상 누구도 너희를 지
배할 수 없도록 만들어 준 그 자체 하
나만 가지고도 너희가 얼마나 나에게
감사하는 마음을 갖고 살아야 하는 것
인가?
31 감사하는 것을 큰 뜻에서 멀고 높은
곳에서 바라보도록 그리하라.
32 너희가 그저 손톱 밑에 찔린 가시가
빠지는 것도 감사하며 범사에 감사하
며 그와 같은 생각으로써 거기에만 치
우치니,
33 크고 넓음의 감사하는 뜻을 모르며,
내가 이 세상에 존재하도록 만든 그
위대함을 모르니,
34 내가 앞으로 너희가 지금 잘못되고
있는 이 세상의 모든 형태를 바로잡고
자 하는 새로운 시대를 열고자 하는
그와 같은 흐름을 너희가 모르고 있
음이니라.
35 그러니 너희가 좀 더 높은 곳, 넓은 곳
을, 그리고 나 여호와의 깊은 뜻을 음
미할 수 있고 깨닫고 들을 수 있고 볼
수 있는 그와 같은 큰 변화를 이루지
아니하면 아니 될 것이니라.
36 그 모든 마음을 다스려 주며 너희가
역사할 수 있는 것이 나의 법전임을
잊지 말라.

6,085 번째 하나님 말씀

2003년 5월 2일 21시 52분

1 사랑하는 나의 아들아!
2 "네, 아버님, 말씀하옵소서."
3 참진리요, 정답이라는 것은 많은 사람
이 알고 모르는 것이 관계가 없음이니
라.
4 정녕 정답을 알지 못하는 사람들이 천
명, 만 명, 수많은 백성이 모여서 그곳
에서 정답을 찾으려 한다면 너희는
오합지졸이 되어 과연 그 정답을 찾을
수 있겠는가?
5 정답을 찾을 수 없음이니라.
6 그리하여 나의 성전에 내가 선택한 너
의 제자들이요, 내가 선택한 그 백성
으로 하여금 오늘의 160권의 법전을
쓰는 나의 강론을 이리 들으며,
7 열여섯 권의 법전을 완전히 소화시킬
때까지 내가 길고도 긴 세월을 끌어감
을 너희는 알아야 할 것이니라.
8 열여섯 권에 대한 그 법전의 정답을
제자 너희들이 완벽하게 찾아야만 됨
을 알아야 할 것이니라.
9 너희가 열여섯 권에 있는 그 정답을
알지 못하면, 많은 백성이 나의 성전
에 몰려왔을 때 너희는 그들에게 무
너지는 것이니라.
10 너희가 그들을 이끌어 나에게 인도하
는 것이 아니요,
11 너희 스스로 그들의 감언이설, 또는

그들의 현혹된 말에 무너지게 됨이니,
12 너희가 정답을 모르면 그와 같은 형국
이 됨이니,
13 열여섯 권의 법전 속의 그 정답을 완
벽하게 아는 자가 한 명이 나올 때까
지라도 내가 너희에게 반복 교육이요,
반복 훈련을 시키는 그 의미가 여기에
있음을 알아야 할 것이니라.
14 너희가 수학이라는 그 공식에 하나 더
하기 하나라는 것을 안다 하면,
15 그 정답을 아는 자는 그 마음이 비굴
하며 야비하며 추한 생각이 아니 들
때, 그는 목숨을 바쳐서라도 하나 더
하기 하나는 둘이라는 것을 강조할 것
이니,
16 그게 바로 순교자들의 길이라는 것을
알아야 할 것이니라.
17 너희가 하나 더하기 하나는 둘이라는
것을 알면서도 그를 끝까지 둘이라 외
치지 아니한다면, 나 여호와가 내려다
보는 그 마음이 어떠하겠는가?
18 내가 너희가 가는 길은 오른쪽이요,
그 오른쪽이 하늘에 오르는 길이라 깨
우치고 가르쳤으나,
19 사탄이요, 사악한 자들이 와서 너희를
협박하며 공격할 때, 너희가 나를 잊
어버리며 오른쪽으로 가는 길이 아니
요, 왼쪽으로 가는 길이라 말한다면,
내가 얼마나 통분하며 고통스럽고 괴
롭겠는가?
20 지금 너희는 그와 같은 나의 뜻을 알
아야 할 것이니라.
21 나의 아들 예수를 세상에 보내어 내가
무엇을 역사했더냐?
22 오른쪽이요, 바른길을 오며 하늘에 오
르는 길을 가르쳐 너희가 구원을 받
도록 그리하였으나,
23 너희가 듣기는 오른쪽으로 가는 것이
하늘에 오르는 길이요, 배우기는 오른
쪽으로 가는 것이 하늘에 오르는 길이
라 배웠으나,
24 막상 그 답의 결과를 발표할 때 그들
은 뭐라 했느냐?
25 왼쪽으로 가는 길이 하늘에 오르는 길
이다 하여 나의 아들 예수에게 등을
돌렸으니,
26 옳다 가르치며 정답을 배운 자가 정답
이 아니라 할 때, 나의 아들 예수의 죽
어 가는 그 고통보다도 등 돌리는 제
자들의 그 모습에서 나의 아들은 피보
다도 더 많은 눈물을 흘렸으며,
27 그를 바라보는 나 여호와의 마음의 분
개함은 어떠했겠는가?
28 친구들과 약속을 했으나, 막상 삼자대
면을 하여 시시비비를 가릴 때, 어제
약속했던 자가 반대의 말을 하는 그와
같은 것이 너희 인간 세상에서 비일
비재하니, 그와 같은 형국을 당하는
너희 마음이 과연 어떠하겠는가?
29 나의 아들이 목숨을 바쳐 너희에게 바
르게 가르치며 그 길이 하늘에 오르는
길이라 하였으며,
30 너희가 그리 배웠으니 그것이 맞다며
나의 아들 예수 앞에 언약하고 약속했
으며 죽어도 그 길을 같이 가며 그 길
이 하늘에 오르는 길이라 하였으나,
31 사탄이요, 사악한 자들이 총칼을 들이
대며 협박하고 반대말을 하면 살려준
다 말할 때,
32 나의 아들 예수의 죽어 가는 그 고통

에 같이 죽고자 약속했던 그들이 그
길이 아니요, 왼쪽으로 가는 길이 구
원의 길이라 그리 말하여 오늘에 2천
년 동안 암흑의 세상이 흘러왔음이니,
33 내가 정녕 지금의 너희에게 열여섯
권의 법전을 완전히 깨우쳐 그 정답이
요, 그 답을 지킬 수 있는 사람으로서
훈련하지 아니하면 내가 너희에게 역
사할 수 없음을 알아야 할 것이니라.
34 나의 성전에 내가 사람들을 그득히 채
워 주며 나의 백성이 와 나의 아들의
손을 잡고 눈물을 흘리며 감사 기도하
며 그 발을 잡고 눈물을 흘리는 자가
있을 수 있는 것은 내일이라도 내가
그리할 수 있으나,
35 그리했을 때 열여섯 권의 법전을 공부
하며 지금까지 이끌어 온 너희가 다
무너짐이니라.
36 너희는 떡 앞에 마음이 흔들리며 금화
앞에 마음이 흔들리니, 너희가 완벽하
게 다스려지지 아니했을 때 그 역사
를 할 수 없음이니라.
37 너희가 오늘 열 명이요, 내일 스무 명
이요, 백 명일 때, 백 명을 놓고 정답
을 찾으면 평생을 찾아도 찾지 못함이
니,
38 오로지 열여섯 권의 정답을 찾은 자가
단 한 명이라도 나왔을 때 너희가 그
리는 모든 역사는 하루아침에 이루어
질 것이니라.
39 이를 너희는 깊이 깨우쳐, 이 열여섯
권의 정답을 아는 자, 그리고 이 정답
을 가지고 대답할 수 있는 자, 그와 같
은 나의 아들을 따르는 제자가 단 한
사람이라도 나왔을 때 내가 모든 역사
를 이룰 것이니라.
40 너희는 여기서 깨우쳐야 할 것이니라.
41 너희가 뭐라 말하든 너희 앞에 목숨
을 내놓는 그와 같은 길이 되었을 때,
나의 열여섯 권의 법전을 보지 않은
자며 그건 구경도 못했다 하며 등 돌
리고 달려갈 자가 여기 없다 생각하는
가?
42 너희는 얼마 남지 않은 그 생명의 소
중함 앞에 나의 법전을 버릴 것이며,
그 많은 강론을 들은 것까지도 버릴
수 있는 자들이니,
43 네 목숨을 바쳐 그를 버리지 않는, 나
에게 선택된 나의 아들의 제자가 한
사람이라도 나오면, 그와 같은 역사가
이루어졌을 때 너희가 그 상상할 수
도 없는 역사의 변함은 하루아침에 이
루어질 것이니 그리 알라.

6,086 번째 하나님 말씀

2003년 5월 2일 23시 04분

1 사랑하는 나의 아들아!
2 "네, 아버님! 말씀하옵소서."
3 너희가 인간 세상에 살아오면서 열 사
람이라는 사람들이 모임을 가지며 서
로 친분을 돈독히 하며,
4 5년이요, 10년이 흐른 사람들이요, 또
한 모든 조직이 20년, 30년씩 흘러온
그 어떠한 단체요, 조직도,
5 하루아침에 그 모두를 변화시키며 그
를 바꾸기가 그리 쉽지 아니한 것이
너희의 전통이요, 흐르는 관습이 아니
던가?
6 너희가 몇십 명이 모여서 몇십 년 동

안 잘 다져 온 하나의 그 조직에 하루
아침에 들어온 자가 그것이 잘못되었
다 하여 그를 고친다 하면,
7 과연 몇십 명이라는 지금까지 왔던 기
존 세력이 늦게 온 사람들의 그 말을
듣겠느냐?
8 늦게 온 자가 박힌 돌을 빼내는 그와
같은 행위를 한다며, 아무리 그가 옳
은 말을 하며 혁신적인 것을 말하며
지금까지 흘러온 저희 관습이요, 그
모임의 관행이 잘못된 것을 그 내용을
다 수정하며 다시 고치고자 하여도,
9 아무리 그가 하는 것이 옳다 하여 저
희에게 이해득실에 있어서 득이 된다
하더라도,
10 지금까지 몇십 년 동안 흘러온 그 조
직에 있던 낯익은 사람들은 새로 들어
온 자의 말을 듣지 않는 것이니,
11 너희 인간사의 조직이요, 단체에서도
그 하나를 뜯어고치며 늦게 온 자가
앞에 간 자들을 좌지우지할 수 있는
힘을 기르기에는 많은 세월이 필요한
것이며,
12 보통 노력으로써는 그 틀에 같이 끼지
도 못하는 그와 같은 역사의 흐름이
요, 인간 세상의 삶의 형태가 아니던
가?
13 하물며 수천 년 동안 살아온 그 조직
이요, 지금 흘러온 종교 집단이요, 더
욱이 저희의 생사가 달렸으며 생활이
달렸으며,
14 저희가 제왕적인 대우며 그 속에서 저
희가 얼마나 행복한 육의 삶을 살아왔
던가?
15 그와 같이 살아온 모든 집단에 네 존
재를 알지도 못하며 너를 의식하지도
못하며 너를 기억하지도 못하는 하나
의 그 백성이,
16 동양의 작은 나라에서 지금까지 흘러
온 그 강대국의 역사나 또 작은 나라
의 역사나, 그리고 방대한 조직이요,
믿음의 종교 집단이요, 상상할 수 없
는 너무나도 엄청난 물질적인 힘과 조
직의 힘을 가지고 있는 모든 그 종파
들에게,
17 너희가 잘못되었으니 이를 다 고치고
시정하지 아니하면, 이를 만든 창조주
나 여호와로부터 너희가 벌을 받을
것이라 그리 말할 때,
18 그들이 과연 너를 보고 어찌 생각하겠
는가?
19 그들은 하늘을 보고 실소할 것이며 그
저 웃을 것이니라.
20 그러니 네가 그 모두를 바꾸고 역사하
는 것이 어찌 하루아침에 이루어진다
생각하는가?
21 네가 그를 바로잡기 위하여 얼마나 고
통스러운 길이며 눈물의 길이며 고통
의 그 길을 가야 하는 것인가를 너는
알겠느냐?
22 열 사람이 10년 동안 모여 온 하나의
모임의 단체도 그 규칙이요, 그 방법
을 바꾸는 것을 하루아침에 들어온 사
람이 아무리 말해도 그를 들을 자 없
으며 그를 손들어 줄 자 없으며 그 뜻
을 따를 자가 없는 것이거늘,
23 수천 년 동안 흘러온 그 역사의 뿌리
요, 그 종교 집단을 감히 너와 그들을
견주어 볼 때 아무것도 아닌 너는,
24 백사장의 모래알만큼도 보이지 않는

네가 그들의 집단을 다 무너트리며 문
을 닫으며 잘못됐다 하여 아무리 울
부짖고 부르짖어도,
25 너의 말은 계란으로 바위 깨는 것만큼
도 아니 됨을 너는 알아야 할 것이니
라.
26 그게 바로 네가 오늘 서 있는 형국이
며 네가 역사하는 길이니, 네가 한번
생각해 보라.
27 네가 눈물 없이, 고통 없이, 그 아픔이
없이, 저림이 없이 과연 그 역사를 이
룰 수 있다고 생각하는가?
28 절대 그 일을 이룰 수 없음이니라.
29 오늘 너의 제자들이 반문하며 너에게
질문하며, 그들이 이해하지 못하여 너
에게 시시비비하며 따지는 것, 그를
가지고 네가 마음을 써서는 아니 됨
을 알라.
30 바로 무엇인 줄 알겠는가?
31 너의 제자들과 더불어 역사하며 그들
로 하여금 너에게 반문하며 반목하며
그들을 네가 이해시키고 이해시키는
그 노력은 바로 무엇인 줄 알겠느냐?
32 처마에서 떨어지는 그 낙숫물이 바위
를 파고들어 가는 그와 같은 형국의
역사로써 모든 걸 이루고자 함이니,
33 지금 바로 너의 제자들에게 네가 훈련
을 받으며 그들을 깨우치며 그들이 묻
는 것을 대답하며, 네가 인내하고 고
통을 참으며 하나하나 그들에게 설명
해 주는 그 훈련은 바로 어떤 것인 줄
아느냐?
34 처마에서 떨어지는 물이 바닥에 있는
그 돌을 뚫고 내려가는, 그 흠집을 내
는 그와 같은 역사를 이루는 그 단계
의 기초임을 알라.
35 계속 떨어지는 그 물방울이 어찌 바위
를 깨며 돌을 파고들어 가겠는가 생
각할 것이나, 세월의 흐름의 역사 속
에 그는 파이게 되어 있음이니 그 기
가 막힌 역사를 알겠느냐?
36 지금 너의 제자들이 그와 같이 반목하
며 너에게 거부하며 너에게 질문하며
이해 못 하는 것, 반목하는 것, 그 모
두는 그와 같은 훈련의 역사를 쌓아
감이니 너는 그리 알아야 할 것이니
라.
37 그리고 내가 너에게 말했듯이, 열 명
도 안 되는 그 조직에 몇십 년 동안 자
기들끼리 즐겁고 행복하게 흘러온 그
단체를,
38 하루아침에 아무리 유능하고 똑똑한
자라 하여도, 그가 와서 그를 고치고
뜯어고치고자 할 때 손들어 주는 자
가 없듯이,
39 그보다 수천수만 배 더 강하고 더 무
서운 조직의 힘을 가지고 있으며, 물
질적인 힘을 가지고 있으며, 누구도
상상할 수 없는 제왕적인 대우를 받
는 그 종교 집단이요, 지도자들이 그
리 무너지며 그리 네 말에 귀를 기울
이며 네 뜻에 따르겠는가?
40 감히 생각지도 말라.
41 네가 손으로 바위를 파는 그와 같은
고통과 시련의 역사 속에서도 그와 같
은 것은 이루어질까 말까 하는 것이
너의 운명이며 네가 처해 있는 것이
며, 너의 제자들이 지금 가야 하는 길
이라 하였음이니라.
42 내가 너에게 뭐라 말하였느냐?

43 빙산을 오르라 하면 오르라 내가 하지
아니하였더냐?
44 그저 오르겠다고 대드는 것이 너의 뜻
이라 하였음이니라.
45 네가 45도가 넘는 빙산에서 몸을 지
탱하며 미끄러지지 아니하고 지탱하
는, 90도의 각도에서 네가 지탱하는
그보다도 더 어렵고 힘든 길이 네가
가는 길이며, 네가 역사하는 길이라
내가 말하지 아니하였더냐?
46 그보다 더 어려우니라.
47 그보다 더 고통스러운 것이니라.
48 산 사람들의 그 생각을 바꾸며 그 조
직을 바꾸며 그들의 생각을 바꾸는 것
은 네가 90도의 빙산에서 미끄러지지
아니하려고 발버둥치는 그 모습보다
도 더 무섭고 무서움을 알아야 할 것
이니라,
49 사랑하는 나의 아들아!
50 그보다 더 무서운 고통이요, 그보다
더 어려운 시련이요, 그보다 더한 가
시밭길을 넘어야 하니, 내가 오늘의
훈련을 함을 알라, 사랑하는 나의 아
들아!

6,087 번째 하나님 말씀

2003년 5월 2일 23시 08분

1 사랑하는 나의 아들아!
2 "네, 아버님! 말씀하옵소서."
3 네가 이 길을 가는 것은 얼마나 어렵
고 힘든 길인지 내가 너에게 말했으
니, 그 뜻을 네가 알고 있지 않은가?
4 그러니 네가 가기에 힘들고 어렵다 하
여 눈물짓고 중단한다 해도 너는 중단
할 수 없는 것이니라.
5 아무리 고통스러운 시련이 너에게 닥
쳐온다 해도 너는 그를 거부할 수 없
으며 돌아설 수도 없으며 피할 수도
없음이니라.
6 어떠한 고통과 시련이 너에게 닥쳐온
다 해도 너는 그 모두를 극복하고 나
가야 하며 그를 헤치고 나가야 하며
그를 뚫고 나가야 하는 것이 네 운명
이니라.
7 또한 네가 가야 할 길이니라.
8 그러니 네가 괴롭다 하여 눈물짓지 말
며, 고통스럽다 하여 네 마음에 동요
를 이루지 말라.
9 네 마음에 동요를 이루며 네가 귀찮다
하여 눈물짓고, 흐르는 그 눈물로써
그를 모면할 수 있으며 네가 그 길을
갈 수 없다면,
10 네가 그저 며칠을 두고 운들 내가 너
에게 눈물을 그치라 말하겠는가?
11 네가 죽을 때까지 눈물을 흘리며 통곡
하며 발버둥쳐도 너는 그 길을 가야
하며, 그를 벗어날 수 없으며, 피해 갈
수 없으며, 돌아갈 수 없는 것이 너라
는 것을 알라.
12 그러니 괴로워하지 말며, 눈물 흘리지
말며, 네 마음에 고통스러움을 표현하
지 말며, 너 자신의 마음에 파장을 이
루는 그와 같은 행위를 하지 말라.
13 어떠한 행위를 해도 너는 원점으로 그
자리에 또 돌아와야 하며,
14 네가 오늘 나의 뜻을 따라 나에게 경
배하여 나의 성령을 받아 책으로 만드
는 이 앉은 자리, 이 자리를 네가 벗어
날 수 없으며, 그 자리를 떠날 수가 없

음이니라.
15 네가 160권의 법전을 세상에 내어 거
칠고 거친 나의 피조물 만백성을 순한
양으로 다스려, 천 년 후에는 양과 같
이 된 백성만이 이 세상에 살며, 이리
와 같은 자들이 끼어 있지 못하는 그
와 같은 역사를 이루고자 하는 것이
나의 뜻이니,
16 그는 반드시 이루어져야 하며, 그는
역사하게 되어 있음이니라.
17 그러니 네가 그를 이루기 전에 너는
어떠한 생각도 해서는 아니 됨을 알라.
18 오늘의 네 마음을 알며 네가 울고 싶
어 하는 마음을 알며 네가 돌아가고자
하는 마음을 아나니,
19 그것이 너에게 허용되지 아니함을 내
가 못을 박아 말함이니,
20 너는 네 눈에서 눈물을 흘리지 말며,
너 자신이 나약하지 말며 네가 피하려
하지 말라.
21 불바다라면 불바다를 네가 뚫고 나가
야 하며, 산은 산대로 네가 넘어야 할
것이니,
22 네가 그 뜻을 알아야 할 것이며 네가
가야 할 것을 알라.
23 지옥에 가 있어도 너는 안 되며, 지옥
으로 가도 너는 이 일을 역사해야 된
다는 것을 잊지 말라.
24 네가 어떠한 형편에 처하든, 네가 어
떠한 곳에 도망을 가든, 네가 어떠한
방법으로써 피하고자 해도 너는 이것
을 벗어날 수 없는 것을 내가 이번에
다시 심어 줌이니,
25 오늘부터 너 자신이 고통스럽다 눈물
흘리지 말며 괴로워하지 말라.
26 그 모두는 나 여호와에게 순종하지 아
니하며, 네가 나 여호와의 마음을 아
프게 하는 불효자라는 것을 잊지 말라.

6,088 번째 하나님 말씀

2003년 5월 2일 23시 15분

1 사랑하는 나의 아들아!
2 "네, 아버님! 말씀하옵소서."
3 너의 제자들에게 깨우쳐 일깨워 주도
록 그리하라.
4 너희는 천국에 오르는 길이요, 사후
세계에 이루어지는 그 역사를 생각하
며 거기에 연연하는 그와 같은 삶을
살아서는 아니 된다 가르쳐라.
5 너희는 나 여호와가 존재하며 나로부
터 심판을 받으며,
6 너희가 어찌 살아서 오는 것이며 그리
고 나에게 어떠한 체벌이요, 지옥이
요, 천국의 그 모두가 존재한다는 것
을 너희가 굳건히 믿되,
7 너희가 천국에 오겠다는 생각, 그리고
하늘에 오겠다는 생각, 그리고 올 수
있다는 생각, 그와 같은 생각에 너희
자신이 연연하는 그 시간을 갖지 아니
하는 것이 현명한 자임을 알라.
8 너희가 그와 같은 시간을 가지며 그와
같은 생각에서 오늘에 삶을 사는 것이
아니요,
9 오늘의 육의 세상에 사는 너희가 그
삶을 최선을 다해 아름답게 사는 것,
거기에 모두를 다 바치는 것이 현명한
자임을 너희는 알아야 할 것이니라.
10 말로써 이루어지는 것은 없으며 생각
으로써 이루어지는 것은 없음이니,

11 오로지 행함이요, 역사함에 따라서 그 모든 대가는 치러지게 된다는 것을, 그러기에 너희가 사후에 천국에 오르는 것이요, 나에게 오는 것이요, 이와 같이 너희가 올 수 있으며 선택받았다는 그와 같은 생각에 너희가 치우치는 것이 아니니라.

12 그 모두는 나 여호와의 주관이며 내가 이루고 안 이루는 것은 그 모두는 나의 뜻이니, 너희는 다만 오늘의 삶을 얼마만큼 아름답게 살며 곱게 사느냐 거기에 너희가 최선을 다하는 삶을 맞춰 살도록 그리 전하라.

13 그것이 너희가 살다 보면 나에게 오르는 길임을 알아야 할 것이니라.

14 내가 나의 아들을 통하여 뭐라 하였느냐?

15 아무런 힘이 없고 유하고 부드러운 그 물방울이 하나하나 떨어지면서 바위를 뚫으며 돌에 구멍을 낸다 내가 그리하지 아니하였던가?

16 그와 같은 형국으로써 오늘의 삶을 꾸준히 아름답게 살며 오늘보다 내일이 아름다운 삶으로 변하는 그와 같은 오늘의 생활의 삶을 가장 소중히 생각하며 거기에서 한 점의 부끄러움이 없는 삶을 사는 것에만 최선을 다하라.

17 그리하면 낙숫물이 바위를 뚫듯이 너희가 어느 때인지도 모르게 천국의 문을 열고 들어서 내 품으로 오는 그 영광을 얻게 됨이니라.

18 너희는 노력하지 아니하며 행동을 바르게 하지 아니하면서 천국의 문을 열어 내 품으로 오는 그것만을 상상하며 그 꿈에 젖어 있다면 너희는 이루어지는 것이 아무것도 없음을 알라.

19 너희가 재벌이 되고자 하는 것, 부귀와 영화를 누리는 그와 같은 계획을 세우며 그와 같은 꿈을 항상 너희가 꾸면 무엇하는가?

20 '나는 재벌이 되며 나는 권력자가 되겠다.' 너희가 말을 하면 무엇하는가?

21 그리 말하면서 너희가 깨닫지 아니하며 공부하지 아니하며 노력하지 아니하며 그저 너희가 인생을 방탕한 생활이요, 남들에게 모범 되지 못하는 삶을 살며, 남들이 노력할 때 너희는 향락에 젖어 살아가면서,

22 말로만 부귀와 영화를 누리며 말로써 권력을 잡은 자요, 말로써 지도자가 된다 그리 말한다면 아무것도 이루어지는 것이 없지 않은가?

23 그저 너희가 꿈속에서 깨어났을 때 너희의 육체는 죽음의 문턱에 와 있으며 너희가 남기고 이루는 것은 아무것도 없음이니, 그 인생보다 더 불행한 것이 없음이니라.

24 너희가 육의 삶에서 무엇을 이루고자 최선의 노력을 다하듯이 그 노력의 성과에 대한 것이 하늘에 오름이니,

25 하늘에 오르는 것은 너희가 선하고 아름답게 사는 최선의 노력, 그리고 남에게 부끄럽지 않은 삶이요, 오늘을 가장 당당한 모습으로 살아가는 그와 같은 삶을 살아가는 것이 너희가 하늘에 오르는 그 소중한, 무엇과도 바꿀 수 없는 바라고 소망하는 그 뜻이 이루어지는 길이라는 것을 잊지 말라.

26 그리하여 너희에게 너무나 소중하고 귀한 것이기에 내가 이번에 나의 아들

을 통하여 다시 한 번 기록하여 너희
에게 전하는 것을 알라.
27 내가 반복하고 반복하여 가르치는 만
큼, 너희가 그 뜻이 소중하고 귀함을
알라, 사랑하는 나의 아들딸들아!

6,089 번째 하나님 말씀

2003년 5월 2일 23시 24분

1 사랑하는 나의 아들아!
2 "네, 아버님! 말씀하옵소서."
3 구약의 시대에 너희는 뭐라 말하였느
냐?
4 너희가 깨끗한 짐승을 죽여 그 짐승의
피로써 제를 올리며 제사를 지냈을
때, 그와 같은 행위로써 너희의 모든
죄에 대한 속죄를 받으며 너희는 깨
끗한 자가 된다 그리 말하였음이니라.
5 그리하여 그 행위로써 너희는 그 죄
를 사함받았다 그리 말하였느니라.
6 그러니 구약 시대에 너희가 죄를 지
었을 때는 짐승을 잡아 그 피로써 제
사를 지냄으로 너희의 모든 죄를 용
서받으며 너희는 하얀 백성이 되었다
그리 말하였음이니라.
7 그러면서 너희는 또한 뭐라 말하였는
가?
8 신약 시대는 짐승의 피로써 제를 지
내는 것이 아니요, 나의 아들 예수의
피로써 제를 지냈음이니 너희 죄를
다 용서해 준 것이며,
9 구약 시대에 짐승의 피로써 용서받은
백성보다도 너희가 더 위대한 백성으
로서,
10 나의 아들 예수의 피로써 모든 구원을
받아 천사와 같은 자라 그와 같이 말
을 하고 있는 것이니라.
11 그와 같이 제사를 지냄으로써 그 피로
너희의 모든 죄를 용서받았다 그리 말
하였음이니,
12 과연 그 제사를 지내는 것에 참석한
백성만이 용서를 받았다 생각하는가?
13 그렇지 아니하고 제사장이 깨끗한 짐
승을 잡아 그 피로 제사를 지냈을 때,
온 백성이 다 구원을 받았다 너희가
그리 말함이니라.
14 제사를 지내는 그 순간에 잠을 자는
자, 사악한 짓을 하는 자, 강도질을 하
는 자, 살인을 하는 자, 간음을 하는
자, 강간을 하는 자, 그 모두도 다 짐
승의 피를 발라서 제사를 지냄으로써
구원을 받았다 너희가 그리 말하여 구
약 시대를 그리 넘어왔음이니라.
15 그러면서 너희는 신약의 시대에서 뭐
라 말하느냐?
16 나의 아들 예수가 죽음으로써 그 보혈
로써 너희가 다 구원을 받았다 그리
말함이니,
17 사기 치는 자, 거짓 하는 자, 강도질하
는 자, 강간하는 자, 그리고 강탈하는
자, 그리고 살인하는 자, 모든 술에 젖
어 있는 자, 알코올에 중독된 자, 마약
이라는 인간이 해서는 안 되는 짓을
하는 자, 그리고 가장 사악한 짓을 하
는 자,
18 그와 같은 행위를 하는 자도 그 모두
가 다 용서를 받았으며 구원을 받았다
너희가 그와 같이 말하니, 얼마나 너
희가 망령된 짓이며 착각 속에서 살아
가는 것인가?

19 그는 그를 보여 주기 위해서이니라.
20 모든 짐승의 피를 발라서 그 짐승을
죽임으로 인하여 그 죄를 사해 주는
것이 아니니라.
21 너희는 여기서 깨우쳐야 할 것이니라.
22 각종 범죄를 저지르는 자, 그리고 죄
를 짓는 자, 그와 같은 자들이 그 짐승
의 죽음을 봄으로 인하여 그 고통을
보며,
23 너희가 죄를 지었을 때는 그보다 처
참한 형국으로써 이루어진다는 것, 그
래서 인간이 죄를 짓는 것이 얼마나
두려운 것이며, 너희는 죄를 지어서는
안 된다는 것,
24 너희가 죄를 지음으로써 짐승이 죽어
가는 그 고통과 시련의 모습을 보면서
그 눈으로 보고 깨우쳐 죄를 짓는 것
이 얼마나 무섭고 두려운가를 깨우쳐
주고자 하는 것이 나 여호와의 뜻이
요, 역사함이라 내가 너희에게 그리
말하지 아니하였던가?
25 소를 죽이는 자, 그리고 양을 죽이는
자, 대속하여 죽어 가는 그 짐승의 처
참한 형국을 보면서,
26 너희가 죄를 지음으로써 그와 같이 무
서운 벌을 받는다는 것, 인간이 죄를
지어서는 안 된다는 것을 가르치고 깨
우치고자 그와 같이 짐승을 죽여 피로
써 제를 지내는 것을 했음이니라.
27 죄를 사해 주는 것이 아니요, 죄를 짓
는 것이 얼마나 비참하고 참혹한 것인
가를 너희에게 깨우쳐 두려운 마음을
갖도록 했던 것이 그 방법이니라.
28 그러면서 또한 종교 지도자들이 그 짓
는 죄를 저희가 마음의 부담을 덜며
그로 하여금 저희가 죄지은 것을 용서
받으며 그와 같은 방법으로써, 그 죄
지은 것을 대속하지 아니하면 만백성
이요, 신도들 앞에 저희가 설 자리가
없기에,
29 바로 그와 같은 것을 감추고 그와 같
은 것을 모면하기 위하여 그들은 그를
강력히 시행했으며 그와 같은 행위를
했다 내가 법전에 일찍이 기록하여 너
희에게 전한 바가 있느니라.
30 그러니 그 모두는 다 죄를 사해 주는
것이 아님이니라.
31 너희가 죄짓는 것을 두렵게 하여, 그
리 죄를 짓지 않도록 너희에게 본보기
로 역사했음을 알아야 할 것이니라.
32 또한, 나의 아들 예수는 과연 어떠했
던가?
33 나의 아들 예수가 죽어 감으로 너희는
그 보혈로써 모두를 구원받았다 하나,
그것이 아니니라.
34 그 또한 너희가 죄를 지음을 두렵게
하며, 죄를 짓는 것이 얼마나 무서운
것인가를 너희에게 깨우쳐 주고자 나
의 아들을 그와 같은 길의 역사를 갔
다는 것을 너희는 알아야 할 것이니,
35 너희 죄를 사해 주는 것이 아니라, 죄
를 짓지 말라는 것을 너희에게 깨우쳐
줌이라는 것을 잊지 말라.
36 그 이치를 안다면 너희가 지금 모든
죄를 사해 준 양 그와 같은 허무맹랑
한 믿음의 길을 가지는 아니하였을 것
이니라.
37 짐승을 잡아 제사장이 제를 지낼 때,
온 백성이 그 사악한 죄를 다 용서받
으며,

38 나의 아들 예수가 죽음으로써 너희의
그 사악하고 잔인무도한 모든 행위의
그 죄를 다 씻었으며, 과거와 현재와
미래까지도 용서를 받았다는 그와 같
은 말을 믿고 지금 하늘에 오르는 길
이라 아우성을 치고 있음이니, 너희는
알라.
39 너희가 지은 죄는 너희가 스스로 갚
지 아니하면, 대가를 치르지 아니하면
어떠한 역사도 이루어지지 아니한다
는 것을 알라.
40 그리하여 지금 내가 마지막 시대에 심
판의 시대를 열어 천 년에 걸쳐 바른
백성이요, 천사와 같은 백성만이 이
세상에 존재하는 그 역사를 이룸이니,
41 거기에 너희 후손이 존재하고 못 하
는 것은 너희의 오늘의 삶에 달렸으
며, 너희가 각자 어떠한 길을 가느냐
에 달렸다는 것을 잊지 말라.
42 모두는 다 너희가 지은 것만큼 대가
를 치르는 것이요, 남이 대신 역사해
줄 수 없음이니라.
43 다만, 남으로 하여금, 짐승으로 하여
금 그 피를 바치며 나의 아들을 죽게
함으로 너희가 그 죄의 두려움과 무
서움이요,
44 나에게 순종하는 자의 가야 할 길이며
나에게 오는 믿음을 오는 자의 그 자
세요,
45 그 모두를 너희에게 깨우쳐 바른길을
가도록 인도하고자 하는 그 본보기의
역사의 가르침을 가지고,
46 너희의 죄를 대신하여 너희가 심판받
을 것을 대신하여 구원의 역사를 이루
었다, 그리고 너희가 천사처럼 깨끗해
졌다 그리 생각하지 말라.
47 추하고 더러운 것을 지고 있는 자들
이 제사로써 깨끗해지며 나의 아들 피
로써 너희가 구원받으며 깨끗한 자라
생각하지 말라, 어리석은 백성들아!

6,090 번째 하나님 말씀

2003년 5월 2일 23시 32분

1 사랑하는 나의 아들아!
2 "네, 아버님! 말씀하옵소서."
3 제사장이 성막에 들어가 제를 지내는
그 역사의 전통이 있었음이니라.
4 그리하여 방울을 몸에 달고 들어감이
니, 방울 소리가 나지 않을 때는 그가
죽었음이니,
5 성막에 들어가 사람을 끌어내지 못하
여 쇠사슬로써 그를 끌어내기 위하여
발목에 쇠사슬을 묶고 방울을 달고 들
어가 성막에서 제를 지냈다 하였음이
니라.
6 그러니 죄지은 제사장은 성막에 들어
가 그 제를 지낼 수 없는 것이며,
7 죄 없는 자만이 그곳에 가서 제사를
드리고 살아 나올 수 있다는 것을 알
지 않는가?
8 그러니 성막에 들어가 제사를 지낼 수
있는 자는 죄가 하나도 없고 자격 있
는 자가 아니면 들어갈 수 없으며 그
를 역사할 수 없다는 것을, 너희는 나
의 성경을 읽었으며 종교 지도자들의
가르침에 의하여 수없이 들었으며 그
역사함을 알고 있을 것이니라.
9 그러니 내가 나의 법전에 나의 아들을
통하여 너희에게 뭐라 전하였던가?

10 지금의 종교 집단이요, 지도자라 하는
자들이 한 점의 죄를 지은 자며 용서
받지 못한 자요, 그와 같은 자는 자격
이 없다 내가 그리 말하지 아니하였던
가?
11 그와 같은 자는 남을 위하여 기도할
수 없으며, 남을 구원해 준다는 기도
를 할 자격이 없다 내가 그리 말하였
음이니, 그 뜻을 너희는 이제 알겠는
가?
12 너희는 수천 년 전에 제사장이 제사
를 지내러 갈 때, 그가 죄가 있어서는
살아나오지 못하며, 죄 없는 자만이
제를 드리고 살아 나오는 것이 나 여
호와의 뜻이요, 하늘의 법도인 것을
알지 않는가?
13 그렇다면 지금의 종교 지도자들은 어
찌 가야 하는가?
14 어찌하여 수천 년 전의 제사장들은
죄가 있는 자는 성막에 들어가 살아
나오지 못하는 무서운 것이 지도자였
으며, 죄를 짓지 아니한 자가 제사를
지낼 자격이 있다 하였거늘,
15 지금의 종교 집단의 지도자 너희는 지
금 무슨 짓을 하고 있는가?
16 너희가 과연 나의 피조물 만백성을 구
하는 인도자며 그들을 위해서 기도할
수 있는가?
17 그리고 성막에 들어가 제를 지낼 수
있는 그와 같은 자격이 있는가?
18 더군다나 너희는 얼마나 무섭고 사악
한 자인지 아는가?
19 인간이기 때문에 종교 지도자도 죄를
지을 수 있으며 인간이기 때문에 실수
할 수 있다 너희가 그리 말함이니,
20 과연 너희가 그 성막에 들어가 죄 있
는 자, 제사를 지내지 못하며,
21 죄 있는 자가 성막에 가 제사를 지내
면 그가 살아 나오지 못하기에, 발에
쇠사슬을 묶고 방울을 달고 들어가,
그가 죽었을 때는 들어가지도 못하며
그 줄로써 끌어냈다는 그와 같은 가르
침을 알면서,
22 너희가 어찌하여 죄지은 자가, 인간이
기 때문에 죄를 짓지 아니하고 살 수
없다는 종교 지도자 너희가, 제사를
지내는 것도 아니요, 만백성의 생명을
구하는 그 역사를 지금 행하고 있으며
할 수 있다 부르짖으니, 그게 말이 되
는가?
23 너희는 알아야 할 것이니라.
24 제사장들이 제사를 못 드리는 것이 하
늘의 뜻이라 하였거늘, 감히 너희가
그보다 더 깨끗하며 더 아름답게 가는
자란 말이던가?
25 그와 같은 자들만이 남의 생명을 구원
할 수 있으며, 새로 태어날 수 있는 하
늘의 천국에 인도할 수 있다는 것을
알아야 할 것이니라.
26 과연 그 당시에 제사장의 자세가 무엇
인가?
27 그렇다면 오늘의 나의 목자요, 나를
대신하여 가르친다는 종교 지도자 너
희는, 남의 생명을 구원하는 길의 인
도자라 하는 너희는 그 성막에 들어
가 제사를 지내고 살아 나오는 제사장
보다 더 깨끗하고 아름다워야 할 것이
니라.
28 그리하여 내가 나의 법전을 통하여 나
의 아들에게 뭐라 말하였느냐?

29 종교 지도자는 하늘을 향하여 한 점
부끄럼이 있는 자는 자격이 없으며,
종교 지도자라는 말을 하지 말라 하였
음이니라.
30 내가 오늘 나의 아들을 통하여 너희에
게 전함이니라.
31 지금의 모든 종교 집단의 지도자들은
감히 제사를 지낼 자격이 없으며, 너
희의 생명을 구하는 지도자라는 것은
더 자격이 없으며,
32 너희는 제사를 지내는 제물을 씻고 닦
고 깎을 수 있는 그 자격도 없는 자들
이니라.
33 제물을 만질 자격도 없는 자들이 바로
지금의 종교 집단의 지도자들이니라.
34 그와 같은 자들이 어찌하여 감히 성막
에 들어가서 제사를 지낼 수 있는 제
사장의 흉내를 낸단 말이던가?
35 너희가 제물을 만질 자격이 없다는 것
은,
36 죄가 없는 자만이 성막에서 살아 나온
다 하였거늘, 너희는 인간이기 때문에
죄를 짓지 아니하고 살 수 없으며, 종
교 지도자도 인간이기 때문에 사악한
짓을 하지 않고 살 수 없다 함이니,
37 너희가 수많은 죄를 짓고 산다는 것을
인정한다는 것이며, 죄를 짓고 사는
것이 너희라 말함이니,
38 제를 올리는 제물을 씻고 닦을 수 있
는 자격도 없는 것이 지금 종교 집단
의 지도자 너희라는 것을 알라.
39 제물을 닦을 자격도 없는 자들이 제사
를 지낼 수 있다고 말하며 나의 사랑
하는 백성의 생명을 구원할 수 있다,
인도할 수 있다고 말함이니,
40 사랑하는 나의 백성, 신도라는 너희가
제물도 씻을 자격도 없는 자에게 너희
의 구원의 생명을 맡기고 있음이니,
41 차라리 나의 백성이요, 나의 성도요,
신도라는 너희 중에 제물이라도 닦을
자격이 있는 자가 거기에 더 많이 있
음이니라.
42 제물을 닦을 자격이 있는 자가 제물을
닦을 자격도 없는 자에게 구원의 길을
인도해 달라 하지 말며,
43 하늘에 오르는 길을 인도하는 자처럼
사기극을 벌이고 있는 그 사기극에 넘
어가지 말라.
44 거짓 자의 행동에 너희가 속지 말라,
사랑하는 나의 아들딸들아!

6,091 번째 하나님 말씀

2003년 5월 3일 06시 44분

1 사랑하는 나의 아들아!
2 "네, 아버님! 말씀하옵소서."
3 내가 너에게 모두를 다 주었음이니라.
4 그리고 나의 법전이 세상에 나올 수
있는, 역사할 수 있는 사람도 다 네 주
변에 주었음이니라.
5 네가 그를 보지 못하며 그를 찾지 못
하고 있음이니, 이는 네 몫임을 알아
야 할 것이니라.
6 지금 네 주변에 있는 모든 사람으로
하여금 이 모든 역사는 이루어질 수
있도록 그와 같은 모든 준비가 되어
있으며 사람들이 다 보내져 있음이니
라.
7 네가 그 사람의 뜻을 선택하지 못하며
그 사람을 찾지 못하고 있음이니,

8 네가 이제 그 사람을 찾는 데 최선을
다해야 함을 잊지 말라.
9 모두는 다 주었으니, 그 사람을 찾아
서 네가 역사하는 것, 그것은 네 몫이
니라.
10 나는 네 주변에 모든 것을 다 이룰 수
있는 준비를 완벽히 이루어 주었음이
니라.
11 그것은 네가 마음이 맑으며 네 마음이
고울 때, 그리고 정녕 네가 한 점의 부
끄럼이 없는 삶을 살 때 너는 그를 볼
수 있음이니라.
12 내가 너희에게 가훈을 내려 주었듯이,
하늘을 향하여 한 점의 부끄럼이 없는
그와 같은 삶을 살 때, 또 마음의 자세
가 그와 같이 되었을 때, 모두는 다 네
가 손을 뻗으면 올 수 있는 사람들이
다 준비되어 있음이니라.
13 아무리 네가 뭐라 말을 해도, 네가 한
점의 부끄럼이 없는 삶을 산다 해도,
네가 바로 살지 못하기 때문이니라.
14 그리고 너의 제자들 또한 그러하니라.
15 그러니 네가 이제부터라도 한 점의 부
끄럼이 없는, 정녕 너 자신이 알고 실
수를 하든, 모르고 실수를 하든, 너 자
신을 다 쏟아 냈을 때, 그 모두는 다
역사하게 되어 있음을 알아야 할 것
이니라.
16 모두가 다 너를 위해 주변에 기다리고
있음이니라.
17 다만, 너는 나의 법전을 만들어 기록
하는 나의 아들이요, 그리고 이 160권
은 나의 성령이요, 나의 뜻이니,
18 이를 만드는 나의 아들이 실수함이 있
으며 네가 한 점의 부끄럼이 없는 삶
을 살지 못할 때, 이는 내가 너에게 역
사할 수 없음이니라.
19 사탄이 보고 있으며 천사들이 보고 있
으며 세상의 모든 동식물이 다 보고
있음이니라.
20 정녕 네가 그리 서라.
21 이제 이 시련을 어찌 넘기고 못 넘기
는 것은 너에게 달렸음을 알아야 할
것이니라.
22 나는 네 주변에 모두를 다 주었음이니
라.
23 네가 뼈를 깎고 살점을 도려내는 그
아픔보다도 더한 고통과 인내를, 그리
고 하나의 악습을, 또 나를 향하여 행
하는 삶이, 너의 제자들을 위하여 사
는 삶이, 나의 법전을 읽는 백성의 삶
이, 그리고 모든 백성과 천사와 사탄
이 보는 데, 네가 한 점의 부끄럼이 있
어서는 아니 됨이니라.
24 오로지 네가 천사와 같이 깨끗한 그와
같은 마음으로 남이 보는 곳, 보지 않
는 곳에서 살 때, 네가 한 점의 실수를
하지 않는 그것만이 남아 있음이니라.
25 이 세상을 법전이 덮는 것, 법전이 세
상에 나올 수 있는 것, 너희의 어렵고
힘든 그 모두를 내가 다 상을 내려 너
희에게 그 모두를 역사할 수 있음이니,
26 오로지 그것은 네가 한 점의 부끄럼
이 없이 사는 삶이요, 한 점의 부끄럼
없이 행동하는 것이니라.
27 어느 것도 안 되느니라.
28 미심쩍은 행동도 아니 되느니라.
29 이것은 과연 나 여호와로부터 부끄러
운 일인가 아닌가 그를 판단하기 어려
운 그 행위도 해서는 아니 됨이니라.

30 너희는 완벽해야만 됨을 알아야 할 것
이니라.
31 이 길을 가야 하는 것인가, 가지 않아
야 하는 것인가, 이것을 받아야 하는
것인가, 받지 않아야 하는 것인가, 이
정도는 괜찮은 것인가 하는 그와 같은
행위도 있어서는 아니 되며, 그와 같
은 것도 네가 행해서는 아니 될 것이
니라.
32 너 스스로 나쁘다 생각하는 것, 네가
스스로 도덕적으로 잘못됐다 생각하
는 것, 남들에게 부끄러운 행위를 하
는 것은 일절 용납할 수도 없는 것은
물론이요,
33 네가 과연 이것이 하나님께 죄가 되는
것이며, 나 창조주에게 부끄러운 일인
가, 그리고 이 일은 만백성이 봤을 때
용서할 수 있는 것인가, 이해할 수 있
는 것인가, 이해하지 못할 일인가,
34 그와 같은 네가 미심쩍은 행동도 네
것으로써 만들어서 해서는 절대 아니
됨이니라.
35 이제 너의 제자들과 나의 법전을 가지
고 세상을 덮으며 만백성을 위해 네가
역사할 수 있는 것은, 네가 어찌 서느
냐에 달렸음이니라.
36 이를 명심하라, 나의 아들아!
37 하늘을 향하여 한 점의 부끄럼이 없는
너의 삶이요, 너의 자세가 소중함이니
라.
38 그 역사를 이룰 때 모두는 다 이루어
지게 되어 있음을 알라, 나의 사랑하
는 아들아!

6,092 번째 하나님 말씀

2003년 5월 3일 06시 52분

1 사랑하는 나의 아들아!
2 "네, 아버님! 말씀하옵소서."
3 구약의 시대는 제사장이 성막에 들어
가 제를 올림이니, 죄가 있는 자는 감
히 살아 나올 수 없다 하였음이니라.
4 그러니 지금 모든 종교 지도자들이 과
연 그와 같은 성막이 있을 때, 그곳에
들어가 기도하고 제사 지내며 살아 나
올 수 있는 사람이 있다 생각하는가?
5 지금의 모든 종교 집단의 지도자들은
한 사람도 살아 나올 자가 없음이니라.
6 그러니 과연 살아 나올 수 있는 자가
한 명도 없다면, 진정한 종교 지도자
라 너희가 말할 수 있겠느냐?
7 그리하여 그들은 그와 같은 역사가 있
을 때 지킬 수 없음이니라.
8 그리하여 그와 같이 무서운 것을 강요
하며 강조하는 것이 구약의 시대의 가
르침이었으니,
9 그 시대는 그와 같이 무섭게 다루어,
내가 너희에게 선택된 자와 선택되지
아니한 자를 구분하는 그 역사를 했음
이니라.
10 그러니 지금도 모든 종교 집단이요,
지도자들이 수없이 이 세상을 덮고 있
으나 과연 그와 같은 성막에 들어가
나에게 제사 지낼 수 있는 자격이 있
는가?
11 한 사람도 없음이니라.
12 스스로 너희가 그와 같은 자가 한 사
람도 없다는 것을 알고 있으며, 너희
자신이 성막에 들어가 제를 올리고 살

아 나올 자신이 없기 때문이니라.
13 그리하여 너희가 밀어붙이고 나가는
것이 무엇이며 너희가 연구한 것이
무엇이더냐?
14 너희가 신약의 시대는 신약의 시대요,
그래서 구약의 시대는 흘러간 시대며,
구약은 구약으로써 흘러가 끝났으며,
신약은 신약의 시대로 역사함이니,
15 그리하여 너희가 신약 시대의 종교
집단이요, 지도자 너희가 하는 말이
무엇이던가?
16 구약은 끝났으며 새로운 신약의 시대
가 열렸으니, 신약의 시대는 죄지은
자도 종교 지도자가 될 수 있다 그리
말함이니라.
17 더욱이 인간이기 때문에 죄를 짓지 아
니하고 살 수 없기에, 종교 지도자도
아무나 될 수 있다는 것이 너희이니
라.
18 그러나 지금 너희는 알아야 할 것이
니라.
19 너희가 지금 그와 같이 말하는 것은
너희 스스로 죄인이라는 것을 인정함
이니,
20 죄인은 만백성을 구하는 지도자가 될
수 없다는 것을 너희가 알아야 할 것
이니라.
21 구약의 시대에 성막에 들어가 죄 없는
자가 살아 나오는 제사장보다도 더 무
서운 자세로 살아가야 하는 것이 종교
지도자며,
22 지금 시대의 종교 집단이요, 지도자가
이끌어 가야 할 길이라는 것을 잊지
말라.
23 그리하여 지금까지 신약의 시대는 신
약의 시대요, 구약 것은 구약의 것이
라 하여 2천 년이라는 세월이 흐르는
동안에 너희가 잘도 넘어왔으며,
24 이리 치고 저리 치고 나의 피조물을
우롱하며 생계 수단으로써 너희가 부
와 육의 영화를 누리는 그와 같은 방
법으로써 모든 재물과 금화를 거둬들
였으며 나의 백성을 우롱하고 살았느
니라.
25 그러나 내가 더 이상 나의 백성을 볼
수 없기에, 제3의 시대에 죄지은 자는
지도자가 될 수 없다는 엄격한 나의
지시를 내림이니,
26 이게 곧 무엇이던가?
27 성막에 들어가 살아 나올 수 없는 자
는 지도자가 될 수 없다 함이니라.
28 그리하여 내가 나의 아들에게 모든 은
혜와 영광을 내리고자 해도, 그가 뼈
를 깎고 살점을 도려내는 그 아픔 속
에서 제가 바로 서지 못하면 내가 그
에게 은혜를 내리지 아니함이니라.
29 하물며 내가 나의 법전을 기록하는 나
의 아들도 한 점의 죄를 짓고 사는 것
을 용서하지 아니하며,
30 지금까지 살아오며 그가 지은 죄, 더
욱이 앞으로는 한 점의 죄도 알면서
짓는 것, 모르면서 짓는 것, 그것을 내
가 용서하지 아니한다 하였으며, 그와
같은 것이 있을 때 어떠한 것도 그에
게 내가 은혜를 내리지 아니한다 하였
음이니라.
31 내가 나의 아들에게도 그 스스로 한
점의 부끄러움이 있을 때, 그를 용서
하지 아니하며 그를 거둬들이지 아니
하며 그에게 내릴 수 있는 모든 상을

내리지 않고 거둬들인다 하였음이니
라.
32 그는 사탄이 보고 있으며 천사들이
보고 있으며 모두가 그를 보고 있기
때문이니라.
33 그러니 공의의 하나님이요, 나 여호와
로서는 할 수 없는 길이기 때문에 그
길을 하지 아니하거늘,
34 나의 아들 예수가 '이 잔을 받지 아니
하면 아니 되겠습니까?' 간곡히 기도
한 것을 들어주지 아니한 그 뜻을 너
희가 다시 한 번 음미해 보라.
35 그렇다면 오늘 내가 나의 아들이 나에
게 소원하며 그가 원하는 것을 아는
나 여호와가 들어줄 수 있겠는가?
36 절대 그를 들어주지 아니하며, 들어줄
수 없는 것이 나 여호와의 뜻이니라.
37 그리하여 나의 아들이 바로 섰을 때,
나의 아들이 상을 받을 수 있는 자격
이 되었을 때, 새로운 역사는 이루어
질 것이며 그들의 고통은 내가 거둬들
일 것이니,
38 스스로 그들이 노력하는 만큼 주게 되
었음이니라.
39 나의 아들도 노력하는 만큼, 변화되는
만큼 내가 상을 준다 하였음이니, 내
가 너희에게 뭐라 말하였느냐?
40 모든 죄를 짓는 것은 자기 책임이며
그 죄의 대가는 스스로 치른다 하지
아니하였던가?
41 그 이치를 돌이켜 생각하면,
42 내가 오늘 나의 아들에게 상을 내리지
아니하며 한 점의 부끄럼 없이 변화되
는 삶을 살라 강요하며, 그렇지 아니
하면 아무것도 이룰 수 없다는 이 무
서운 명령을 너희는 알 수 있으며 이
해할 수 있을 것이니라.
43 이제 내가 제3의 시대를 열면서, 죄를
짓는 자가 함부로 지도자라 하는 것을
내가 용서치 아니하며, 지도자도 인간
이기 때문에 죄를 짓지 아니할 수 없
다는 자는 용서치 아니할 것이니라.
44 내가 나의 아들 예수가 '아버님, 이 잔
을 받지 아니하며 피해 갈 수 없나이
까?' 하는 그 간곡한 기도를 들어주지
않은 것은,
45 공의의 하나님이요, 정해진 그 길이
요, 내가 어떠한 누구라 해도 편법으
로써 누구를 더 사랑하며 더 이해하며
누구에게는 혜택을 주며 누구에게는
주지 않는 그와 같은 창조주가 아니기
에 그를 들어주지 아니하였듯이,
46 오늘의 나의 아들이 바로 서지 아니하
며 스스로 한 점의 부끄럼이 없는 삶
을 살지 아니하면, 아무것도 내가 그
에게 은혜와 혜택과 영광을 내리지 아
니한다는 그 무서운 뜻을 너희가 알았
으면 바로 살아가도록 하며, 들었으면
바로 살도록 그리하라.
47 모든 백성은 나의 이 깊은 뜻을 알아
행하도록 하라.
48 내 뜻이 무엇이며, 내가 역사하는 것
이 무엇이며, 내가 이루고자 하는 것
이 무엇인가를 바로 보도록 그리하라.
49 지금 하나도 내 뜻에 살아가는 종교
집단이 없으며 지도자가 없으며,
50 오로지 나의 뜻을 거역하는 자, 나를
기쁘게 하는 일이 아니요, 나를 노하
게 하는 일이요, 나를 능멸하는 짓만
을 너희가 하고 있다는 것을 잊지 말

라.

6,093 번째 하나님 말씀

2003년 5월 3일 09시 17분

1 사랑하는 나의 아들아!
2 "네, 아버님! 말씀하옵소서."
3 너희가 살아가면서 인간 세상에서 인
간에게 잘못되며 인간에게 부끄러운
그와 같은 삶을 사는 것도 아니 된다
하였음이니라.
4 그러나 너희는 인간 세속에서 살아가
면서 인간이 인간을 속이며 서로 거짓
된 행위를 하는 것이니라.
5 그러니 그와 같은 잘못된 행위로 사람
을 속일 수 있으며 눈가림은 할 수 있
으나,
6 너희는 땅을 속일 수 없으며 하늘을
속일 수 없음을 알아야 할 것이니라.
7 너희 말에 '땅이 알고 하늘이 안다'는
말이 있지 않던가?
8 바로 하늘이 알고 땅이 알고 있음을
알아야 할 것이며, 하늘이 알고 땅이
아는 그 두려움을 아는 백성이 되어야
함을 너희는 잊지 말라.
9 지금부터 나의 아들을 따르는 제자요,
나의 법전을 읽고 깨우친 백성 너희
는, '하늘이 알고 땅이 알고 있다'는
그 무서운 이치의 말을 가슴 깊이 새
겨 행하도록 그리하라.
10 그러니 하늘을 향하여 한 점의 부끄럼
이 없으며, 땅을 바라보기에 한 점의
부끄러움이 없는 그와 같은 삶을 사는
것이 가장 중요하며,
11 너희 행동이 또한 그와 같은 부끄러움
이 없는 행동을 하는 것이 너희가 하
늘에 오르는 길이니라.
12 그와 같은 자가 나로부터 선택된 백성
이요, 그와 같이 살아가는 자가 만백
성을 이끄는 전사요, 지도자로서 바로
설 수 있음을 알아야 할 것이니라.
13 이제 사랑하는 나의 아들 네가 한 점
의 부끄러움이 없으며, 하늘의 나 여
호와에게 부끄러움이 없으며, 땅을 밟
고 사는 지상에 존재하는 그 모든 동
식물이 너를 바라볼 때 한 점의 부끄
러움이 없는 삶을 살기 위하여 몸부림
치고 있음을 그들도 다 알고 있음이니
라.
14 그리하여 그들이 너를 용서하며 너를
이해하며, 나 여호와 또한 네가 변해
가는 그 속도가 빠르기에 내가 인내하
며 기다리고 있음을 너는 알아야 할
것이니라.
15 그러니 '하늘이 알고 땅이 안다.'는 그
이치를 너 자신이 알고 지켜야 할 것
이며, 너의 제자들은 반드시 그를 지
켜야 할 것이니라.
16 그리고 반드시 하늘과 땅에 부끄러움
이 없는 삶을 살도록 지금과 같은 마
음으로 더 굳건히 다져 나가며, 더 결
심을 다지며, 더 피나는 노력으로써
네가 바로 서야 할 것이니라.
17 너희가 살면 앞으로 얼마나 살며, 육
의 세상의 종말을 거두는 것이 과연
얼마나 남았느냐?
18 너희가 나에게 와 심판을 받는 그 무
서움의 문턱을 언제 넘을지 모르느니
라.
19 그것을 모르는 너희는 그 삶을 대비

하는 삶을 살라.
20 너희가 갑자기 나에게 부름을 받았을
때, 너희가 죄 사함을 받지 못하며 악
행을 많이 하고 선행을 베풀 수 있는
시간이 없이 나에게 온다면 어찌하겠
느냐?
21 사랑하는 나의 아들딸들아! 내가 너
희에게 간곡히 전함이니라.
22 어버이로서 자식에게 부탁함이니,
23 너희가 어느 날 갑자기 불려와 심판대
에 섰을 때, 너희가 사악한 것, 죄지은
것이 무게가 더 나가는 그와 같은 삶
을 살았다면,
24 너희가 나와 인연이 끝남이니 나를 아
버지라 부르지 못하며,
25 창조주인 나를 아버지라 부르지 못하
는 너희의 그 죄가 얼마나 크며 그 대
가가 얼마나 무서운 것인가를 알겠느
냐?
26 언제 나에게 부름을 받을지 모름이니,
거기에 대한 대비하는 삶을 오늘 이
시간부터 너희가 살아야 하니,
27 1초도 소홀히 해서는 안 되며, 1초도
너희가 사악한 행위를 해서는 안 되
며, 1초도 너희가 나쁜 마음을 가져서
는 안 됨이니라.
28 1초도 너희가 아름다운 마음이요, 1
초도 너희가 행복한 마음이요, 1초도
모두를 사랑하고 용서하는 마음을 갖
고 살라, 나의 아들딸들아!
29 그 마음을 갖지 못하면 어찌하는가?
30 너희는 남들은 이해 못 하며 이해성
이 없는 사람이라 말하며, 스스로 제
가 부닥치는 일이요, 제 앞에 있는 것
은 전혀 이해하지 못하며 용서하지 못
하는 자가,
31 남을 용서해 주지 못하는 자가 남으로
부터 용서받기를 바라며,
32 저는 남을 용서하지 못하는 자가 남이
남을 용서하는 것을 잘못된 사람이요,
인색한 사람이라 말함이니,
33 너희가 부닥쳤을 때 너희가 남을 용
서하고 이해해야 할 때, 과연 너희는
어찌하는가?
34 너희 자신을 들여다보도록 그리하라.
35 단 1초도 이해 못 함이 있어서는 안
되며, 단 1초도 너희가 용서하지 못하
는 것이 있어서는 아니 되느니라.
36 너희가 세상에 살아가는 것을 모두를
다 용서하지 못하는 것이 있어서는 아
니 됨이니라.
37 너희가 남을 이해할 수 없는 것, 남을
용서할 수 없는 것을 용서하고 이해하
는 것이 너희가 가야 할 가장 큰길임
을 알라, 사랑하는 나의 아들딸들아!

6,094 번째 하나님 말씀

2003년 5월 4일 05시 46분

1 사랑하는 나의 아들아!
2 "네, 아버님, 말씀하옵소서."
3 인간 세상에 살아가면서 내가 어찌하
여 작은 거짓말도 하지 말며 작은 실
수도 하지 말라 함인지 알겠는가?
4 너희가 인간 세상에 살아가면서도 신
뢰하며 믿고 살아가는 사람이 한 번의
거짓된 실수를 함으로써 그가 지금까
지 쌓았던 그 모든 공든 탑이 하루아
침에 무너지며, 상대방을 신뢰하지 않
는 것이 인간 세상의 너희의 흐름이

요, 만남이 아니던가?
5 더구나 종교 지도자요, 믿음의 길을
가는 자는 모든 백성이 그 말을 신뢰
하며 그를 믿음이니라.
6 그러니 그가 실수했을 때, 그가 거짓
했을 때, 그가 실없는 소리를 했을 때,
그를 믿고 따르는 백성의 그 실망이
얼마나 크겠는가?
7 그리고 그들은 믿음 자체까지도 흔들
리게 될 것이며,
8 그 믿음 자체가 흔들리는 것은 나 여
호와가 존재하는가 존재하지 않는가
를 의심하게 되며 그 믿음마저 흔들리
게 됨이니라.
9 그리하여 그들이 믿음의 길에서 등을
돌린다 할 때 과연 너는 그 책임을 어
찌 지겠는가?
10 나의 법전을 읽고 깨우치는 백성이요,
너를 따르는 제자들이요, 그들은 네가
나로부터 선택된 나의 아들이요, 목자
요, 선지자라 하니,
11 네 말은 모두 나 여호와를 대신하여서
하는 것이라 알고 믿고 따름이니라.
12 그와 같은 자들에게 실없는 소리요,
네가 신뢰하지 못할 소리를 한다면,
농담이든 진담이든 그들이 받아들였
을 때,
13 그것이 거짓이라 표현될 때, 그것이
진실이 아니라는 것을 느꼈을 때, 그
들의 실망은 이루 말할 수 없으며,
14 그들이 하루아침에 모두 무너지는 그
와 같은 실망의 마음을 달랠 길이 없
음이니라.
15 그리하여 내가 너에게 완벽하게 가라
함이 거기에 있음이니라.
16 나가서 만백성을 구하는 너의 제자들
또한 그러하니라.
17 너만 그러한 것이 아니요, 모든 제자
도 한 점의 실수하는 일이 있어서는
아니 되니,
18 너희가 나의 법전을 가르치며 그들을
깨우쳐 나의 법전을 읽고 또 정독하여
이것이 나의 성령이요, 하늘에 오르는
길이라 믿었다 해도,
19 지도자들의 한 번의 실수요, 거짓된
말을 함으로 인하여, 농담이라도 너희
가 실수하는 말을 했을 때, 그들은 하
루아침에 그 모두가 다 물거품이 되어
무너지는 그와 같은 아픔을 얻게 됨이
니라.
20 그러니 너희가 절대 실수하는 말, 거
짓말을 해서는 안 된다는 나 여호와의
뜻이 여기 있음을 알아야 할 것이니라.
21 아무리 신뢰하는 사람이요, 아무리 존
경하는 사람이라도 그가 한 번의 실수
를 할 때, 그 모든 제자요, 그로부터
배운 사람들은 실망하게 되며 좌절하
게 되어 있는 것이니라, 사랑하는 나
의 아들아!
22 그러하기에 종교 지도자요, 만백성의
생명을 구하는 너희는 얼마나 조심스
러우며 완벽하게 가야 하는 것인가를
내가 너희에게 강조함이니 그리 알라.

6,095 번째 하나님 말씀

2003년 5월 4일 05시 55분

1 사랑하는 나의 아들아!
2 "네, 아버님! 말씀하옵소서."
3 잘못된 종교 지도자들이요, 가장 사악

한 자들이요, 사탄의 자식이 무엇인
줄 알겠는가?
4 나의 사랑하는 백성 너희가 과거의 죄
도 다 씻어졌으며 현재의 죄도 씻어졌
으며 미래의 죄도 다 씻어졌다 말하는
그와 같은 자들이 마귀이니,
5 마귀의 말에 현혹되는 나의 백성이 나
와서는 아니 되기에, 내가 나의 법전
160권을 세상에 내려보냄을 너희가
알아야 할 것이니라.
6 너희가 구약의 시대는 짐승을 잡아 그
피로써 모든 죄를 대속받았다 하며,
7 신약의 시대는 나의 아들 예수의 죽음
으로 인하여 너희가 과거의 죄와 현재
의 죄와 미래의 죄까지도 다 씻어졌다
는 그 편안한 방법으로 하늘에 오르고
자 하는 그와 같은 사악한 자들의 말
에 현혹되어 가장 소중한 너희의 생명
을 버리지 말라.
8 그 모두는 있을 수 없는 것이니라.
9 그 모두는 다 너희가 행함을 한 대로
이루는 것이요, 너희에게 깨우침을 보
여 주기 위한 그와 같은 가르침이었음
을 너희는 알아야 할 것이니라.
10 그와 같은 자는 정녕 구원받을 수 없
음이니라.
11 과거든, 현재든, 미래든 앞으로 너희
후손이든, 그 모두는 너희 자신의 몫
이며,
12 너희가 지은 대가는 너희가 반드시 치
른다는 것, 너희가 어찌 사느냐에 따
라서 그 대가를 얻는다는 것을 알아야
할 것이니라.
13 누구든 그 죄를 사해 줄 수 있는 것은
나 여호와뿐이며,
14 어떠한 방법으로든 남이 대신하여 너
희 죄를 씻어 줄 수 없다는 것을 알라.
15 너희는 이 뜻을 깊이 새겨야 할 것이
니라.
16 이 세상의 창조주요, 너희 어버이인
나 여호와라는 것을 너희가 굳건히
믿어야 하거늘,
17 창조주 나 여호와가 나의 아들을 통하
여 글로써 세상에 내보내 너희에게 증
거하건만, 어찌하여 그와 같은 것을
믿지 아니하며,
18 너희가 볼 수도 없으며 들을 수도 없
으며 생각할 수도 없는 그와 같은 과
거의 역사요, 그저 지금의 종교 집단
들이 저 자신도 모르면서 너희에게
재물과 금화와 은화를 거둬들이고자
하는 그와 같은 행동에 너희가 현혹
되어, 그저 '옳소, 할렐루야, 아멘!'이
요, 소리 지르고 따라가며,
19 너희가 어찌하여 내가 근거할 수 있는
새로운 법전이요, 새로운 성경이요,
너희가 읽어서 판단할 수 있는 나의
법전이요, 나의 성령은 사탄의 것이라
며 그를 들여다보지 아니하는가?
20 너희가 이제 마귀의 음성과 목자의 음
성을 구분하지 못하는 그와 같은 어리
석은 삶에서 헤어나지 못한다면, 정녕
하늘에 오르는 길이요, 구원을 받을
수 없다는 것을 알아야 할 것이니라.
21 어찌하여 너희는 천사의 음성과 마귀
의 음성을 구분하지 못한단 말이던가?
22 너희가 인간 세상에 살아가면서 법도
가 과연 어떠하더냐?
23 너희가 지은 죄를 대신하여 누가 벌을
받는다 하는가?

24 너희가 그리 받을 수 없음이니라.
25 인간 세상에서 천민과 양반이 있던
그 시대에, 권좌에 있으며 인간의 차
별을 둘 때 양반이라는 자가 지은 죄
를 그 종이요, 없는 자가 재물을 받고
대신 치러 주며 그 매를 대신 맞는 그
와 같은 사악한 시대는 있었으나,
26 그것이 바로 2천 년 전의 종교의 뿌리
요, 너희 믿음의 집단들이 하고 온 그
행위이며 너희 조상이 하고 흘러온
행위이니라.
27 그러나 너희는 그렇지 아니하니라.
28 이제 너희가 살아가는 세상은 어떠하
던가?
29 너희가 과거처럼 주인이 지은 죄를 종
이 대신 치르며, 그 하수인이 대신 치
르며, 가난한 자가 그 대가를 받고 대
신 치르는 그와 같은 역사가 지금도
통할 수 있으며, 지금도 그와 같은 역
사가 이루어진다 생각하는가?
30 아니로다. 절대 그리할 수 없는 것이
니라.
31 지금 너희 세상에서는 죄지은 자가 죄
의 대가를 치르는 것이 인간 세상을
살아가는 법도이니라.
32 그러나 하늘의 법도 또한 그보다 더
엄격함을 너희는 알아야 할 것이니라.
33 인간 세상에 살아가면서 너희는 지은
죄를 속일 수 있으며 남을 속이듯이
인간이기에 인간을 속일 수 있으나,
34 너희가 지은 죄를 나 여호와에게 와서
는 속일 수 없으며, 내가 또한 속지 아
니한다는 것을 알라.
35 그리하니 너희가 지은 죄는 너희 스스
로 대가를 치르며 너희가 그 대가만큼
벌을 받는다는 것을 절대 잊어서는 아
니 될 것이니라.
36 나의 아들 예수가 죽음으로써 그 모든
죄를 사해 주었으며 미래의 너희의 죄
를 사해 주었다 그리 생각하나,
37 그것은 얼마나 잘못된 생각이며 얼마
나 안일한 생각이며, 너희가 얼마나
욕심쟁이요, 이기주의자인지를 알아
야 할 것이니,
38 사탄의 그 말에 너희가 현혹되어 오
늘의 삶을 함부로 살다 죽어 내 앞에
와 통곡하며 몸부림치는 나의 백성을
수없이 보고 있으며,
39 몸부림치고 통곡하다 제가 지은 죄만
큼 나오는 그 점수에 따라 그 점수를
알고 지옥에 제가 갈 길을 찾아가는
것이 너희가 나에게 죽어 와 이루어
지는 역사이니라.
40 그러니 상세히 하늘의 법도요, 하늘의
뜻을 기록하여 너희에게 전하건만,
41 사탄의 말에, 사탄의 음성에 현혹되
어, 나의 아들이 전하는 말을 너희가
듣지 아니하며 나를 대신하여 새로 내
리는 나의 법전이요, 이 새로운 성경
의 말을 듣지 아니하고,
42 너희가 죽어 와 통곡하고 몸부림치며
고통 속으로 가는 그 모습을 면하는
길은, 선하게 삶을 살아야 할 것이니
라.
43 너희가 나에게 왔을 때 오늘의 행함을
아름답게 살며 천사와 같이 사는 것은
아무런 도움이 되지 아니하고, 그저
믿음만 부르짖으면 된다 그리 말하는
것을, 내가 너희에게 뭐라 말했느냐?
44 너희는 나의 아들딸이니, 너희가 나를

믿으며 나를 찾지 말라 함이 아니니라.
45 나를 찾으라 함이니라.
46 내가 나의 아들을 통하여 너희에게
무어라 말하는가?
47 너희가 조용한 곳에서 기도하며 너희
생활 터전에서 기도하며, 모두는 나
여호와가 내려 준 은혜라 하여 가족
단위로 손을 잡고 기도하며 나를 찾
으면 된다 하였음이니라.
48 그리하여 너희가 재물과 금화를 바치
는 그와 같은 죄를 짓지 말라 함이 아
니던가?
49 그리하여 나를 찾으라 함이니라.
50 너희가 나를 찾으며 선하고 아름답게
사는 것이 과연 잘못된 것인가?
51 만에 하나 너희가 육의 행동을 어찌
사느냐에 따라서 그 죄의 대가를 받는
다면, 그것을 너희가 생각하기도 전에
아름답게 살며 남을 위해 살며 용서하
며 살며 진정한 사랑으로 사는 것이
과연 무엇이 손해며 잘못이던가?
52 육의 세상에서 너희가 베푼 만큼 거
둬들이며 베푼 만큼 어떠한 방법으로
든 받게 되어 있는 것이 인간 세상의
삶이니라.
53 그게 나 여호와가 공평하게 지배하며
공평하게 주관하고 있기 때문이니라.
54 그러니 너희가 손해 갈 것이 없으니,
아름답고 천사와 같은 마음으로 살라.
55 그것이 하늘에 와 도움을 받고 안 받
는 것은 너희가 죽어 나에게 와서 알
수 있는 일이나, 너희가 아름답게 사
는 것이 손해 봄이 없음이니라.
56 그리고 나를 찾는 것, 가족 단위로 기
도하며, 너희가 가장 많이 기거하는
곳에서, 그리고 식구와 더불어 음식을
먹을 때도 감사하며, 잠을 잘 때도 감
사하며, 아침에 무사히 눈을 뜨고 하
루 일과를 시작하는 것, 취미 활동을
하는 것, 친구를 만나는 것, 그 모든
행동을 할 때 마음속으로 나에게 감사
하다는 생각으로써 살면 그게 나의 아
들딸이니라.
57 내가 내려 준 너희 생명을 잘 관리하
며, 내가 너희에게 내려 준 재물을 잘
관리하며, 내가 너희에게 내려 준 가
장 소중한 성령이요, 너희의 생각이
요, 지혜를 내려 준 그 모두를 내가 원
하는 아름다운 쪽으로 쓰고 산다면,
58 그보다 축복과 영광이 없으며, 나 여
호와를 기쁘게 함이 없음을 알라.
59 그보다 나를 더 기쁘게 하는 것이 없
음을 알라, 사랑하는 나의 아들딸들아!

6,096 번째 하나님 말씀

2003년 5월 4일 06시 03분

1 사랑하는 나의 아들아!
2 "네, 아버님! 말씀하옵소서."
3 너희가 죽어 와 나에게 심판을 받을
때 선하게 살고 안 산 것이요, 육의 삶
은 관계없다 그리 말하나,
4 너희는 그를 그리 믿어서는 아니 된다
고 내가 너희에게 수없이 강조하였음
이니라.
5 그러니 너희가 아름답게 사는 것은 하
나도 억울한 것이 없음이니,
6 육이 아름답고 선한 마음을 갖고 살라
는 가르침을 너희 가슴속에 깊이 새겨
야 함을 잊지 말라.

7 그것이 너희가 심판을 받는 기본이요, 근본이거늘, 그를 저버리고 사는 너희가 얼마나 어리석은 백성의 삶인가를 알지 않느냐?

8 내가 나의 법전 1권에 너희를 처음 깨우칠 때 무어라 말하였더냐?

9 너희는 세상사 돌아가는 것을 모르며 한 치 앞을 알지 못하는 백성이라 내가 그리하였느니라.

10 그리하여 오죽하면 내가 탁구공이라는 것을 가지고 밥상에서 굴릴 때, 그것이 처음에 한두 개 맞추는 것은 너희가 알 수 있으며 대략은 알 수 있으나,

11 그다음에 흐르는 것은 너희가 알지 못한다 말하지 아니하였던가?

12 내가 탁구공을 가지고 너희에게 또 어찌 깨우쳤던가?

13 너희가 그 공을 상대방에게 좋게 보냄으로써 상대방이 아름답고 좋게 보내오며, 너희가 거칠게 보냄으로써 상대방 또한 너희에게 그 공을 거칠게 보내오는 것이 인간 세상의 삶이라 하였으니, 너희가 아름답게 사는 것은 하나도 손실이 없으며 손해 봄이 없는 것을,

14 내가 그를 지키면서 하늘에 오르라 하는 그 뜻을, 어찌하여 너희는 이를 거역하는가?

15 내가 이와 같이 너희가 어찌 사는 것이 소중한 것이라는 것을 그리 가르쳐도 그를 듣지 아니함이니, 너희는 과연 어찌하겠는가?

16 너희가 인간 세상에 살면서 탁구공을 상대방에게 어찌 보내느냐에 따라서 되돌아오는 것이 그와 똑같이 온다 하지 아니하였더냐?

17 너희가 상대방을 사랑하면 그 상대방이 너희를 사랑할 것이며, 너희가 상대방에게 베풀면 그가 너희에게 베풀 것이며, 너희가 그를 존경하면 그가 또한 너희를 존경함이니라.

18 네가 고운 말로써 인사함으로 인해서 그가 또한 너희에게 고운 말로써 인사함이니,

19 그러니 너희가 아름답게 살며 육으로 행하면 손해 가는 것이 없으며 손실을 보는 것이 없느니라.

20 재물을 잃는 것도 아니요, 재물을 갖다 퍼 주는 것도 아니요, 재물을 갖다 바치는 것도 아니요, 재물을 뺏기는 것도 아니니라.

21 그와 같이 아무런 손실도 없으며 손해도 보지 않는 것, 그리하여 너희가 아름답게 살며 고운 마음을 가지고 살며 너희가 천사와 같은 마음으로 살도록 하라 하는 나의 깊은 뜻을 너희는 알아야 할 것이니라.

22 내가 너희에게 일찍이 깨우쳐 말하지 아니하였더냐?

23 그리도 너희가 잠시도 없어서는 살 수 없는 그 부는 바람이요, 산소요, 공기요,

24 그들이 흘러가면서 어떠한 역사를 하며, 무엇을 하며, 과연 그 바람은 어디서부터 불어오는 것이며, 어찌하여 그 바람이 존재하여 너희의 귀중한 생명을 존속시키는 그 산소를 공급하는지,

25 그와 같이 너희는 그 하나의 이치도 제대로 깨닫지 못한다 하였음이니라.

26 너희가 이 세상에 존재하는 모든 미물
이요, 그 생물의 숫자는 물론이요, 그
이름도 모르며 그들이 가지고 있는 특
성과 그들이 살아가는 역사함 자체도
모르는 것이 인간 너희라 하였으나,
27 세상을 다 아는 것처럼, 세상을 다 지
배하는 것처럼, 하늘도 너희가 마음대
로 좌우하는 것처럼 마음대로 기도하
는 종교 지도자, 그리고 생각나는 대
로 기도하는 자,
28 그리고 남에게 받은 만큼 그것을 말로
써 갚는 것같이 온갖 좋은 말로써만
그에게 대가를 치르는 그와 같이 하는
자,
29 헌금을 많이 낸 자에게 낸 것만큼 말
로써 그들에게 갚아 주는 그와 같은
행위, 그게 바로 사탄이요, 마귀라 하
였음이니라.
30 그리하여 행동이 없으며 그저 말로써
만 그 모든 걸 다 이루는 것, 말로써
세상을 다 역사하고 다 주는 것같이
하는 것,
31 그것이 바로 사탄이요, 나와는 관계없
는 자가 하는 짓이라 하였으니,
32 이제 천사의 목소리와 사탄의 목소리
를 구분하는 백성이 되라 내가 오늘
아침에도 너희에게 그리 간곡히 부탁
하고 또 부탁함이니, 이를 잊지 말라,
사랑하는 나의 아들딸들아!

6,097 번째 하나님 말씀

2003년 5월 4일 06시 16분

1 사랑하는 나의 아들아!
2 "네, 아버님! 말씀하옵소서."
3 너를 따르는 제자들과 나의 성전을 찾
아오는 자에게 너는 오늘 반드시 나의
이 뜻을 전하도록 그리하라.
4 과연 너희는 너희의 생명이 소중하며
너희만이 값진 줄 알면서,
5 어찌하여 나의 아들이요, 나의 목자
요, 이는 소중하고 귀하다는 것을 생
각하지 아니하는가?
6 너희 각자 개인이 소중하듯이, 나의
아들 개인도 그가 소중함을 알고 있으
며 귀함을 알고 있느니라.
7 지금 이 세상에 나의 법전 160권이 내
려옴이니,
8 과연 그는 누구의 뜻이며, 누구의 이
름을 위하여, 누구의 이름 아래 그가
역사하는가?
9 지금 이 세상에 깨우쳐 만백성을 하늘
에 오르게 한다 하는 종교 지도자요,
집단들은 과연 무엇을 가지고 가르치
는가?
10 나의 아들 예수가 행했던 성경을 가지
고, 그 성경이 나의 뜻이요, 내가 원하
는 것이 무엇이라는 것을 깨우쳐 주고
자 그리함이니라.
11 그러나 지금 나의 아들은 무어라 가르
치는가?
12 나로부터 직접 성령을 받아 내 이름
앞에 너희를 깨우치고 가르침이니,
13 과연 나의 아들이 무엇을 얻기 위하
여, 무엇을 이루고자 하여 감히 나 여
호와의 이름을 빙자하며 내가 내린다
하여 그를 팔아 너희에게 거짓 하며,
너희에게 무엇을 얻고자 한다 생각하
는가?
14 나의 아들도 인간이요, 그도 소중함이

니,
15 이 세상에 거짓된 행위를 하며 남을
속인다 해도, 나 여호와의 이름을 가
지고 나를 빙자하여 그가 너희에게 거
짓 하며 너희에게 사기 칠 수 있는 자
라 그리 생각하는가?
16 그의 심성이 곱기가 한이 없으며, 그
마음이 천사와 같은 원심을 가지고 있
는 자이니라.
17 남에게 피해 주기 싫어하며 남에게 고
통을 주기 싫어하며 제가 고통스러워
도 남을 위해 살아가고자 하는 것이
그의 원심이고 그의 마음이니,
18 그와 같은 마음을 가진 나의 아들이
감히 나의 이름을 빙자하여 거짓 하고
자 하며 사기 치고자 하며, 너희에게
무엇을 얻고자 하는 그와 같은 사악한
행위를 할 수 있는 자가 아님이니라.
19 세상에 하늘이 두려운 줄을 모르는 자
가 아니거늘,
20 어찌하여 나를 빙자하여 그가 그와 같
이 흉악무도한 짓을 한다 너희는 생각
하는가?
21 그도 그 생명의 두려움을 알며, 심판
의 두려움을 알고 있는 자이니라.
22 지금의 모든 종교 집단이요, 지도자들
은 나의 아들 예수가 전한 그 역사를
가지고 너희를 깨우치고 가르치나, 나
의 아들은 그와 같은 입장에서 너희를
가르치는 것이 아님을 알라.
23 그것이 차이이니라.
24 나의 음성을 직접 들어 나의 뜻에 따
라, 내 이름 아래 너희를 구원하고자
하는 그 역사함을 너희는 알아야 할
것이니, 이것이 얼마나 무서운 차이인
가를 알라.
25 그러니 나의 아들이 나의 이름을 빙자
하며 나를 빙자하여 너희에게 거짓
하는 자가 아니라는 것을 너희가 안다
하면,
26 너희가 오늘의 160권의 법전이 나의
성령이라는 것을 알 것이며, 이 뜻이
얼마나 소중하고 귀한 것인가를 알 것
이니,
27 너희 마음 자세를 바로 세우며 마음을
단단히 하지 아니하면 너희가 나의
아들을 따라올 수 없음을 알아야 할
것이니 그리 알라.

6,098 번째 하나님 말씀

2003년 5월 4일 06시 38분

1 사랑하는 나의 아들아!
2 **"네, 아버님! 말씀하옵소서."**
3 내가 일찍이 나의 법전에 기록하여 너
희에게 전하기를, 너희가 똑같은 삶을
살아간다 해도 진정한 진리를 쫓는 것
은 너희가 생명의 구원이요, 광명의
빛을 보며 내 품에 오를 수 있는 그와
같은 길을 가는 자요,
4 그렇지 아니하는 자는 나의 뜻을 거역
하며 지옥의 길로 달려가는 백성이라
내가 누차 너희에게 그리 전하였음이
니라.
5 그러니 지금 구약과 신약의 시대가 흘
러오면서 너희가 지금까지 와 있는
너희의 마음 자세요, 이 내가 만든 아
름다운 성전이요, 지구는 과연 어찌
되었는가?
6 이 지구는 썩을 대로 썩어 가고 있으

며 무너질 대로 무너져 가며, 그중에
서도 이 모두를 통제하고 다스려야 할
나의 사랑하는 백성 너희가 너무나
썩어 그 진동하는 냄새를 내가 맡을
수 없다 그리 말하지 아니하였는가?
7 이것이 지금 이 세상에 너희가 존재해
있는 현주소이니라.
8 그리하여 내가 그 백성을 깨우치기 위
하여 나의 법전을 만들어 이 세상에
전하고자 나의 법전을 나의 아들을 통
하여 세상에 내려보냄이니,
9 이게 곧 새로운 성경이라 내가 하였음
이니라.
10 그러니 나의 법전을 만드는 데 선택된
백성이요, 나의 법전을 기록하는 너희
요, 매일 나의 성령을 듣고 보는 너희
는 과연 어찌해야 하는가?
11 그리고 너희 스스로 너희가 누구인가
를 과연 생각해 보았는가?
12 우선 너희의 마음 자세부터 내가 굳
건히 하라 그리하였거늘, 어찌하여 너
희가 하나의 마음으로써 이루어지지
아니하는가?
13 너희는 이 세상에 천 명이면 천 명의
마음이 다르며 만 명이면 만 명이 다
다르니라.
14 그리하여 종교 집단이요, 나에게 오른
다는 그 교회라는 곳이요, 성당에서
저희가 치고받고 이해관계에 아귀다
툼하며 시기하고 질투하며 그와 같은
행위를 하느니라.
15 그리하여 또한 저희가 잘못 가르치며
잘못 인도하는 것이 백성에게 비치는
것을 두려워하여,
16 저희가 하는 짓, 종교 지도자가 하는
행위는 절대 심판할 수 없으며, 그를
탓할 수 없다 그와 같이 무섭게 못을
박아 놓고 가는 것이 흉악한 지금의
너희 집단의 형태라 내가 그리 말하지
아니하였는가?
17 그러니 지금 나로부터 선택된 백성이
하는 길이 무엇이며 얼마나 소중한 것
인가를 안다 하면,
18 일반 종교 집단에서는 천 명이면 천
명의 목소리가 내나,
19 너희는 천 명이요, 만 명이 아니라 이
지상에 있는 모든 백성이 나의 법전
을 읽는다 해도,
20 음성이 하나로 나와야 하는 것이 그들
과의 차별화이며, 너희가 나를 믿는
것이며 나를 따르는 백성이 해야 할
자세임을 알아야 할 것이니라.
21 너희가 정녕 나의 법전이 나의 뜻이
요, 나의 아들이 나로부터 선택된 나
의 아들이요, 만백성을 구하고자 제3
의 시대의 역사를 이루는 나의 아들이
라 말하며,
22 그를 통하여 내리는 성령이 나 여호와
의 뜻이요, 내가 내리는 성령이라 너
희가 믿는다면,
23 어찌하여 너희가 한목소리로 낼 수
없단 말이던가?
24 너희가 모여 있는 숫자만큼 음성이
다르며 생각이 다르며 마음이 하나가
되지 않는다는 것은, 너희도 일반 백
성이요, 일반 신도들과 다른 점이 하
나도 없음이니라.
25 그러니 너희가 누구인 줄 모르며, 너
희가 지금 하는 역사가 무엇이며 너
희 믿음이 어디 있는지 그를 알 수 없

음이니라.
26 내가 너희가 하나가 되었을 때 모든 역사를 이룬다 하였음이니, 너희가 하나가 될 수 있는 것이 무엇이더냐?
27 너희 마음을 비우며, 그리고 그 마음을 비운 속에서 나의 법전이 정녕 나 여호와의 뜻이며 마지막 시대에 너희를 심판하는 나의 법전이라는 그 믿음이 너희가 얼마나 굳게 뿌리내렸느냐에 따라서 너희의 마음이 하나가 될 수 있고 되지 못하거늘,
28 지금 너희가 하나의 마음으로써 하나가 되지 못하는 것은 나를 믿지 못하며, 나의 법전을 믿지 못하며, 나의 아들을 믿지 못하기 때문이며,
29 스스로 너희가 누구이며, 너희가 어찌하여 선택되었으며, 선택되었음이 얼마나 소중하며, 그 믿음의 자세가 무엇이며 나를 향하는 마음의 자세가 어디 있는가 너희는 이를 봐야 할 것이니라.
30 각자의 생각이 다르며, 각자의 믿음의 강도가 다르며, 각자가 얻고자 하는 것이 다르며 각자가 역사하고자 함이 다르니,
31 너희가 정녕 하늘에 오르는 것이요, 하늘에 오르는 길을 못 봄이니라.
32 너희가 과연 하늘에 오르는 빛을 보며 하늘에 오르는 길을 본다 하면, 그 길을 달리기 위하여 다른 생각을 할 수 있겠는가?
33 오로지 앞만 보고 달리는 그와 같은 하나의 마음이 될 수 있거늘,
34 하나의 마음이 되지 못하는 것은 너희 마음이 흔들리며 믿음이 흔들리며 너희 자신이 변화가 없다는 증표임을 알라.
35 이 무서운 내용을 나의 법전에 기록하여 전하느니라.
36 나의 아들을 따르는 제자요, 나의 법전을 읽고 깨우쳤다 말하는 백성 너희는 정녕 이것이 나의 성령이요, 나 여호와가 직접 내려와 너희가 책장을 열 때 너희와 같이한다는 그 무서운 말을 얼마나 깊이 새기고 듣고 있는가를 내가 의문함이니 그리 알라.

6,099 번째 하나님 말씀

2003년 5월 4일 06시 46분

1 사랑하는 나의 아들아!
2 "네, 아버님! 말씀하옵소서."
3 지금의 믿음을 가고 있는 모든 신도라 하는 자, 그리고 종교 지도자, 그들의 7·80퍼센트 이상이 신뢰하지 못하며 그들이 흔들리고 있다 하지 아니하였던가?
4 그러나 그들은 그 갈 길을 모르며 선택할 길을 모르기에 흔들린다 그리하였음이니라.
5 그것이 무엇인 줄 알겠는가?
6 참진리를 쫓지 못하며, 참진리를 듣지 못하며, 나 여호와가 직접 내리는 성령의 뜻을 듣지 못하며, 내가 역사하고자 하는 것이 무엇인가를 모르기에,
7 그들은 배고픈 자가 굶주리며 허덕이는 것과 같이, 목마른 자가 갈증을 느끼는 것같이 그와 같이 그들이 갈증과 굶주림에 허덕이고 있다는 것을 알아야 할 것이니라.

8 그리하여 내가 그들에게 법전을 전하
여 깨우치라 하였거늘,
9 나의 법전을 읽는 백성이요, 나의 강
론을 직접 듣는 너희가 하나가 되지
못한다 하면 바로 무엇이던가?
10 그들처럼 너희가 아직도 굶주려 있으
며 갈증을 채우지 못했다는 증거가 아
니던가?
11 내가 너희에게 갈증을 채울 수 있으
며 영혼의 굶주림을 너희가 느끼지
아니하려거든 나의 법전을 읽고 또 읽
으라 그리하였음이니라.
12 그리고 내가 나의 아들을 통하여 내리
는 그 강론에 따라 너희가 행하고자
하는 그 굳은 마음이 있으며 그 믿음
이 굳건히 있을 때 너희가 흔들리지
아니함을 알아야 할 것이니라.
13 너희는 나로부터 직접 내리는 성령이
요, 나의 아들을 통하여 강론을 들으
며 나의 법전을 읽고 깨우쳐 너희만이
천사가 될 수 있으며,
14 너희가 하늘에 오르는 길이요, 너희만
이 많은 변화를 이룬 백성이라 그리
생각하나,
15 너희 또한 다시 영혼의 굶주림을 느끼
며 갈증을 느끼고 있다 하면, 너희도
일반 백성이요, 일반 신도들과 과연
다른 점이 무엇이며 차별화가 무엇이
던가?
16 너희가 영혼의 굶주림이요, 믿음에 대
한 불안을 갖는 것은 너희의 믿음이
약하기 때문이라 내가 그리 말하였느
니라.
17 그러니 너희가 그 마음의 자세를 다
시 한 번 되돌아보는 그와 같은 계기
를 갖지 아니한다면 거듭날 수 없음을
알아야 할 것이니라.
18 지금의 모든 종교 집단이요, 지도자들
을 따라 거기에서 믿음이요, 구원의
길을 간다는 그 백성의 70~80퍼센트
가 갈증을 느끼며 공허를 느끼며 허무
함을 느끼고 있으며 불안을 느끼는
그들과 너희가 차별화가 없다면,
19 너희는 지금 진정한 믿음의 자세가
아니 되어 있으며, 나의 법전을 가슴
에 안고 정녕 정독하는 자가 아니며,
20 이 법전으로 세상의 만백성을 구하겠
다는 그 열의가 없으며, 희생이 없으
며, 봉사함이 없음임을 너희는 알아야
할 것이니라.
21 내가 너희에게 뭐라 말하였느냐?
22 오로지 이는 나의 성령이요, 너희가
책장을 열 때 너희와 같이 하는 나 여
호와를 볼 수 있으며 나 여호와를 만
질 수 있는 것이라 내가 하지 아니하
였던가?
23 오로지 그 길만이 나를 볼 수 있다 하
였음이니라.
24 너희가 그 믿음을 가면서 나의 형체를
보려 하지 말라 하였으며, 나의 음성
을 들으려 하지 말라 하였으며 나를
만지려 하지 말라 하였음이니라.
25 그 모두가 나의 법전 속에, 너희가 나
의 법전을 가슴에 안고 정독하는 그
순간에 오로지 거기에서 모두가 다 이
루어지며, 너희는 그곳에서 이루어진
다 내가 그리 말하고 깨우쳐 주었거늘,
26 어찌하여 너희는 아직도 나를 보려
하며, 나의 음성을 들으려 하며, 나를
만지려 하는 그와 같은 마음의 갈증이

가시지 아니하고 있으며, 너희의 욕심
의 마음이 가시지 아니하고 있는가?
27 그리하여 너희가 그를 채울 수 없음
이니라.
28 눈으로 보아야만 확인을 하며 눈으로
보고 만져야만 너희가 확답을 얻겠다
는 그 생각을 버리지 못하고 있음이니,
29 그리하여 너희가 일반 신도들과 같이
흔들리는 마음이요, 믿음의 자세가 굳
건히 서지 못하였으니,
30 내가 너희를 믿고 어찌 역사하며 너
희가 나의 피조물 만백성을 구하는 전
사로 설 수 있단 말이던가?
31 오늘 내가 나의 아들을 통하여 너희에
게 깨우치며 내리는 이 나의 뜻을 깊
이 가슴에 새겨,
32 너희는 나를 보려 하며 하지 말며, 만
지려 하지 말며 들으려 하지 말라.
33 나를 만짐으로써 너희가 생명을 바쳐
믿고 나의 아들을 따르고자 하는 생
각, 나를 봄으로 인하여 너희가 모두
를 다 바쳐 나를 따르겠다는 그와 같
은 생각을 버리지 아니하는 한 너희는
정녕 나의 뜻을 이룰 수 없는 자들이
며,
34 너희는 영혼의 굶주림과 영혼의 갈증
속에서 공허와 허무 속에서 살아가는
백성이 될 것이니,
35 그와 같은 자는 나의 성전에 와 나의
아들로부터 강론을 들은들 무엇하며,
그가 내리는 주옥같은 나의 음성을 들
으면 무엇하며,
36 너희가 책장을 넘길 때 내가 같이한다
하였으니, 내가 너희와 같이 하면 무
엇하는가?
37 너희의 마음이 비워지지 아니하였기
때문이니라.
38 너희가 마음이 비워졌을 때 그 모두를
나의 법전에서 얻는다는 것을 잊지 말
라.
39 어리석은 백성이 되지 말며 현명한 백
성이 되도록 그리하라.

6,100 번째 하나님 말씀

2003년 5월 4일 12시 02분

(강론을 마치며)

40 사랑하는 나의 아들아!
41 "네, 아버님! 말씀하옵소서."
42 내가 너희에게 '다른 신을 네게 있게
하지 말며, 하늘에 있는 것이나 아래
로 땅에 있는 것이나 땅 아래 물속에
있는 어떤 형상이든지 만들지 말며,
그것들에게 절하지 말며 그것들을 섬
기지 말라'는 그 뜻을 오늘에야 내가
너희에게 바라는 의미를 전하고자 함
이니라.
43 그는 무엇을 의미하는 것인지 너희는
알겠는가?
44 당당한 나의 자식이요, 나의 아들로서
너희가 서라 함이며 살라 하는 그 뜻
이 거기에 있음이니라.
45 '다른 신을 섬기지 말며 그들에게 절
하지 말라.' 함은, 너희가 나의 아들딸
이요, 나로부터 선택된 백성으로서 당
당히 서라는 말이며 당당히 살라는
나의 간절한 그 가르침의 의미가 거기
있다는 것을 너희는 알아야 할 것이
니라.
46 이 세상 수많은 백성이 과거와 현재

와 미래에 너희가 살아가는 그 생활
에서 죄짓지 아니하며 나에게 부끄럽
지 아니한 자 없다 하였으며, 하늘에
오를 자가 없다 하였음은, 그게 바로
무엇이더냐?
47 너희는 어렵고 힘들 때는 사탄과 타협
하며 마귀와 타협하며 악과 타협하며
같이 동조해 갈 수 있는 것이며, 그리
무너질 수 있는 백성이라는 것이니라.
48 그러니 내가 하늘과 땅과 물속까지도
다른 신에게 너희가 절하지 말며 그
것들을 섬기지 말라 하는 것은,
49 당당한 나의 아들로, 나의 딸로 너희
가 바로 서라는 것이며, 그와 같이 가
는 자만이 나의 백성이라는 뜻이니,
50 몇천 년의 역사가 흐른 지금 바로 나
의 성전에 모여 있는 너희에게 내가
그 모든 것을 걸고 있으며,
51 너희가 당당히 살아가는 그와 같은 나
의 백성으로서 내가 너희만을 바라보
고 있다면 과연 너희는 어찌하겠는가?
52 바로 내가 십계명 속의 그 의미를 오
늘에야 세상에 밝힘이니,
53 그동안에는 이를 밝혀도 알아들을 자
가 없으며, 내가 깨우쳐도 이를 행할
자가 없으며, 내가 이 뜻을 가르쳐 준
다 해도 거기에 목숨 걸고 살아갈 자
들이 없었음이니,
54 내가 그 십계명에 있는 깊은 의미요,
뜻을 만백성에게 전하지 아니하였음
이니라.
55 이제 나의 아들을 따르는 자, 나의 법
전을 읽고 깨우치는 자, 너희가 스스
로 가야 할 길이 무엇이며 역사할 것
이 무엇인가를 알기에,
56 내가 위로는 하늘에 있는 것이나 아래
로는 땅에 있는 것이나 땅 아래 물속
에 있는 어떠한 것들에게도 너희가
절하지 말며 굴하지 말며 굴복하지 말
라 하는 것은,
57 바로 그와 같은 자만이 나의 백성이
요, 내 뜻을 역사할 수 있다는 의미이
니라.
58 너희가 이를 뒤집어 생각해 보라.
59 하늘에 있는 것이요, 땅에 있는 것이
요, 물속에 있는 어떠한 것들에게 너
희가 무너지고 타협하며 협잡하는 그
와 같은 나의 백성이라면,
60 내 뜻이 정녕 이루어질 수 있으며 내
뜻이 만백성을 구하는 그 역사를 할
수 있겠는가?
61 나의 아들 예수가 세상에 나가 나의
뜻을 전하고자 했으나 그를 죽게 하여
내가 2천 년 동안 암흑의 세상이요,
세월을 그리 흐르도록 했다 함이니,
62 그러니 내가 오늘의 이 뜻을 너희에게
밝혀 줌은 바로 그동안에는 이를 받을
자가 없으며, 이를 깨달을 자가 없으
며 이를 행할 자가 없었기에 내가 그
를 말하지 아니하였음이니라.
63 그러니 당당하게 서서 살아가는 나의
아들이요, 선택된 백성으로서, 너희가
나를 더 이상 울려서는 아니 될 것이
니라.
64 내가 너희의 머리 위에 나의 뜻을 밝
혀 주며, 내가 너희에게 원하는 것을
알려 주며,
65 너희가 어떠한 자며 너희가 가야 할
길을 내가 너희에게 깨우쳐 줌이니,
66 이 소리를 들은 너희는 그와 같은 백

성으로서 바로 서야 할 것이며,
67 너희가 서지 아니할 때는 반드시 내가
고통과 시련의 매질로써 너희를 다스
릴 것이니라.
68 너희가 욥과 같은 그 고통과 시련을
겪은 다음에 하늘과 땅과 바닷속에 있
는 어떠한 것과도 타협하지 아니하며,
그들에게 굴복하지 아니하며 그들에
게 협조하지 않는 그와 같은 백성으로
서 설 것인가,
69 너희가 나의 아들을 따르며 나의 아들
의 강론을 들으며 나의 성전에서 공부
하며 이 마음에서 다져 나가 그와 같
은 길을 갈 것인가?
70 이제 결정할 때가 되었기에 내가 너희
에게 전함이니라.
71 너희가 어떠한 것과 타협해서도 아니
되며 어떠한 것에 굴복해서도 아니 됨
이니라.
72 그러니 너희가 그 길을 가지 아니한다
면 내가 너희를 매로 다스릴 것이며,
내가 체벌로 다스려 너희를 바로 세울
것이니 너희는 나의 이 뜻을 알아야
할 것이며,
73 오늘 이후 스스로 그와 같은 길을 가
도록 하라.
74 나의 법전을 접하고 읽고 깨우치는 것
보다도 더 큰 은혜요, 영광이 없으며,
75 세상의 어떠한 금은보화보다도 가장
위대한 것이며, 그 무엇과도 바꿀 수
없는 것이 나의 법전을 읽고 깨우치는
것이라 하는 것을 너희는 잊어서는
아니 될 것이니라.
76 이것이 바로 너희가 가야 할 길이니
라.
77 내가 오늘 나의 성령이요, 나의 법전
을 통하여 너희에게 무엇을 깨우쳐
주었던가?
78 너희가 능력이 얼마나 있으며 가지고
있는 힘이 얼마나 있는가 그것을 내가
너희에게 깨우쳐 보라 그리 말하지 아
니하였던가?
79 그것이 바로 너희의 마음이니라.
80 앞산을 옮겨 놓을 수 있는 항우장사의
그 드는 힘만을 힘이요, 위대하다 생
각하지 말라.
81 너희가 마음으로써 사랑을 베풀며 정
도로 감으로 인하여 만백성이 그를 보
고 감화하고 그를 보고 깨우쳐 바로
서는 그 백성의 가르침은 항우장사가
앞에 있는 동산을 들어서 옮기는 것보
다도 더 위대한 역사요, 더 위대한 일
을 이룰 수 있다는 것을 알라.
82 너희가 지금은 나약하고 보잘것없다
생각하나, 너희의 마음이 굳어졌을 때,
83 내가 지금 너희에게 살라 했던 하늘과
땅과 물속의 그 어떤 것과도 타협하지
아니하며 협조하지 아니하며, 너희 자
신을 지켜 갈 수 있는 그 마음의 자세
를 굳혔을 때, 그 무엇도 너희보다 위
대한 자가 이 세상에 없다는 것을 알
라, 사랑하는 나의 아들딸들아!

6,101 번째 하나님 말씀

2003년 5월 5일 09시 12분

1 사랑하는 나의 아들아!
2 "네, 아버님! 말씀하옵소서."
3 너희의 시어머니라는 사람이 시집 온
며느리에게, 매섭고도 질투 많으며 욕

심 많은 그 시어머니가 그 며느리에게
모든 곳간이요, 창고요, 재산과 살림
의 모든 열쇠를 넘겨줄 때, 그 부모의
마음은 어떠하겠는가?
4 새로 시집 온 그 며느리를 믿고 또 믿
기 때문이 아니던가?
5 그를 맡길 수 있기 때문에 맡기는 것
이 아니더냐?
6 바로 그러니라.
7 누가 뭐라 하든 나는 나의 아들 너를
믿으며, 네가 바로 설 수 있으며 바로
가기 시작하였음이니,
8 나 여호와의 기쁨이 시어머니가 며느
리에게 모든 살림의 열쇠요, 모든 재
산권을 다 넘겨주어 그를 인정하듯이,
9 나 여호와가 나의 아들 너를 인정하며
네가 그리 변하고자, 바로 가고자 하
는 그 모습을 만백성은 모르나, 나는
알고 있으며 오늘이 올 것을 나 여호
와는 알고 있었음이니라.
10 네가 바로 가고자 변하는 그 아름다운
모습에 사탄들도 감히 말을 못 하며
천사들도 감히 말을 못 하는 그와 같
은 너의 그 변하는 무서움 속에서,
11 네가 얼마만큼 나의 아들로서 당당히
살아가며 변하고자 하는지, 그 모습이
그리도 소중하게 비치는 나 여호와요,
12 이 세상 모든 것보다도 더 위대한 기
쁨을 나 여호와는 지금 갖고 있음을
너는 알아야 할 것이니라.
13 당당한 모습으로써 네가 바로 서며,
한 점의 부끄럼이 없이 네가 네 인생
을 살아갈 수 있는 그와 같은 마음의
굳건한 자세는 아무도 모르나 나 여호
와는 알고 있음이니라.
14 인간은 세상의 누구도 너를 알지 못할
것이며, 네가 가고자 하는 그 변한 마
음의 자세를 그 누구도 모를 것이며,
앞으로 네가 어찌 갈 것이라는 것을
모를 것이니라.
15 이제 과거의 삶을 청산하며 현재에 바
로 서며, 현재의 기틀을 닦아 네가 미
래를 살아가는 그와 같은 아름다운 삶
이 남아 있음이니,
16 그 누구도 너를 감히 탓하지 못할 것
이며 그 누구도 감히 너를 바라볼 수
없음이니라.
17 그와 같은 너의 오늘의 변함에 나 여
호와의 기쁨은 이루 말할 수 없으며
내가 너를 사랑하노라.
18 또한, 너의 제자 그 모두를 사랑하느
니라.
19 이제는 나의 아들아, 됐느니라.
20 이제는 네가 바로 설 수 있으며, 네 마
음의 굳음이 흔들리지 아니할 것이니
라.
21 인간이기에 추움을 느끼며, 더움을 느
끼며, 때로는 권태로움을 느끼며, 때
로는 좌절을 느끼며, 때로는 되돌아가
고 싶은 그와 같은 마음을 모두 다스
릴 수 있는 네가 되었음이니,
22 나 여호와의 오늘의 기쁨은 말할 수
없음이니라.
23 정녕 남들이 오른빰을 때렸을 때 화내
지 아니하는 자, 그리고 왼빰을 내미
는 자가 어디 있겠는가?
24 그러나 너는 왼빰을 내놓기 전에, 너
스스로 때린 사람의 손이 아픔을 생각
하며, 아프다 소리를 말하지 아니하는
그와 같은 자가 될 것이니, 그리고 네

가 그리되어 있음이니,
25 그보다 더 역사의 변화요, 더 위대함
은 없음을 너는 알아야 할 것이니라.
26 이제는 내가 뭐라 말하였느냐?
27 세상에 의인 한 사람이 있다면 내가
세상과 바꾸지 않는다 하였음이니,
28 네가 인간 세상에서 60이라는 인간의
삶의 나이를 먹어 그 속에서 살아오면
서 오늘과 같은 네 마음의 그 변화는
누구도 이룰 수 없음이니라.
29 너희가 남들이 보는 앞에서 행동하는
것과 남들이 보지 않는 데서 행동하는
그 행동의 차이가 얼마나 다른지 알겠
는가?
30 모든 백성은 남들이 보지 않는 곳에서
아름다움이 없으며, 남들이 보아 주지
아니하는 데서는 아름다움이 없음이
니라.
31 그러니 나의 아들 너는 남들이 보아
주지 아니하는 곳에서 더 아름다우며,
남들이 보지 않는 곳에서 네가 더 아
름답게 살 수 있는 마음의 자세, 그것
하나로써 너는 나의 아들로서 손색이
없으며, 오늘의 나 여호와에게 기쁨을
네가 전함이니라.
32 남들은 생색내기 위해서, 남들 앞에서
무엇을 보여 주기 위해서 생각하며 계
산된 행동이 앞서니, 그것은 사랑이
아니고 베풂이 아니라 내가 그리 말하
지 아니하였던가?
33 배고픈 자를 보면 배고픈 자의 심정이
되어 네가 그들을 바라보며, 남들이
보든 말든 어려운 자를 보면 네가 같
이 가슴 아파하는 것을, 그 어렵고 힘
든 자는 모르나, 나 여호와는 그를 알
고 있음이니라.
34 사랑하는 나의 아들아, 이제 네가 달
리기 시작하였음이니라.
35 앞을 가는 너는 멈추지 아니하고 달려
갈 것이며,
36 그 누구도 네 앞을 막을 수 없으며, 너
를 욕할 수 없으며, 너를 이단이요, 사
탄이라 빙자하여 감히 누구도 말할 수
없을 것이니라.
37 오늘 아침 나의 기쁨을 너에게 전하
며, 너의 제자들과 같이 기쁨을 나눔
이니라.
38 이제 모든 역사는 이루어질 것이니라,
사랑하는 나의 아들아!

6,102 번째 하나님 말씀

2003년 5월 5일 22시 52분

1 사랑하는 나의 아들아!
2 "네, 아버님! 말씀하옵소서."
3 내가 너희에게 일찍이 깨우쳐 전하기
를, 사랑이라는 것은 베푸는 것이며,
그리고 오른뺨을 맞았을 때 왼뺨을 내
놓을 수 있는 그것이 너희의 사랑이
며, 그리 실천하는 것이 너희가 살아
가는 길이라 그리하지 아니하였더냐?
4 이제 너희는 알아야 할 것이니라.
5 나를 경배하며 나에게 오르고자 하며
나의 아들을 따르는 제자들이요, 나의
법전을 읽고 깨우친 백성, 너희는 정
녕 사랑이 무엇이며 용서함이 무엇인
가를 알아야 할 것이니라.
6 너희가 인간 세상에 살아가면서 너희
에게 욕하는 자가 있어 너희가 행복
한 것이며, 너희를 칭찬하는 자, 그 칭

찬하기에 또 그게 행복함이니라.
7 너희에게 물질적인 피해를 입혔다 하
면 그 물질적인 피해를 입혔기에 그것
이 또한 너희가 행복한 것이며,
8 너희에게 재물을 축적할 수 있는 기회
를 주었음이니 그 또한 너희에게 축복
이며 행복이니라.
9 너희가 세상사 살아가는 데 있어서 너
희에게 몸을 상하게 했다 하여 그가
원수요, 적이 아니라,
10 그가 있었기에, 또 너희가 몸을 상하
기에 행복이요, 또한 너희의 그 몸을
치료하며 구원의 길을 받으니, 그 또
한 너희가 행복이니라.
11 이 세상에 이루어지는 모든 것이 다
행복이라는 그와 같은 마음을 가지고
사는 것이 진정한 사랑이요,
12 나의 아들을 따르는 백성이요, 나의
법전을 읽는 백성, 너희가 행하여야
할 길이라는 것을 알아야 할 것이니라.
13 너희가 남으로부터 어떠한 비방을 들
었을 때 그리하여 그것이 너희가 행복
이요,
14 남으로부터 격찬의 소리를 들었을 때
그것이 또한 너희가 행복이니라.
15 너희가 남에게 베풀고 나눠 줌으로써
그것이 사랑이요, 행복이요,
16 너희가 또한 남으로부터 얻으며 또 구
원을 받을 수 있는 그것이 너희에게
행복이요, 영광이라 함을 알아야 할
것이니라.
17 나 여호와의 뜻이요, 나의 성령으로써
이 세상을 다 지배한다 하였으니, 그
리고 이 세상의 모두는 나의 뜻에 의
하여 나의 주관하에 역사한다 하지 아
니하였던가?
18 이 세상을 내가 다 주관함이니라.
19 하얀 눈이 세상을 덮을 때처럼, 나의
사랑이요, 나의 은혜요, 나의 성령이
요, 내 사랑으로써 너희를 모두 다 덮
고 있음이니,
20 그 안에서 너희가 이루어지고 역사하
는 것이니라.
21 그러니 거기서 화나는 일, 즐거운 일,
그 모두가 너희는 행복이라 그리 생각
하고 살아야 할 것이니라.
22 내가 덮어 놓은 그 하얀 눈 속에서 그
밑에서 모든 것이 이루어지는 것은 나
의 품 안에서 이루어지는 것이 정녕
아니더냐?
23 그러니 모든 역사하는 것, 슬프고 괴
로운 일, 즐겁고 행복한 일, 그리고 피
해를 보는 것, 또 은혜를 입는 것, 남
으로부터 비방을 받고 욕을 먹는 것,
남으로부터 격찬을 받는 것, 그 모두
가 다 어디에 있던가?
24 내 품 안에서 이루어짐이니라.
25 너희가 내 품이요, 나의 가슴이요, 내
앞에서 모든 게 이루어진다면 실감하
지 못하며 그를 깨닫지 못함이니,
26 이 세상을 하얀 눈으로 내가 다 덮었
을 때, 모든 동식물이요, 미물이요, 너
희가 이루는 것이 그 눈 속을 벗어나
지 못하며 그 눈 밑에서 이루어지는
것이 아니더냐?
27 그와 같이 이 세상에 모든 역사하는
것은 나 여호와의 뜻에 주관하는 것이
며 내 뜻에 의하여 이루어짐이니, 내
품 안에서 이루어지는 것이니라.
28 그러니 슬프다 하여 내 품에서 이루어

지는 것이 아니며, 즐겁다 하여 내 품
에서 안 이루어지는 것이 아니요, 그
품을 벗어남이 아니니라.
29 오로지 너희는 내 품 안에 있음이니라.
30 모두가 내 가슴 안에 있으니, 슬프고
괴롭고 즐겁고 행복한 일, 너희가 잃
고 얻는 것, 너희가 자식을 두며, 또
너희 부모가 세상을 등지고 먼저 죽어
가는 것, 그 모든 역사가 이루어지는
것이 내 주관하에 이루어짐이니,
31 너희가 그 모두를 다 내 주관하에서
이루어지기에 사랑이요, 행복이요, 영
광이요, 축복이라 그리 생각하고 살라
하는 것이니라.
32 그러니 너희가 미워하는 것도 없으며
사랑하는 것도 없으며,
33 너희를 미워하는 것도 사랑이요, 또
너희가 예뻐하는 것도 사랑이요,
34 모두를 다 너희가 사랑으로 다스려야
하는 것을 잊어서는 아니 될 것이니라.
35 그와 같이 너희가 큰 틀로써 나의 뜻
으로 세상을 볼 때,
36 네 종파만이 하늘에 오르는 길이요,
다른 종파는 하늘에 오를 수 있는 길
이 아니요, 사탄이요, 이단이라 그리
말하는 그 자체가 얼마나 불행한 자
며, 세상의 이치며 하늘의 뜻을 모르
는 것이던가?
37 너희가 내 품에서 벗어나서 역사하는
것이라면 너희가 그리 말할 수 있으
나, 모두는 다 내 품 안에서 이루어지
는 것이니라.
38 한 권의 책이 나오는 것이며 한 명의
지도자라 하여 그가 부르짖으며, 누가
뭐라 해도 그 모두가 나의 품이요, 나
의 주관함이요, 내 손에서 벗어나지
아니하며, 내 손안에서 모두가 다 이
루어지니, 그를 가지고 다 똑같은 자
라 말함이니라.
39 그리하여 너희가 악과 선의 차이는 크
나, 내가 좁쌀만 한 차이도 없다 그리
하지 아니하였던가?
40 그러니 모두가 내 품 안에서 벗어나는
것이 없으며 내 손에서 벗어나는 것이
없으며, 내 손안에 모두가 내 주관하
에 이루어짐이니,
41 너희가 그 모두가 영광이요, 축복이
요, 행복이라 생각하라는 뜻이 거기에
있음이니라.
42 하물며 이 세상의 수만 가지를 다 내
가 그리 보라 하였거늘,
43 어찌하여 종파요, 종교가 네 것만이
최고요, 네 것만 위대하며 네 것만이
하늘에 오른다 그리 말하는가?
44 너희가 죽고 사는 것도 나의 뜻이요,
나의 품 안에 이루어지니, 그 또한 기
쁨이요, 영광이라 내가 그리 생각하고
살라 하였음이니라.
45 그 모두는 내가 주관하며 내 품 안에
서 이루어지며 내 품을 벗어나지 못하
기 때문이니,
46 그와 같이 모두가 다 내 품에서 이루
어진다는 것을 너희가 안다면, 누구를
놓고 시시비비를 하지 말며 평가하지
말며,
47 감히 너희가 사탄이요, 이단이라 말하
며, 누구는 하늘에 오르며 누구는 구
원을 받지 못한다는 이와 같은 말을
하는 자가 얼마나 어리석고 불쌍한
백성인가를 알라.

48 이제 나의 아들을 따르는 제자요, 나
의 법전을 읽고 깨우친 백성, 너희는
가슴을 열고 내 뜻을 받아들여 그와
같은 깨달음을 얻도록 하여야 할 것
이니라.
49 너희가 넘어져 쓰러지는 것도, 또한
무엇을 잃는 것도, 무엇을 얻는 것도
그 모두를 다 사랑하라 함이니라.
50 그것이 내 뜻 안에서 이루어지는 것이
요, 내 뜻에서 벗어나지 못하는 것이
며,
51 그 모두는 너희가 어찌 행하느냐에 따
라서 나에게 오르고 못 오르는 그 모
든 기본이요, 근본이니, 모두를 사랑
해야 한다는 그 의미를 알겠는가?
52 너희가 나에게 오는 길은, 너희가 이
세상에 이루어 놓은 것은 아무것도
가지고 올 수 없으나, 너희가 지은 죄
와 선행을 베푼 것은 나에게 끝까지
온다 하였으니,
53 이제 너희는 선한 것만 남기며, 악의
길을 버리라 하지 아니하였던가?
54 그와 같이 하늘에 오르는 그 모두는
너희가 어찌 사느냐에 달렸으니, 그
작은 행함이요, 역사함이요, 선행이
요, 악행이요, 그 모두를 다 구분하여
생각하지 말라.
55 오로지 선함을 함도 사랑이요, 악함을
한대도 사랑이요,
56 그 모두를 다 가슴에 안는 그것이 하
늘에 오르는 길이며, 나로부터 선택된
백성이니라.
57 너희가 선한 일을 하는 것도 나에게
오르는 길이요, 선한 것을 가슴에 안
는 것도 나에게 상을 받는 것이요,
58 악한 자를 가슴에 안는 것도 또한 나
에게 상을 받는 것이요, 내 뜻을 행하
는 것이요, 나에게 은혜를 받는 것을
잊지 말라.
59 그러니 너희는 억울할 때도 사랑하며,
너희가 득을 봤을 때도 사랑하며, 모
두를 다 사랑하라 함이니라.
60 알겠는가?
61 너희가 마이너스라는 것도 사랑하며
플러스라는 것도 사랑하며,
62 모두를 다 사랑해야 함이 여기에 있
으며 그 깊은 뜻을 알도록 하라, 사랑
하는 나의 아들딸들아!

6,103 번째 하나님 말씀

2003년 5월 5일 23시 06분

1 사랑하는 나의 아들아!
2 "네, 아버님! 말씀하옵소서."
3 지금의 모든 종교 집단이요, 지도자들
이 과연 얼마나 잘못 가르치며 얼마나
잘못 가고 있는가?
4 그들은 버젓이 당당히 그리 말하느니
라.
5 인간은 끊임없이 선행을 베풀며 아무
리 착한 일을 하고 그와 같이 아름답
게 살고자 애를 써도,
6 인간의 노력으로써는, 인간의 노력의
그 한계로써는 너희가 나 여호와에게
도달할 수 없으며 나에게 오를 수 없
다 그리 가르침이니라.
7 오로지 나의 아들 예수의 이름을 찾으
며 그 보혈로, 그를 찾는 것으로써만
이, 너희가 손으로 지은 성전에 와 기
도하고 경배하며 재물을 바침으로써

너희는 그 구원을 받는다 그리 말하
느니라.
8 그리고 너희는 말하느니라.
9 인간의 가르침으로써는 구원을 받을
수 없으며,
10 어떠한 인간의 지도함이요, 깨달음이
요, 그 모두는 정녕 구원을 받을 수 없
다 너희는 그리 말하느니라.
11 그러나 너희는 그와 같이 말하며 오
로지 너희가 지은 성전에 와 구원을
받으라 그리 말함이니라.
12 그러나 너희는 여기서 깨우쳐야 할
것이니라.
13 인간의 노력으로써 그 모든 심판을 받
는다는 것을 너희는 알아야 할 것이
니라.
14 나 여호와에게 도달할 수 있는 것이며
천국의 문에 너희가 들어설 수 있는
것은 너희가 얼마만큼 노력하며 얼마
만큼 얻느냐 하는 것이니라.
15 너희가 다른 사람으로서는 구원을 얻
을 수 없으며 인간을 통해서는 구원을
얻을 수 없다 그리 말하느니라.
16 그리하여 인간이 무엇이라 가르친들
너희는 아무것도 구원을 받을 수 없다
그리 말하느니라.
17 그러나 너희는 그리 말해서는 아니
되느니라.
18 너희가 하늘에 오르는 길의 그 과정이
어떠냐가 중요함을 알아야 할 것이니
라.
19 너희가 선행을 베풀고 사는 그 과정이
야말로 나에게 오르는 길이요, 하늘에
오르는 근본이요, 기본임을 알라.
20 너희가 다른 사람으로부터 배움을 가
지고 인간 세상의 배움을 가져 그것은
하늘에 오를 수 없으나,
21 인간의 선배요, 너희 스승이요, 부모
가 가르치는 그것으로써, 너희가 내가
원하는 십계명에 따라 지키고 살아가
는 마음의 기초를 다지며 선행을 베풀
고 살아갈 수 있는 그와 같은 기초를
다짐이니,
22 그것은 너희가 나에게 오를 수 있는
그 기초의 기본을 다져 주는 것이거늘,
23 사람으로부터 배우며 이웃으로부터
배우는 그 모두는 아무런 가치가 없다
면, 인간이 인간으로서 가르칠 것이
없으며, 거기서 배우는 것이 아무런
가치가 없다 말하면,
24 너희는 과연 어디에 기준으로 하며
무엇을 근본으로 하여 배워야 한단 말
이던가?
25 인간인 너희가 육을 가지고 있는 것은
육의 세상의 그 법도가 있으며 한계가
있으며 인간으로서 지켜야 할 그와 같
은 것이 있다 하였음이니라.
26 그리하여 너희가 100이라는 점수를
가지고 하늘에 오른다면, 60이라는 점
수는 내가 너희에게 미리 다 주어 거
기에 역사하고 있음이니,
27 너희가 인간으로부터, 다른 사람으로
부터, 선배로부터, 부모로부터, 이웃
으로부터 그를 배워 60점의 한계를
넘는 그 기초는 거기에 있다는 것을
너희는 알아야 할 것이니라.
28 그러니 손으로 지은 교회요, 성전에
와 재물을 바치며 그저 성서를 다람쥐
쳇바퀴 돌듯이 돌리고 돌려 가르치는
그것만이 구원을 받는 길이요, 하늘에

오르는 길이요,
29 인간은 아무리 선행을 하고 노력해도
이룰 수 없으며 오를 수 없다 그리 말
하는 것은, 너희가 얼마나 사악한 자
며 무식한 자며 모르는 자인가?
30 인간이 선행하고자 노력하고 또 노력
하는 그 과정이 쌓이고 쌓였을 때, 그
무게가 무거울수록 너희가 천국에 오
른다 그리하였음이니라.
31 그러니 선행을 하는 것, 너희가 노력
하는 것, 그리고 변화되는 것, 그와 같
은 것만이 하늘에 오르는 길임을 알아
야 할 것이니라.
32 맹수도 살아감이 또한 마찬가지이니
라.
33 그 맹수의 새끼가 자라면서 무엇을 보
고 살아가는 기술을 배우며 사냥의 기
술을 터득하여 배우던가?
34 그는 남을 통하여 배우는 것이 아니니
라.
35 사자의 새끼가 늑대를 보고 배우는 것
이 아니며, 늑대의 새끼가 사자의 사
냥하는 것을 보고 배움이 아니니라.
36 독수리의 새끼가 사냥하는 것도 비둘
기를 보고 사냥하는 것을 배우는 것도
아니요, 비둘기 새끼가 독수리를 보고
먹고사는 것을 배우는 것이 아니라는
것을 알라.
37 새끼독수리는 그 어미 독수리로부터
배우며, 새끼 사자는 그 어미 사자로
부터 그 집단으로부터 배우며, 새끼
이리는 이리의 그 집단으로부터 사냥
의 방법을 배우게 되어 있음이니라.
38 인간 너희가 이 세상에 나와 60점이
라는 그 점수요, 기초요, 기본을 다져
지는 것은, 너희의 부모로부터 시작되
며, 너희의 스승으로부터 배우며, 이
웃의 선배로부터 그와 같은 기초가 다
져지는 것이니라.
39 그 기초 속에서 너희가 선행을 배우며
아름답게 살아가는 것을 배우며 그리
깨우쳐 갈 때, 그것이 하늘에 오르는
길이요, 나에게 오를 수 있는 길이라
하였음이니라.
40 그리하여 너희가 나를 찾으며 나를 경
배하며 성서의 뚜껑을 열고 읽어 천사
와 같은 자가 되었을 때는 성서의 비
유의 뜻을 알며 하늘의 뜻을 안다 내
가 하였음이니라.
41 그러나 지금의 모든 종교 집단은 저희
만이, 저희의 품 안에 오는 것만이, 저
희의 손으로 지은 성전에 와 기도하고
경배하는 것만이, 저희를 가르치는 종
교 지도자의 설교를 듣는 것만이 하늘
에 오르는 길이라 하며 저희가 그 조
건을 제시하며 뒤로 거래하니, 그것이
바로 무엇이던가?
42 너희는 재물을 거둬들이며 사악한 짓
을 하고 있는 것이니라.
43 그리하여 너희가 지금 말하는 대로 인
간이 선행을 베풀고 아무리 혼자 노력
해도, 아무리 훌륭한 인간으로부터 들
어도, 너희는 변화될 수 없으며 하늘
의 뜻을 모르며, 하늘에 가는 길에 역
행하는 자라,
44 오로지 너희에게 와야만 하늘에 오를
수 있다 그리 공갈과 협박으로써 전파
하여 뒷거래하는 자들이니, 얼마나 너
희가 사악한 자인가?
45 내가 나의 아들을 통하여 법전에 기록

하여 전하느니라.
46 너희는 그와 같은 기초는 인간으로부
터 배우는 것이며 네 부모로부터 배우
느니라.
47 맹수가 사냥하는 것을 제 어미로부터
배우듯이 그와 같은 철칙이 여기에 있
음이니라.
48 그리하여 너희가 기초가 다져지며 너
희가 성장하며,
49 그래서 믿음을 알게 되며 나 여호와
를 찾게 되며 나 여호와가 존재하며
하늘에 와 심판을 받는다는 그와 같은
것, 그리고 저의 죄를 용서해 달라 비
는 너희의 그 마음이요, 나의 계명을
지키며 지금 내가 내린 법전을 지키고
살아가는 그와 같은 삶이니, 그 모두
는 기초이니라.
50 지금 너희가 이와 같이 험악한 세상
이요, 말세요, 도둑이 들끓는 너희가
만든 세상이 무엇이던가?
51 사랑의 기초요, 기본인 '네 부모를 공
경하라'는 것을 말살시켰으며,
52 그리하여 너희는 하늘에 계시다는 나
여호와요, 너희 아버지요, 창조주라는
나만 받들며, 내 앞에 바친다 하여, 너
희가 거두어들이기 위해 너희 앞에 재
물을 쌓으면 구원을 받는다 하여,
53 인간의 본성이요, 본질인 낳아 주고
길러 준 부모의 그 사랑을 모르도록
하였으니,
54 나의 백성의 마음이 황폐해져 있음이
니라.
55 부모의 젖을 먹으며 자란 그 아이가
부모의 사랑을 알며 부모의 마음을 알
며 그 정성을 알거늘,
56 그 부모와 자식 간을 이간질하며 그
들을 떼어 놓았으며, 그들에게 불효하
게 했으며, 그들을 기억하지 못하게
했으며,
57 너희에게 그저 재물만 바치며 말로써
나 여호와를 찾으며 나의 아들 예수를
찾으면 구원을 받는다 그리 가르쳤음
이니,
58 그리하여 너희가 인간이 아무리 착하
게 살아도 하늘에 오를 수 없다 그리
말하니, 인간은 착하게 살지 말라는
그와 같은 흉악무도한 자들이 아니고
무엇이던가?
59 너희는 단상에 서서 흘러가는 말로,
인간은 아무리 선하게 살며 아무리 착
한 일을 해도 구원을 받지 못한다 그
리 말하니, 너희가 어찌 지도자던가?
60 인간은 선행을 베풀며 아름답게 사는
것이 인간의 기본이요, 나 여호와로부
터 생명을 받은 것의 은혜에 보답하는
길이라 그리 가르쳐야 할 것이니라.
61 너희가 나로부터 받아 나간 그 성령이
요, 너희의 영혼이 깨끗하고 아름답게
사는 것이 기본이요, 근본이니,
62 인간으로서 세상에 태어난 것에 나 여
호와에게 은혜를 갚는다면, 인간으로
서 인간의 도리를 하고 살며, 선행을
하며 아름답게 사는 것이 기본이요,
근본이요,
63 그 속에서 나 여호와를 찾아 깨달음을
얻으며, 성령의 가르침을 받아 너희가
하늘에 오르는 길을 볼 수 있다 그리
가르쳐야 하거늘,
64 너희는 선행하는 것은 구원을 받지 못
한다 하니, 오로지 구원에만 목매는

자들이요,
65 과일 나무를 가꾸는 과정은 무시해 버
리며, 그저 익은 과일을 따 먹는 그 상
상에만 젖어 있는 자들,
66 그리고 구원을 위하여 가는 자들, 그
리고 구원만 받으면 된다는 그 사악한
지도자들로 하여금 너희 인간의 본질
을 말살시켰음이니라.
67 인간이 선행을 베푸는 기초요, 근본이
없이는 아무것도 될 수 없거늘, 그를
망각시켰음이니라.
68 그러니 너희에게 무엇을 명했느냐?
69 인간이 선행을 아무리 베풀어도 하늘
에 오를 수 없음이니, 그저 너희는 인
간으로서 죄를 짓고 살아도 되며 사악
한 짓을 하라 함이니라.
70 그리하여 너희가 사악한 짓을 많이
하고 죄를 많이 지어서 공포에 떨 때,
너희가 갈 곳이 없으니, 너희가 절이
라는 곳에 절을 천 배, 만 배 하며 용
서를 빌며,
71 교회라는 곳에 그저 종처럼 맹신 맹종
하여 돈을 바치며 재물을 바치며 시간
을 바치며 구원을 받고자 매달리니,
72 너희가 죄를 짓도록 하는 것이 종교
집단이요, 지도자들이 하는 것이니라.
73 너희가 세상에 가진 자가 하는 행위가
무엇이 있더냐?
74 '병 주고 약 준다'는 그와 같은 말이
있느니라.
75 지금 모든 종교 지도자들이 인간이 선
행해서는 구원을 받을 수 없으며,
76 인간이 인간으로서 배워 깨달음을 배
우는 것은 인간의 삶의 도리가 아니
요, 인간으로부터 배울 것이 없으며,
선배요, 스승으로부터 배울 것이 없다
그리 말함이니,
77 너희는 죄를 짓도록 종용하며 많은 죄
를 짓도록 만들며,
78 그들이 저희도 모르고 너희 말에 의하
여 수없는 죄를 지었을 때, 도저히 젊
어지고 일어날 수 없으며, 천국이요,
이다음에 구원을 받을 수 없는 그 많
은 죄를 지어서 공포와 불안에 떠니,
79 그들이 자연적으로 갈 곳이 어디에 있
는가?
80 사악한 너희 종교 집단에 가 그 죄를
털고자 너희에게 종이 되니, 그때부터
그들이 지옥으로 가는 그 역사를 이룸
이니라.
81 그리하여 너희가 죄를 주며 치료해 준
다 하며, 병을 주며 치료약을 준다는
그와 같은 사악한 자들이니,
82 그 주는 약이 병을 고치는 것이 아니
요, 더 죽게 만들고 더 썩게 하는 것이
니라.
83 그리하여 너희가 그 약을 사 가고 또
사 가도록 만드는 것이 지금의 종교
집단이요, 지도자이니,
84 너희는 하이에나라는 그 썩은 것을 먹
는 짐승만도 못한 것들임을 알라.

6,104 번째 하나님 말씀

2003년 5월 5일 23시 21분

1 사랑하는 나의 아들아!
2 "네, 아버님! 말씀하옵소서."
3 성경에 기록하여 '내가 곧 길이요, 진
리요, 생명이니, 나로 말미암지 않고
는 아버지께로 올 수 없느니라.' 그리

기록한 내용이 있음이니라.
4 나의 아들 예수가 세상에 나와 너희를
대신하여 십자가에 죽었으니, 나의 피
조물 만백성에게 종교 집단 지도자 너
희는 뭐라 말하는가?
5 나의 아들이 너희의 죗값을 다 치렀
다 그리 말하느니라.
6 그리하여 나 여호와와 너희 인간과의
관계에 나의 아들이 죽음으로써 십자
가로써 다리를 놓았음이니,
7 그저 너희가 지은 성전인 교회에 와
울고불고 재물을 바치면, 인간 세상에
서 나의 아들이 고통스럽게 죽어 간
그 십자가로 지상과 하늘을 연결하는
그 다리를 놓은 그 십자가를 밟고 너
희가 건너올 수 있다 그리 말하며, 나
의 피조물 만백성을 그리 우롱하고 있
는 그 형국이 아니던가?
8 그와 같은 사악한 짓을 하는 지금 모
든 종교 집단이요, 지도자들이 그 환
상에서 깨어나지 못하고 나의 피조물
만백성을 그리 우롱하고 있음이니라.
9 또한, 나의 피조물 만백성 신도라 하
는 그 백성도 내가 성경에 기록하여
내가 내려 준 그 재물을, 오른손이 쓰
는 것을 왼손이 모르도록 남모르게 베
풀고 선행하면 된다는 방법을 상세히
기록해 주었건만, 너희는 바로 무엇이
더냐?
10 나의 하늘나라와 또 나 여호와와 지상
의 나의 백성이 넘을 수 없는 그 강에
나의 아들 예수가 고통스럽게 죽어 간
그 십자가로 다리를 놓음으로 인하여,
11 너희 손으로 지은 성전에 찾아가 재물
을 바치면 그 십자가를 밟고 하늘나라
의 그 강을 건너 오를 수 있다는 그 가
르침에, 너희가 욕심이요, 거기에 눈
이 어두워 지금 가는 길이 죽음의 길
이요, 지옥의 길이라는 것을 모르고
허덕이고 있으니,
12 그 백성 너희의 집단이나 가르치는 그
들이 다 똑같은 자들이니라.
13 그리하여 너희는 나의 아들을 찾기만
하면, 예수의 이름을 부르기만 하면,
너희 손으로 지은 성전에 가 기도만
하면, 나의 아들이 죽어 간 그 다리를
건너는 그 조건을 어찌 지금 악용하고
있는가?
14 과연 나와 너희와 하늘과 땅 사이에
나의 아들 예수가 죽은 그 십자가로
정녕 다리를 놓아, 그 다리가 놓여 있
으니 그 다리를 너희가 건너기만 하면
된다는 말이던가?
15 지금 모든 종교 집단이요, 지도자들이
그 조건을 내세워 나의 피조물 만백성
에게 그 다리를 건너려면 통행세를 내
야 한다 하여 수천수만 가지 재물과
금화와 은화 그 모두를 거둬들이고 있
음이니,
16 너희가 지금 얼마나 어렵고 힘든 길을
가고 있는가?
17 구원의 길이 아니요, 지옥으로 가는
길을 너희가 지금 가고 있는 것이니라.
18 이를 내가 들여다보라 하며 이를 너희
가 바로잡으라 하며 그와 같이 더 이
상 우롱당하지 말라 하는 것이 나 여
호와의 뜻이니라.
19 지금 과연 나의 아들 예수가 지고 죽
어 간 십자가가 지상과 하늘을 연결하
여 넘을 수 없는 그 강에 다리를 놓아

주었다 생각하며 그를 건너오면 된다
말하는가?
20 감히 있을 수도 없으며 상상할 수도
없는 그와 같은 해괴망측한 방법으로
써 나의 피조물 만백성을 우롱하는,
지상에서 하늘로 연결되는 그 십자가
라 치자.
21 너희가 밟고 오기 위해서는 그 무지무
지한 조건이요, 그 항목에 따라 그저
맹종하고 맹신하며 코 꿰인 짐승처럼,
목에 걸려 있는 가시를 넘기지 못해
걸려 있는 자처럼,
22 그보다 더 험악하고 고통스럽게 지금
걸려 그들의 조건을 하나하나 그저 눈
물로 죽지 못하여 따라가는 그와 같은
형국이 되어 있음을 너희는 알아야 할
것이니라.
23 그 조건이 너희가 치르기에는 너무나
도 어렵고 힘드니, 그것을 내가 고통
에서 벗어나게 해 주려고 지금 이와
같은 법전을 내리며,
24 그 다리는 정녕 그리 이루어지는 것이
아니라는 것을 내가 너희에게 깨우쳐
줌이니라.
25 예수가 피 흘려 죽어 간 그 십자가가
하늘과 땅에 다리를 놓았다 하자.
26 그 다리가 바로 너희가 나에게 오를
수 있는 다리라 해도, 그 다리를 조건
없이 너희가 건널 수 있다고 생각하는
가?
27 그 다리를 건널 수 있는 자격을 갖추
어야 하며, 그 기준이 되지 않은 자는
거기를 건널 수 없다는 것을 알라.
28 그 기준이 너희가 나의 십계명을 지키
며 내가 내리는 법전을 지키고 행하는
것임이니 그리 알라.

6,105 번째 하나님 말씀

2003년 5월 6일 07시 35분

1 사랑하는 나의 아들아!
2 "네, 아버님! 말씀하옵소서."
3 말없이 그저 서 있는 식물이요, 그 나
무도 어느 누가 저를 사랑하며 저를
미워하며 저를 꺾어 버릴 자며 고통을
줄 자인지를 다 안다 하였음이니라.
4 또한, 너희가 기르는 동물이요, 애완
용으로 기르는 모든 동물도 주인이 저
희를 얼마나 사랑하며 누가 얼마나 미
워하는가를 다 안다 하지 아니하였던
가?
5 하물며 내가 가장 아름답게 만들었으
며 가장 높은 지혜를 주어 세상에 만
든 나의 피조물 만백성 너희가,
6 정녕 어떠한 길이 사탄을 향하여 가는
길이요, 지옥으로 가는 길이요, 나에
게 오르는 길이요, 어떤 게 참진리의
길인가 이것을 구분하지 못하니, 너희
를 바라보는 나 여호와의 마음이 어떠
한지 과연 알겠는가?
7 진리와 진리가 아닌 것은 하늘과 땅보
다도 더 차이가 있으며, 그 의미를 알
면 더 무섭고 또 생각하면 생각할수록
그를 알 수 있거늘,
8 어찌하여 너희는 하늘과 땅의 그 차이
를 구분하지 못하는 어리석은 백성으
로서 살아간단 말이던가?
9 너희가 그와 같이 어리석은 백성이니
라.
10 누구든지 다 알 수 있는 것을 모르는

것이 너희이니,
11 미물도 저를 예뻐하는 자, 기르는 자,
또 좋아하는 자, 그 모두를 알며, 말없
이 서 있는 모든 식물도 그를 안다 내
가 그리하지 아니하였던가?
12 그렇거늘 어찌하여 너희는 그를 알지
못하며 그를 깨닫지 못한단 말이던가?
13 그러니 나 여호와가 너희를 내려다보
는 마음이 얼마나 답답하고 아프겠는
가?
14 나의 심정을 너희가 안다 하면 너희
스스로 이제 어떠한 것이 진정한 진리
요, 하늘에 오르는 길이요, 지옥으로
가는 길이요, 사탄이 안내하는 길인가
를 구분하는 그와 같은 너희가 되어
야 함을 잊지 말라.
15 너희는 알아야 할 것이니라.
16 내가 뭐라 말하였느냐?
17 여름에 풀벌레가 날아드는 그 평상에
서 어린아이가 잠을 잠이니, 곤하게
잠을 자는 그 아이에게 그저 달려드
는 모기요, 파리라는 그 미물을 쫓아
내고자 부채질하는 그 바람이 이는
것이 다 다르나,
18 그 어린아이는 잠자면서 그걸 알 수
있다 하였음이니라.
19 어린아이가 부모가 일으키는 바람인
지 또 할머니가 일으키는 바람인지,
그 모두를 잠자면서 알 수 있는 것은,
20 그 마음이 어찌하여 그를 느낄 수 있
다고 생각하는가?
21 세상사 아무런 생각이요, 잡념이 없으
며 그가 생각과 계산이 없기 때문에
그를 안다 하였음이니라.
22 모기와 파리가 날아드는 것을 쫓기 위
하여 부채질해 주는 할머니요, 할아버
지가 부채질하여 일어나는 그 바람과,
어머니와 아버지가 그를 쫓기 위하여
일으켜 주는 그 바람과, 삼촌과 고모
가 쫓아 주기 위하여 부채에서 일어나
는 그 바람과, 형제들이 부채질해 주
는 그 바람과,
23 이웃의 아저씨와 아주머니가 그 모기
와 파리를 쫓기 위하여 부치는 부채에
서 일어나는 그 바람을 어린아이는 모
를 것 같으나,
24 잠자는 그 아이는 그를 안다 하였음이
니라.
25 그 아이는 어머니와 아버지가 부쳐 주
는, 모기와 파리를 쫓기 위하여 일어
주는 부채에서 이는 그 바람의 감미로
움과 향기로움을 잠자면서 안다 내가
그리 말하였으니, 그것은 바로 무엇으
로써 그를 알 수 있다고 생각하는가?
26 누구의 정성이 애절하며 누구의 정성
이 들어 있으며, 누가 그 파리와 모기
가 물지 못하도록, 그리 달려들지 못
하도록 부채라는 것으로써 바람을 이
는지 그 마음의 정성을 자는 아이는
피부로써, 또는 그 감미로움으로써 그
모두를 알 수 있다 내가 너희에게 그
리 말하였음이니라.
27 그러니 너희가 세상사 살아가는 그 이
치가, 나 여호와를 향하여 어떠한 마
음을 갖고 따르고 경배하느냐에 따라
서 그와 같은 사탄이요, 사악한 자요,
진리요, 진리가 아닌 것을 알 수 있는
그 능력이 다 있음이니라.
28 그러나 너희가 그를 모르는 것이 무엇
인 줄 알겠는가?

29 형식적인 믿음으로써 믿는 자며, 형식
적으로 나를 찾으며 형식적으로 성서
를 공부하기에, 거기에 있는 진정한
의미를 알 수 없는 것이니라.
30 똑같이 부채라는 것을 써서 바람을 일
어 주는 그 바람이 피부에 닿는 것을,
잠자는 아이가 이게 누가 일으켜 주는
바람이요, 누가 이는 바람인지를 아는
그와 같은 경지를 너희는 어찌하여 못
한다 하는가?
31 그보다 더 보고 들으며 세상사 경험이
많은 너희는 모두를 다 알 수 있는 것
이니라, 어떠한 것이 진리요, 어떤 것
이 잘못된 것인가를.
32 그러나 다만 너희가 마음을 비우지 못
했으며, 잠자는 아이처럼 세상사의 남
을 의식하지 아니하며, 남에게 해를
끼치지 아니하려 하며, 남의 것을 너
희가 취하고자 하지 아니하며,
33 단 너희가 가지고 있는 그 욕심이 없
이 세상을 볼 때, 그 참진리의 아름다
운 뜻을 알 수 있는 것이니라.
34 너희가 마음을 비우지 아니하였기 때
문에 그를 모르는 것이니라.
35 잠자는 아이는 보지 아니하여도 누가
저를 위하여 부채로써 바람을 일으켜
주는지 피부로 느끼며 그 감미로움으
로써 그를 안다 하였거늘,
36 너희는 어찌하여 그와 같은 정성으로
써 부모가 자식을 위해 불어 주는 그
바람의 감미로움을 느끼는 그와 같은
깨달음을 아는 그 아이만도 못하단 말
이던가?
37 눈을 뜨고 보고 있으며 생각을 하고
살며 모두를 접하며 살고 생활하는 너
희가 어찌하여 나 여호와의 진정한 진
리요, 아름다운 그 뜻을 모르는가?
38 내가 너희를 사랑하고자 내려보내는
것은 너희 부모가 파리와 모기를 쫓아
주기 위해 부채질하는 그 감미로운 바
람보다도 더 수백 배 수천 배 감미로
우며 소중함으로 내가 너희 가슴에 전
하고자 하거늘,
39 너희가 그를 알지 못하며 깨닫지 못하
는 것은 무엇인 줄 알겠느냐?
40 너희의 욕심이요, 육의 삶의 생각에만
젖어 있어 마음을 비우지 못하였기 때
문이니라.
41 그러니 너희 마음을 비우고 세상사를
보고 접할 때, 그 모두를 너희가 알 수
있는 것이니라, 사랑하는 나의 아들딸
들아!

6,106 번째 하나님 말씀

2003년 5월 6일 07시 48분

1 사랑하는 나의 아들아!
2 "네, 아버님! 말씀하옵소서."
3 너희가 그 귀중한 생명을 나로부터 받
아 세상에 나가 살아가는 그동안에 수
천수만 가지를 만나며 접하느니라.
4 그리고 만나고 접하고 이루어지는 그
역사는 너희의 운명이라, 그리 말하며
그와 같이 얽히고설킨 그 세상 속에서
살아가느니라.
5 그러니 너희가 세상에 나와 살아가는
그 생활 속에서 많은 것을 만나게 되
며 접하게 됨이니, 그중에서도 너희가
가장 중요함이 무엇인 줄 알겠는가?
6 나의 법전을 접하여 이를 가슴에 안고

정독하는 백성, 나의 법전을 접하는
것보다, 나의 법전을 만나는 것보다
너희에게 더 소중하고 귀함이 없는 것
을 너희는 알아야 할 것이니라.
7 지금 내가 나의 법전을 세상에 내려보
내는 것은 내가 구약과 신약의 그 역
사 속에서 이제는 너희를 모두 심판
하며 너희를 심판하는 기준의 책이요,
기준의 나의 법이기 때문이니라.
8 내가 나의 법전을 160권으로 엮어 세
상에 내보냄이니, 이 속에서 너희가
어찌 살아오는 길이며, 어찌 행하는
길이며, 정녕 하늘에 오르는 길이요,
구원을 받는 것이요,
9 나에게 오르고자 하는 백성이 살아가
는 방법이요, 행하는 방법이요, 그 모
두가 이 속에 들어 있음을 너희는 알
아야 할 것이니라.
10 그러니 너희가 정답을 읽지 아니하며
정답을 보지 아니하고는 정답을 알지
못하며 너희가 쓸 수 없기 때문이니
라.
11 그러니 너희가 하늘에 오르는 길이요,
그 구원을 얻고자 몸부림치며 평생을
다 바쳐 애를 쓰는 그 구원의 길이라
는 것이 바로 그 안내요, 기본이요, 그
질서가 나의 법전이기 때문이니라.
12 나의 법전 속에 그 모두가 다 기록되
어 있으며 그 속에 들어 있기 때문이
니,
13 너희가 인간 세상에 살아가면서 이웃
을 만나며 또한 더불어 모르는 사람을
만나며 서로 수천수만 가지를 접하고
살아가는 그 생활 형태 속에서, 너희
가 인연이요, 운명이라 말하는 그 만
남 중에 가장 소중하고 귀한 것이 무
엇인 줄 알겠는가?
14 나의 법전을 접하는 것이니라.
15 그리하여 나의 법전을 접하여 가슴에
안고 정독하고 또 읽고 읽어 깨우치는
자,
16 그와 같은 자만이 구원의 기본이요,
구원의 틀이요, 너희가 나에게 오를
수 있는 그 길을 알 수 있음이니,
17 이를 만나는 것보다 더 위대하고 기쁜
것이 없음을 너희는 알아야 할 것이
니라.
18 이제 너희는 알아야 할 것이니라.
19 나의 법전을 접하는 백성 너희가 얼마
나 이 세상에서 소중한 것을 만났으며
소중한 것을 인연으로써 가슴에 안고
정독하는가?
20 이제 너희는 구원의 길을 보기 시작
하는 것이며 구원의 길이 무엇인가를
알게 됨이니,
21 구원의 길을 보게 되며 너희가 구원
의 기초요, 정답을 보고 배워 깨우치
기 시작한다면 너희는 나에게 달려오
기 시작함이니,
22 너희는 그저 나의 법전의 내용대로
지키고 살면 됨이니, 그것을 만나는
것이 얼마나 행복하고 위대한 삶이던
가?
23 방향을 모르며 길을 모르고 헤매는
너희의 삶에서, 그 캄캄한 밤에 넓고
끝이 보이지 않는 죽음만이 기다리는
그 광야에서 너희가 살아 나올 수 있
는 그 길을 안내하는 것이 바로 무엇
이던가?
24 나의 법전이니라.

25 너희는 성서에 기록하여 불기둥과 바
람기둥이 인도하는 그 역사를 본다 하
였음이니,
26 이제 하늘에 오르는 그 한 줄기의 빛
으로써 너희를 이끌어 주고 안내함이
니, 그게 바로 나의 법전이니라.
27 그러니 너희는 나의 법전을 만남이
이 세상에서 살아서 죽을 때까지 만나
고 접하는 운명이요, 인연에 엮어지는
그 무엇보다도 가장 중요한 것이 나의
법전이니라.
28 그러니 너희가 가장 중요한 것을 접
했을 때 그를 어찌 관리하고 어찌 통
제해야 하는 것인가를 너희는 알지 않
는가?
29 그러니 나의 법전이 가장 소중함을 알
며 그 법전대로 살고자 노력한다면,
너희는 나의 법전을 읽지 아니하며 보
지 아니하면 알 수가 없으니,
30 나의 법전을 가슴에 안고 정독하라.
31 정독하는 자만이 하늘에 오를 수 있다
는 것을 잊지 말라.
32 이 세상에 가장 소중하고 귀한 것이
나의 법전과 만남이요, 나의 법전을
접하는 것이라는 것을 잊지 말라, 사
랑하는 나의 아들딸들아!
33 또한, 나의 아들을 따르는 제자들이
요, 나의 법전을 읽은 백성, 너희는 그
소중하며 아름다움을 알거든, 이웃에
게 전하며 너희 형제에게 전하며, 만
백성에게 전하여,
34 그들에게 크나큰 영광이요, 평생 너희
가 살다 죽을 때까지 오는 그 속에서
가장 위대하고 소중한 것을 만날 기회
를 그들에게도 주도록 그리하라.
35 그를 읽고 안 읽어 그 보배의 소중함
을, 그 보석의 찬란한 빛이 남을 느끼
고 못 느끼고, 보고 못 보는 것은 그
눈과 귀에 달렸으나,
36 그들에게 기회를 주는 것은 너희가
할 수 있는 부분이며 너희가 할 수 있
는 일이라 함을 잊지 말라.
37 내가 뭐라 말하였느냐?
38 남들이 너희에게 욕하며 피해를 주며
너희를 괴롭힌다 하여도 그를 원망하
지 말라 하지 아니하였던가?
39 그는 그 죄를 스스로 받는 것이며, 네
가 내리고 네가 심판하는 것이 아니니,
40 네가 말로써 너희가 감정으로써 그를
격하게 다스린다면, 너희가 스스로 죄
를 짓는 것이며, 너희의 마음이 무너
지며, 너희가 깨달아 옳게 살고자 하
는 그 마음에 상처만을 입게 됨이니,
그 모두를 다 사랑하라 함이니라.
41 내가 너희에게 어찌 가르쳤더냐?
42 너희에게 악한 짓을 하는 것도 너희는
행복이요, 사랑이라 느끼라 했으며,
43 너희가 선하고 즐거운 것을 보는 것도
너희가 행복이요, 즐거움이요, 은혜라
생각하라 하지 아니하였던가?
44 이 세상에 존재하는 그 모두를 다 행
복하다 받아들이는 그 마음을 가지라
하였거늘,
45 너희가 나의 법전을 접하는 것을 사탄
이요, 이단이라 시시비비하지 말라,
어리석은 백성들아!
46 너희는 나의 법전을 접하는 것이 이
세상에서 가장 소중한 것을 얻는 것임
을 잊지 말라.
47 나로부터 너희가 생명을 받아 세상에

나가니 그보다도 기쁨이요, 영광이 없으며,
48 부모를 통하여 육으로써 너희가 그 형성된 은혜를 입은 것보다 더 기쁘고 위대한 것이 나의 법전을 접함이니,
49 너희가 깨달아 하늘에 오르는 길을 보며 영원히 사는 나의 품에, 천국에 오를 수 있는 것은 바로 나의 법전을 접하는 길밖에 없다는 것을, 그러니 그 만남이요, 접함이 얼마나 소중한 것인가를 다시 깊이 새겨 너희 것으로 만들도록 그리하라, 나의 사랑하는 아들딸들아!

6,107 번째 하나님 말씀

2003년 5월 6일 08시 26분

1 사랑하는 나의 아들아!
2 "네, 아버님! 말씀하옵소서."
3 지금의 모든 종교 집단이요, 지도자요, 그들이 가고 있는 방법과 방향이 잘못되었음이 무엇을 의미하는지 알겠는가?
4 그 대표적인 예가 그러하니라.
5 어려서 부모의 손을 잡고 교회요, 너희가 지은 회당이라는 곳에 와 그 강론을 듣고 설교를 듣고 공부를 한 어린아이가,
6 커 가면서 나를 더 깊이 생각하며 나를 공경하며 나 여호와가 존재함을 믿으며, 나에게 벌 받지 않는 백성으로서 성장하며 살아가겠다 하여 그가 마음을 갈고 닦아 가는 그와 같은 삶을 산다 하면,
7 이 세상은 지금처럼 험악한 이와 같은 형국은 되지 아니하였으며, 천사와 같은 아이들이 존재하며 천사와 같은 백성이 사는 그와 같은 세상이 되었을 것이니라.
8 그와 같이 너희가 그리 정성을 들이지 아니하며 잘못 가르치고 잘못했기 때문에, 그 아이들이 모두 다 그곳을 떠나게 되어 있으며 너희를 버리게 되었음이니라.
9 그리고 너희가 또한 젊은 아이들에게 얼마만큼 정성을 들이며 그들을 위하여 모두를 쏟느냐가 중요하니라.
10 너희는 재물과 금화와 은화를 거둬들이고자 나이 먹은 자, 기업 하는 자, 생활하는 자, 경제적인 능력이 있는 자들에게 신경을 쓰며 마음의 초점을 거기다 맞추기에,
11 어린아이들의 인성을 다스려 그들이 곱게 자라도록 하여 그들이 성장했을 때, 이 세상에 천사와 같이 사는 아름다운 세상을 너희가 만들지 못하며 그리 이끌어 가지 못한 것이 너희의 크나큰 죄요,
12 오늘같이 마지막 종말의 시대요, 도둑이 들끓는 세상이요, 인간이 인간을 무섭다 하는 그와 같은 형국이 된 것이 그 모두가 다 너희의 죄이며 책임이니라.
13 너희가 나의 십계명대로 부모를 공경하라 가르쳤더라면, 그리고 나 여호와보다도 낳아 주고 길러 준 부모에게 공을 들이는 것이 우선이요, 그리 살아가는 것이 인간의 근본이요, 도리요, 하늘에 오를 수 있는 길이라 그리 가르쳤더라면,

14 그들은 부모를 버리지 아니하며, 부모
를 내팽개치지 아니하며, 부모를 헌신
짝같이 돌아다보지 않는 그와 같은 백
성으로 성장하지 아니하였을 것이니,
15 그 죄 또한 너희가 그 원흉이며, 너희
로 인하여 그와 같이 험악한 세상이
되었다는 것을 알아야 할 것이니라.
16 너희는 인간 세상에 살면서 그러하지
아니하던가?
17 너희가 어린 시절에 어머니의 손을 잡
고 초등학교라는 그 문을 들어가는 것
과 너희 자식을 데리고 교회요, 성전
이라는 곳에 아이들을 입문시키는 것
과 무엇이 다르던가?
18 그리하여 부모의 손을 잡고 초등학교
에 입문한 어린아이가 제 짝꿍과 서로
그리 정들고 그 소중함을 알며 자람이
니,
19 그들은 자라면서 그와 같은 마음을 갖
게 되느니라.
20 제가 같이하는 단발머리 소녀요, 빡빡
머리 제 친구를 위해서 그에게 한 점
의 부끄럼이 없는 아름다운 삶을 살겠
다고 생각하는 그 마음만 가졌다 해도
그들은 성장하면서 아름다운 아이로
성장하며, 남에게 부끄럽지 아니한 행
동을 할 수 있도록 제 마음으로 다스
려 가지 아니하겠는가?
21 그리하여 서로 짝꿍을 사랑하며 짝꿍
을 좋아하는 마음만 가졌다 하면, 짝
꿍을 생각하는 그와 같은 마음을 가지
고 사는 자, 그 인생의 삶도 삐뚤어지
지 아니하는 삶을 살 수 있는 것이 그
마음의 가르침이요, 교훈이니라.
22 그들이 성장하여 학업에 종사할 때는
그 어린 짝꿍에게 제가 무엇인가를 보
여 주겠다 하여 열심히 노력하며 책가
방을 메고 책장을 넘기는 데 최선을
다하는 그와 같은 삶을 살 수 있는 것
이 인간 너희이니라.
23 그는 청년 시절에도 또한 세상에 남부
럽지 않은 사람으로 성장하여, 제가
어려서 그리워했고 좋아했던 그 짝꿍
에게 당당한 모습으로 보이고자 하는
그 마음을 버리지 아니하고 산다면,
그 또한 사회생활에 삐뚤어지는 일이
없을 것이며,
24 남들이 말하는 부귀와 영화요, 공명을
얻기 위하여, 또한 재물을 얻기 위하
여 그는 최선의 노력을 다할 것이며,
25 남들에게 뒤지지 아니하는 모습으로
써 그 짝꿍에게 자신을 보여 주기 위
하여 노력할 것이니,
26 하나의 어린 시절에 손을 잡고 놀던
코흘리개 친구를 사랑하며 그 친구를
위하여 제가 부끄럽지 않은 마음을
가지고 살겠다 그가 평생을 노력한다
면,
27 그 마음 하나 가지고도 그는 아름다운
모습으로 살 것이며, 남에게 죄지으며
욕된 짓을 하지 아니하고 살 것이니라.
28 항상 제가 사랑했던 짝꿍을 위하여 그
와 같이 산다는 마음을 갖고 산다면,
그는 죄짓는 짓을 아니 할 것이며, 저
주받는 짓을 아니 할 것이며, 사악한
마음으로 살아가지 아니할 것이니라.
29 그러한 마음 하나도 그와 같이 사람을
아름답게 성장시키며 미래를 위하여
살아가는 마음으로 성장하는 것이 나
의 피조물 만백성이니,

30 이는 누가 가르쳐 주어서 하는 것이 아니요, 누가 깨우쳐 준 것이 아니요,
31 스스로 어린 마음에 그리워했던 사람들에게 제가 부끄럽지 않은 삶을 살겠다는 그 스스로 터득한 마음 하나 가지고도 그가 곱게 자랄 수 있음이니라.
32 그러니 그 어린아이가 성장하면서 제 부모에게 감사하며 낳아 준 것을 감사하며 길러 준 것을 감사하며 부모의 은혜에 감사하는 마음을 잘 심어 주고 가르쳤더라면, 그들은 어찌 되었겠는가?
33 세상에 부끄러운 삶을 살지 아니할 것이니라.
34 그들은 너희가 어려서 선생으로부터 교육을 받을 때 '부모를 공경하라, 나이 먹은 자를 존경하라, 세상 질서를 파괴하지 말라.' 그리 가르치고 또 가르치느니라.
35 그러나 그들이 좀 더 자라 너희의 손을 잡고 교회라는 곳에 왔을 때 가르치는 형국은 무엇을 가르치는가?
36 부모보다도 나 여호와를 찾는 것이 위대하며, 부모보다도 나 여호와에게 먼저 바치며,
37 나 여호와에게 바치는 것은 너희가 손으로 지은 성전이요, 교회요, 설교하는 목사요, 종교 지도자에게 바치는 것이라 하여 거기에 먼저 바치게 함이니,
38 초등학교요, 어렸을 때부터 선생으로부터 배웠던, 부모를 공경하며 노인을 공경하라는 그 마음이 서서히 사악한 쪽으로 변하게 한 것이 너희이며,
39 순리대로 흐르는 그 물줄기가 그대로 흘렀더라면 농작물의 생명이 될 수 있으며 생수가 될 수 있는 물로 흐를 것을,
40 너희가 서서히 길을 틀어 놔 그 물은 농작물에 가 농작물의 생수가 되어 만백성이 먹을 수 있는 곡식을 열어야 하는 그 근본이, 인간이 틀어 놓은 그 물줄기를 따라가다 보니 그는 어디로 가느냐?
41 썩은 시궁창으로 흘러간 것같이 되었음이니,
42 지금의 모든 종교 집단이요, 지도자라는 자들이 그와 같은 행위를 하고 있음이니라.
43 그리하여 나의 피조물 만백성이 어렸을 때부터 순리적으로 배웠던, 나이 먹은 사람을 공경하는 것, 부모를 공경하고 존경하는 마음을 너희가 싹 쓸어버렸으며, 그 마음을 그들의 마음의 뿌리에서 지워 버리며 뽑아냈음이니라.
44 너희 종교 지도자들이 하는 행위가 모든 행사의 단상에 앉아야 하며 그날의 주역을 떠나서 나이와 연륜을 무시하고 그저 먼저 차지해야 하며 좋은 자리 차지하는 그와 같은 것을 보고 가는 나의 백성의 형국이요, 어린아이들이 그를 배우게 됨이니, 너희는 과연 어찌하는가?
45 그러니 그 모두를 다 무너트리게 한 것이 지금의 너희이니라.
46 초등학교의 짝꿍을 위해, 그 짝꿍에게 아름다운 모습을 보여 주기 위해 노력하고 열심히 살아가는 사람으로 스스

로 터득한 그 마음의 깨우침까지도 무
너트리며, 그 소중한 것도 너희가 간
직하여 살아가지 못하도록 함이니라.
47 제 스스로 터득한 어린 마음에도 그는
성장할 때 곧게 살아가는 그 삶을 살
거늘, 너희는 과연 무엇을 가르쳤는가?
48 나 여호와를 존경하며 나를 따르는 것
을 너희가 제대로 가르쳤으며, 나 여
호와가 존재함을 두려워하며 내가 가
르치고자 하는 나의 뜻을 부모의 손을
잡고 교회에 온 아이들에게 너희가 제
대로 가르쳐 주고 제대로 깨우쳤다면,
과연 그는 어떠한 길을 갔겠는가?
49 그는 성장하면서 나 여호와가 있음을
두려워하며, 나 여호와를 접함을 영광
으로 생각하며,
50 나에게 오르는 길이 선함을 행하며 살
아가는 길이라 하여 그들은 선하고 아
름답게 살아감이니,
51 초등학교 어린 시절에 단발머리 그 짝
꿍이요, 빡빡머리 그 친구를 위해서
그에게 한 점의 부끄럼이 없이 아름답
게 살겠다 노력하는 그 아이의 어린
마음에 간직했던 그 교훈만큼도 못한
것이 지금의 종교 지도자들이요, 집단
너희가 하고 있는 추한 행위며 가르침
의 한계라는 것을 알라.
52 초등학교 어린 마음에, 짝꿍에게 아름
답게 살며 좋은 모습으로 살겠다는 그
마음 하나를 가지고 사는 사람이 천사
와 같이 아름다운 마음을 가지고 살
며, 제 직분을 다하며 질서를 지키고
살아가는 백성으로 스스로 터득하는
그 마음까지도 뭉개 버리며,
53 그 마음까지도 무너트리게 한 것이 종
교 집단이요, 지도자의 사악한 행위이
니라.
54 어려서 스승으로부터 배운 '부모를 공
경하라'는 그 마음 하나를 가지고 그
들이 살아갈 수 있도록 그대로만 놔뒀
더라면,
55 그들은 그 교육이요, 그 가르침을 가
지고도 훌륭히 세상에 살아 나갔을 것
이며,
56 부모를 공경하며 형제지간에 우애 있
으며 윗사람을 존경하는 그와 같은 마
음으로 살아갈 수 있음이니,
57 그게 순리에 따라 흐르는 물이 농작물
에 가서 생수가 되는 것이라 내가 지
금 말하지 않았느냐?
58 그러나 너희는 그 물줄기를 반대로 시
궁창으로 틀어 놓은 자들이니라.
59 그저 나 여호와만 찾으며 나 여호와를
말로써 가르치며,
60 하늘에 오른다는 너희의 성전에 와
바치고 또 바치는 것은 나에게 바침이
니, 그저 부모요, 형제는 생각하지 말
고 너희에게 바치라 함이니,
61 어려서부터 부모를 공경하고 사랑하
는 그 굳게 굳어진 마음을 그들이 성
장하면서 황폐한 마음으로 돌려놓은
것이 너희가 지금까지 한 짓이니라.
62 저희가 거둬들이려고 인성마저도 무
너뜨렸으며, 어려서부터 선생에게 배
운 그 아름다운 가르침까지도 짓뭉개
놨음이니,
63 그것이 지금의 종교 집단이요, 지도
자, 사악한 너희가 한 짓이니라.
64 너희가 바로 가르치고 깨끗하게 가르
쳤다면 부모의 손을 잡고 교회를 찾았

던 그 어린아이가 지금은 떠나지 아니
하며, 성년이 되어 이 세상에 천사와
같은 자가 되었을 것이니,
65 너희가 잘못 가르치고 잘못 인도하기
에 그들은 그곳을 떠났으며,
66 너희가 가르친 것이 초등학교 단발머
리 소녀요, 빡빡머리 아이를 생각하며
그에게 부끄럽지 않게 살겠다는 그 마
음만큼도 못한 가르침이며, 그 천 분
의, 만분의 일도 못한 그 가르침이기
에,
67 그들의 가슴에 남은 게 없으며, 마음
에 남은 게 없으며, 그들이 너희에게
배운 게 세상에 아무것도 남은 게 없
으며,
68 그저 재물을 바치고 금화를 바치며 위
아래도 모르며, 그들이 어려서부터 배
운 머릿속에 항상 지워지지 않는,
69 위로는 어른을 존경하며 어른에게 자
리를 양보하라는 것까지도 종교 지도
자 너희가 나이 어린 자가 나이 많은
자보다 상석에 앉아 대우받는 행위를
서슴지 아니하며,
70 그저 말 한마디 지껄여 대고 말 한마
디 기도했다 하여 재물을 거둬들이며,
71 그저 아래위 없이 짓누르고 종과 머슴
처럼 부리는 너희의 그 행태를 보고
그들은 교회를 떠났으며,
72 그들의 아름다운 기초의 마음까지도
뭉개트려 인간의 인성이요, 본성을 찾
아볼 수 없도록 한 것이며,
73 그리하여 지금의 도둑이 들끓는 세상
을 너희가 만들었다 하며,
74 말세요, 종말의 세상이 되었으며, 인
간이 인간을 믿지 못하며 두려워하는
이와 같이 험악하고 험악한 세상을 만
드는 것이 종교 집단이요, 지도자요,
75 거기서 맹종하며 하늘에 오르겠다 부
르짖는 자, 너희가 성서를 가지고 천
국에 오르겠다 하는 신도 그들이 바로
무엇이더냐?
76 너희가 부모를 사랑하라 배웠던 마음
이요, 어른을 공경하라 배웠던 그 마
음을 다 털어 버리며 그를 집어던지며,
77 너희가 구원을 받으려고 기도하며 저
를 위해 기도하는 사악한 마음이요,
이기주의 심성으로 변화된 자들이,
78 바로 그들이 그 구원을 받기 위해 재
물을 바치며 저 자신이 하늘에 오르고
자 모두를 다 바치며,
79 부모요, 형제를 돌아다보지 않으며,
어려서부터 배웠던, 스승으로부터 배
웠던 인성의 아름다움을 다 찢어 버리
고 팽개쳐 태워 버린 자들이니라.
80 그러니 사악한 자 밑에 사악한 자들이
모여 있음이니, 그 집단을 바로 세울
수 없음이니라.
81 어려서부터 듣고 왔던 선생을 존경하
며 부모를 존경하며 어른을 존경하며
아름답게 살라 가르친 그 모두를 다
송두리째 태워 버리고 뺏어 버려,
82 그걸 뺏겨 버린 자들이 그 마음을 다
시 그리 돌릴 수 있단 말이던가?
83 그리 갈 수가 없으며 돌릴 수 없음이
니라.
84 그리하여 나 여호와의 진리요, 참뜻이
세상에 내려가도 그것을 받아들이지
못하며 보지 못하며 듣지 못하는 그
사악한 자들이, 그 사악한 마음이 닫
혀 있음이니라.

85 그 문을 열기에는 너무도 힘든 그와
같은 형국의 역사가 이루어졌음을 알
라.
86 모든 종교 집단이요, 지도자들이 가르
치는 것이 단발머리 소녀요, 빡빡머리
소년의 그 짝꿍에게 아름다운 모습으
로 살아가고자 평생을 아름답게 노력
하고 살아가는 그 어린 심정만도 못하
며,
87 어렸을 때 마음을 가진 것만도 못한
것이 종교 지도자요, 집단 너희의 가
르침이니라.
88 너희는 지금 어떠한 짓을 하고 있느냐?
89 내가 너희에게 말했듯이, 그저 물이
흐르는 대로 놔두면 그 물은 낮은 곳
으로 흘러 모든 동식물의 생명수가 되
거늘,
90 인간인 너희가 그 물줄기를 서서히
틀어 시궁창에 가 썩은 물로 만드는
그 종교 집단이요, 지도자 너희의 형
태라는 걸, 내가 이렇게 무섭게 너희
에게 하늘의 뜻이요, 내가 보고 있는
것이요, 너희가 하고 있는 추하고 더
러운 모습을 낱낱이 기록하여 세상에
전하건만,
91 감히 그를 듣고 깨우치면서도 저 스스
로 제 것으로 만들지 못한다면, 너희
는 시궁창으로 떨어지는 물이 됨이니,
지옥으로 가는 너희라는 걸 잊지 말
라.
92 지옥으로 갔을 때 너희의 고통이 어
떤 것이라는 걸 그때 가 보면 알 것이
니라.

6,108 번째 하나님 말씀

2003년 5월 6일 10시 23분

1 사랑하는 나의 아들아!
2 "네, 아버님! 말씀하옵소서."
3 인간 너희가 살아가는 것을 세 가지로
구분하여 내가 너희에게 깨우쳐 주고
자 함이니라.
4 너희가 이 세상에 태어나 사는 그 과
정에서 첫째는 죽음이라는 것이 제일
두려움이요, 두 번째는 병들어 시름
하는 고통이요, 또 세 번째는 남보다
더 부끄럽게 사는 자요,
5 그리고 제일 나은 것은 무엇이더냐?
6 남에게 부끄럼이 없으며 남에게 아쉬
운 소리 없이 그저 너희 처자식과 세
상에 하고 싶은 삶을 다 누리며 살아
가는 것이 행복한 삶이라 그리 말할
것이니라.
7 육의 삶은 그러니라.
8 너희가 남보다 부족함이 없이 사는 자
요, 남에게 구걸하여 어렵게 사는 자
요, 그리고 병들어 고통스러운 자요,
죽음이니라.
9 그러나 어찌하여 너희는 육의 세상에
서 죽고 병들고 고생하며, 그리고 남
에게 신세 지고 살며,
10 또 그리고 평화롭게 살며, 그것만이
너희를 행복하게 하며 눈으로 보이는
것만 그리 앎이니,
11 이제 너희는 알아야 할 것이니라.
12 너희가 세상사 마음을 어찌 갖고 사느
냐가 바로 그와 같은 것이니라.
13 너희가 선하고 아름다운 마음을 가지
고 사는 것은 남에게 부족함이 없이

풍족하게 사는 삶을 사는 것이요,
14 너희가 악한 마음을 가지고 있으면 그
악한 마음의 강도에 따라서 남에게 폐
를 끼치며 사는 자요, 구걸하며 사는
자요, 그렇지 않으면 병들어 신음하고
고통 속에 사는 자요, 그보다 더한 것
은 죽음이니, 곧 그게 지옥이니라.
15 세상에 너희가 마음 하나 먹고 갖는
것이 그와 같은 차이거늘, 그 지혜를
높고 예쁘게 만들어 세상에 내보낸
너희가 어찌하여 지금 살아가는 그 모
습은 죽음의 길을 살아가는 그와 같은
마음을 갖고 사는가?
16 악한 마음이요, 사악한 생각을 가지고
있는 것이 죽은 자의 삶이라 하였느니
라.
17 그러니 너희가 감히 이 세상을 살면서
죽은 자의 삶을 선택하겠는가, 병들어
서 고통스러운 삶을 선택하겠는가, 그
렇지 않으면 남에게 걸식하며 남에게
구걸하여 어려운 속에서 살아가는 삶
을 살고자 하겠는가?
18 너희는 편안하며 영화롭게 살며 남에
게 베풀며 사는 삶을 살고자 하는 것
이 아니던가?
19 너희가 선한 마음을 가지고 사는 것이
바로 그와 같이 편안한 길이라 하면,
20 과연 어찌하여 죽음의 생각을 하고 살
수 있으며, 병들어 고통스러움을 선택
할 수 있으며, 구걸하는 삶을 살 수 있
단 말이던가?
21 너희가 악한 생각을 하며 선하지 못한
생각을 하며 바르지 못한 생활을 하는
것은 죽음을 선택하는 길이며 죽고자
하는 삶이며 죽은 삶이니라.
22 그리고 그 강도에 따라서 병든 자의
삶이요, 구걸하는 삶을 사는 것이니라.
23 사랑하는 나의 피조물 만백성 너희가
세상의 이치요, 마음 하나 먹는 것이
죽은 자요, 병든 자요, 구걸하는 자요,
부귀영화를 누리며 남에게 베풀며 사
는 것이요, 그것이 바로 선한 마음의
강도에 달렸다 함을 잊지 말라.
24 그러니 너희는 부귀와 영화를 내릴 수
있으며 남에게 베풀며 살 수 있는 그
삶을 사는 것이 행복하다 생각하며 그
삶을 위해서 살지 않느냐?
25 바로 내가 너희에게 깨우쳐 주는 이
치가 거기에 있음이니라.
26 선한 마음을 사는 것은 그와 같은 삶
을 사는 것이요,
27 악한 마음이 하나 둘 셋 쌓이면 쌓일
수록 너희는 남에게 구걸하는 삶을
살기를 원하는 것이며, 그 삶을 살기
를 자처하는 것이며,
28 악한 마음이 다스려서 그저 너희 마음
을 많이 차지하는 것은 병들어 고통
속에 사는 삶을 살고자 너희가 스스
로 그를 원하며 그 길을 가는 것이요,
29 너희가 더 악한 마음을 쌓는 것은 죽
음의 길을 선택하며 죽음의 삶을 사는
것이요, 죽기를 원하는 삶을 사는 것
이 악한 마음을 갖는 강도의 크기이니
라.
30 그러니 이를 잊지 말고 만백성에게 전
하라.
31 그리고 나의 아들 너부터 어떤 삶을
살아야 할 것이며,
32 나의 아들을 따르는 제자요, 나로부터
선택된 백성, 너희는 과연 구걸하는

삶을 살겠느냐, 그렇지 않으면 병들어
누워 있는 삶을 살겠느냐, 그렇지 않
으면 죽음을 위해 너희의 삶을 살겠
느냐, 선한 마음을 가지고 사는 부귀
영화요, 하늘에 오르는 길을 위하여
너희가 살겠는가?
33 그 과정이 바로 그러하니라.
34 너희가 잘살았을 때, 하늘에 오르는
것이며, 잘못했을 때 너희가 그 죄의
단계에 대해서 벌을 받으니,
35 너희가 마음 하나를 나쁘게 가지며 마
음 하나 잘못 생각하며 행동 하나 잘
못하는 것이 너희가 그 고통을 스스
로 쌓는 길이라는 걸, 그 고통의 벽을
쌓는 것, 그 고통의 짐을 더 너희가 짊
어지고 가고자 한다는 것을,
36 그 무겁고 고통스러운 짐을 어찌 다
너희가 벗으며 그리 갈 수 있다 생각
하는가?
37 사랑하는 나의 아들딸들아, 그 이치를
알며 그 이치를 깨우쳐 살도록 그리하
라.

6,109 번째 하나님 말씀

2003년 5월 6일 11시 46분

(강론을 마치며)

1 사랑하는 나의 아들아!
2 "네, 아버님! 말씀하옵소서."
3 너희 인간들이 살아가면서 자기 단점
이요, 자기가 잘못하는 것, 그리고 자
기가 남에게 해서 안 되는 그와 같은
것을 스스로 모름이니라.
4 그리하여 자기 단점과 자기의 잘못됨
과 자기의 버릇을 알지 못하는 것이
인간 너희이니라.
5 또한, 무엇이 어찌 되는지 너희 스스
로 알지 못하는 것이 있음이니, 너희
가 변해 가는 그와 같은 모습, 또한 너
희가 스스로 알지 못하는 것이니라.
6 모든 백성이 저희가 하고 있는 악습
이요, 잘못 살아가는 그 습관을 스스
로 모르듯이,
7 사랑하는 나의 아들을 따르는 제자들
이요, 나의 성전에서 나의 법전을 읽
고 나의 아들의 강론을 듣는 너희가
얼마나 아름답게 변하며 전진하며 나
에게 한 발자국 한 발자국 다가오는
것인지 너희는 스스로 모르고 있음이
니라.
8 그러나 나 여호와는 그를 알고 있음이
니라.
9 너희가 변하며 너희가 나에게 다가오
며 아름답게 살고자 하는 그 마음이
요, 너희가 천사의 마음과 같이 변하
며 그 변하고자 하며 변화되는 모습을
나 여호와는 그를 바라보느니라.
10 이 세상 그 모두가 내가 만든 아름다
운 성전이요, 그 성전에 너희가 죄의
온상인 두꺼비집과 같은 너희 교회요,
성막이요, 성전을 수없이 지었다 하였
으며,
11 그들은 내 몸에 상처를 내는 것처럼,
내 몸에 부스럼을 이루는 것처럼, 큰
집단은 큰 부스럼이 만들어졌으며, 작
은 집단은 작은 부스럼이 만들어졌다
그리하였음이니라.
12 그와 같이 너희가 나에게 고통을 준
다 하였으며, 그러니 이 세상에 내가
너희에게 내려보낸 지금의 세상이 어

떠하겠는가?

13 나의 기쁨이 없으며 내가 너희를 바라보고자 하는 마음이 없으며,

14 2천 년 전 나의 아들 예수가 고통스럽게 죽어 간 너희의 사악한 형태에서부터 지금까지 너희가 흘러오고 살아온 그 모습을 내가 들여다본다 하면 과연 너희는 어떠하겠는가?

15 그를 보고자 하는 내 마음이 있겠는가?

16 내가 지상을 내려다보고자 하는 마음이 있으며 너희를 어떤 마음으로 내가 내려다보고자 하겠는가?

17 너희가 속상하고 세상사 보기 싫을 때 눈을 감아 버리며, 너희가 바깥 세상 보기 추하고 더러울 때 문을 닫아 버리는 것처럼,

18 나 여호와가 이 세상이요, 내가 만든 이 아름다운 성전을 보기 싫어 내 눈을 덮으며

19 내가 하늘의 문을 열지 않고 그를 보지 아니한다 하면, 과연 나 여호와의 마음은 얼마나 쓸쓸하며 아프겠는가?

20 이제는 너희가 있기에 내가 닫았던 창문을 열며, 하늘의 문을 열며 내가 감았던 눈을 뜨고 너희를 바라본다 하면,

21 오늘의 변화되는 것은 너희는 모르나 그를 보는 나 여호와의 기쁨은 이루 말할 수 없음이니라.

22 너희는 생각할 것이니라.

23 감히 이 많은 인간이요, 이 많은 인간 중에, 하나님의 백성 중에 하나님께서 곪고 썩어 가는 이 세상을 바라보기 싫다 할 때,

24 너희 몇 사람이 아름답게 변하는 그 모습 때문에 몇천 년 동안 닫았던 하늘의 문을 열며, 내가 감았던 눈을 뜨고 너희를 쳐다본다면 너희는 그를 믿지 못할 것이며 그러려니 그리 생각할 것이니라.

25 그러나 너희는 알아야 할 것이니라.

26 수천 수억이 있으나 바로 서지 못하면 무엇하는가?

27 사과를 열고자 할 때, 그 나무에서 사과가 열리지 아니하고 다른 과일이 열린다면 되겠느냐?

28 그러나 그 많은 나무 중에 사과를 심어, 사과가 여는 사과나무가 한 그루가 있다면, 그 나무는 존재하는 것이며 있는 것이 아니더냐?

29 그리고 그 나무를 소중히 가꾸지 아니하며 소중히 바라보지 않는 사람이 누가 있겠느냐?

30 인간 세상에서도 그 나무를 바로 보며 바로 가꾸며 소중히 할 것이니라.

31 지금 내가 너희를 바라보는 마음이 그러하니라.

32 너희가 생각할 때는 이 넓고 넓은 이 우주요, 이 세상에 그 많은 나의 피조물 만백성이 배운 자, 똑똑한 자, 하늘의 이치를 안다는 자, 너희보다 열배 백배 위대한 능력을 갖춘 자, 너희보다 더 강론을 잘하는 자, 너희보다 더 잘 생긴 자, 그리고 모든 걸 갖춘 자,

33 말할 수 없이 견줄 수 없는 권력과 힘을 가진 자, 말 한마디로 세상을 지배하며 저희 집단을 좌지우지하고 이끄는 그와 같은 백성과 견주어 볼 때 너희는 과연 무엇인가 말하나, 아니니라.

34 내가 심은 사과를 거두고자 하니, 아

무리 큰 배가 열리면 무엇하며 또 다
른 과일이 열린들 무엇하겠는가?
35 그는 내가 원하는 것이 아님이니라.
36 너희야말로 스스로 변하는 것을 모르
며 너희 마음을 모름이니라.
37 오로지 너희가 있기에 내가 하늘의
문을 열어 지상을 내려다보며, 너희가
있기에 내가 감은 눈을 뜨고 너희를
보는 그 즐거움이 있다면 있는 것이니
라.
38 그러니 너희가 소중함이니라.
39 다만, 너희는 네가 왜 선택되었으며
왜 네가 그와 같이 역사하는 자리에
있게 되었는가를 생각하지 말라.
40 그러니 너희는 남들이 갈 수 없는 길,
남들이 이룰 수 없는 길, 남들이 용서
할 수 없는 길을 가고자 하는 그것이
나 여호와를 기쁘게 함이니라.
41 내가 나의 아들을 통하여 뭐라 말하였
느냐?
42 네 몸에서 피가 나도록 하는 자, 상처
를 입히는 자, 너에게 피해를 입히는
자, 그를 용서하며 그를 너그럽게 생
각하는 것이 무엇이라 말하였느냐?
43 너희가 선행해서 얻는 사랑보다도 나
에게 더 큰 사랑을 받는다 그리 말하
지 아니하였더냐?
44 그러다 보니 너희는 그가 있어서 행
복하며, 그가 너희에게 피해를 줘서
행복한 것이며, 그가 너희에게 상처를
입혀서 행복함이라는 것을 알라 내가
너희에게 깨우쳐 주었음이니라.
45 그 이치를 깨우쳐 행하도록 하라.
46 내가 오늘 너희에게 말함이니, 짐을
지고 가는 지친 당나귀를 매질한들 그
당나귀는 지치느니라.
47 그러니 너희를 내가 그리 지치도록 매
질함이 아니니라.
48 너희는 서서히 가면 되느니라.
49 쉴 때 쉬어 가며, 걸을 때 걸어가되,
50 오늘보다 내일을 아름답게 살며 이 세
상 어느 백성도 갈 수 없는 길을 너희
가 가야 한다는 것,
51 수십억 인구 중에 내가 문을 열고 눈
을 뜨고 바라보고자 하는 자가 없다
함이니,
52 너희로 하여금 내가 기쁘며 하늘의 문
을 열고 있으며 내가 눈으로 바라본다
하면, 너희는 그 은혜에 보답하는 것
이 무엇이더냐?
53 그 수십억 인구가 갈 수 없는 그 길을
가는 것이, 내가 눈을 뜨고 바라보는,
내가 하늘 문을 연 그 은혜에 보답하
는 길이니라.
54 단순한 것이니라.
55 복잡하고 힘든 것이 없느니라, 복잡하
고 어려운 것이 없느니라.
56 수십억 인구 중에서 너희 같은 자가
없다 하였음이니, 너희가 그리되면 되
는 것이니라.
57 그리되면 나 여호와의 뜻이 맞으며 내
말이 맞으며,
58 여호와요, 창조주가 하는 말은 진리
요, 정답이 여기 있음을 알라, 사랑하
는 나의 아들딸들아!

6,110 번째 하나님 말씀

2003년 5월 6일 11시 50분

1 사랑하는 나의 아들아!

2 "네, 아버님! 말씀하옵소서."
3 정답이 아닌 것을 가지고 정답이라 가
르친다 하면 그것이 얼마나 어리석은
행위라 너는 생각하는가?
4 정답이 아닌 것을 가지고 정답이라 가
르친다면, 가르치는 자의 그 고통이
이루 말할 수 없을 것이며, 그곳에서
배우는 학생 또한 그 고충이 이루 말
할 수 없음을 너희는 알아야 할 것이
니라.
5 지금 나의 피조물 만백성을 하늘에 오
르는 길로 인도한다는 그 모두 가고
있는 길이 정답이 아니기 때문이니라.
6 정답이 아닌 것을 가지고 너희가 가
르친다면, 하늘을 거역하는 것이며 나
를 속이는 것이니라.
7 오로지 정답을 가지고 가르치는 자만
이 바른 선생이요, 바로 배울 수 있는
것이 나의 이치임을 너희는 알아야
할 것이니라.
8 그리하여 내가 너희에게 지금 160권
의 법전을 내리는 것이 무엇인 줄 알
겠는가?
9 이게 바로 너희를 바로 깨우치고자
하는 정답인 것이니라.
10 그러니 나의 법전이요, 나의 새로운
성경이요, 나의 정답을 너희가 보지
아니하고는 하늘에 오를 수 없다 함이
여기에 있음이니라.
11 너희가 아무리 갖다 기록하여 가르치
고 쓰고 또 쓴다 하여도 정답이 아닌
것은 정답이 아니니라.
12 오로지 정답만이 정답임을 알아야 할
것이니라.
13 지금까지 모든 종파요, 너희가 가고
있는 길이 정답이 아닌 걸 가지고 정
답이라 가르치고 그리 지금 소리를 지
르고 있음이니,
14 그는 견디지 못하며 그는 영원히 감춰
질 수 없음이니라.
15 그 정답이 이 세상에 나왔을 때 그 오
답은 자연스레 무너지게 되며 그는 무
너지게 되어 있음이니라.
16 지금 너희가 나의 법전이 세상에 나
감이니, 이는 사탄이요, 이단이요, 사
악한 자라 말하나,
17 이게 곧 나의 성령이요, 나의 정답이
니라.
18 그리하여 첫째는 나의 이 법전을 읽지
않는 자는 정답을 모르니 하늘에 오르
는 길을 모르며,
19 나의 법전을 읽고 깨우치는 자 지금은
미숙하여 알지 못하나 그를 읽고 또
읽어 정독할 때 그 정답의 의미를 알
게 되니, 지름길을 따라 하늘에 오르
는 영광을 얻게 된다는 것을 알아야
할 것이니라.
20 그리하여 이 나의 법전이 정답임을 만
백성에게 전해 주도록 그리하라.
21 그리하여 정답이 아닌 것을 아무리 써
도 오답이듯이,
22 아무리 너희가 가고자 발버둥을 친다
해도 그는 오답으로써 끝나는 것임을
알라 그리 전하라.

6,111 번째 하나님 말씀

2003년 5월 6일 22시 09분

1 사랑하는 나의 아들아!
2 "네, 아버님! 말씀하옵소서."

3 네가 나의 명을 받아 만백성을 구하는
목자요, 나의 아들이라 내가 너를 부
름이니, 그 의미를 너는 알겠는가?
4 "네, 아버님! 알고 있사옵나이다.
5 그 누구도 넘을 수 없는 길이며 그 누
구도 갈 수 없는 길을 저는 갈 수 있으
며 가기 때문이라 생각되옵나이다.
6 그리고 제가 다듬어지지 않는 인생의
삶이요, 지금까지 험악한 길을 살아온
제가,
7 아버님이 원하시는 길이 무엇이며, 또
아버님께서 제가 가야 할 길이 무엇인
가를 말씀하시는 그 길을 제가 지키고
따라갈 수 있는 그 변화를 이룰 수 있
지 아니할까 그와 같은 생각에서 그리
저를 명하신 것이라 생각하옵나이
다."
8 아들아, 그러하니라.
9 누구도 넘을 수 없는 길이요, 누구도
갈 수 없는 길이요, 그 길을 너는 한
발짝 한 발짝 중단하지 아니하며 쉬지
아니하며 정상을 정복하기 위해서 갈
수 있는 것이 바로 나의 아들 너이니
라.
10 그리하여 내가 너를 그리 부르며 내가
너를 선택하여 세상에 내보냄을 너는
알겠는가?
11 또한, 너의 제자들도 그러하니라.
12 누구도 갈 수 없고 인내할 수 없는 길
을 따를 수 있는 너의 제자요, 그리하
여 나에게 선택된 백성이니라.
13 그들이 지금까지 살아온 세속의 삶이
요, 저희의 생활 방식이 지금은 아직
그를 벗어나지 못하며 혼동하는 제자
들이 있으며, 지금 중심을 잡지 못하
는 제자들이 있으며, 마음을 다져 가
는 그와 같은 제자들이 있는 것이니라.
14 그들이 하나하나 마음을 굳혀 가며 다
져 가는 그 역사의 변화는 반드시 이
루어지며, 그들은 너를 따라서 갈 수
있는 자들이기에 선택되었음을 알아
야 할 것이니라.
15 누구도 인간이기에 갈 수 없다 말은,
그리하며 말은 그리 남들에게 설교하
고 가르치나,
16 과연 가르치는 자가 제가 그만큼 행동
을 할 수 있으며 또 설교하는 자가 과
연 그와 같이 행동하며 살아가는 자
이 세상에 누가 있겠느냐?
17 모든 나의 피조물 백성은 그리 아느니
라.
18 저희를 가르치는 자의 그 강론을 들으
며 그가 하는 말이 그저 좋고 그가 하
는 말이 깨달음이 있으며, 그가 하는
말이 저희가 살아가는 데 깨달음을 얻
기에 그저 듣는 것이며,
19 그리하여 듣는 자도 그리 지킬 수 없
으며 또한 듣는 저 자신이 그리 살 수
없음이니,
20 가르치는 선생이 아무리 단상에서 열
변을 토하며 설교를 한다 해도 그도
하자가 있으며 그도 그리 살아가지 못
하는 것이 인간이라 그리 생각하는 나
의 백성이 있으며,
21 모두가 다 그리 생각하느니라.
22 그와 같이 생각하는 백성의 생각을 바
꿔 놓아야 할 것이며, 그와 같이 믿음
의 길을 가는 그 백성의 마음의 자세
를 돌려놔야 하는 것이 너희이니라.
23 누구도 그리 지키지 못하며, 그리 가

지 못하며, 말과 행동이 일치하는 삶
을 살지 못하는 백성이요, 지도자요,
설교자라 그들이 말함이니,
24 그러니 그 듣는 순간부터 믿지 아니하
며 듣는 그 순간부터 저는 그리 지키
고 살 수 없다, 인간이기 때문에 타협
하며 인간의 세속에 흘러가는 대로 살
아가는 것이 사는 삶이요,
25 너희가 설교하는 자의 말을 듣고 그를
믿지 아니하며 그도 그리 지키고 살아
가지 못한다고 생각하는 백성 그들의
생각을 돌려놔야 하며 그들의 생각을
바꿔야 하며,
26 너희가 정말 그와 같이 당당한 모습으
로 살아가는 사람으로 변할 수 있는
것이기에 나의 아들이라 네가 그리 명
을 받고 나의 아들로서 내려갔으며,
만백성을 구하는 목자이니라.
27 그 누구도 갈 수 없는 길을 너는 갈 수
있으며, 또한 네가 가고자 맹세하고
있으며, 네가 그리 지켜 가고 있기에,
내가 너를 선택한 그 의미를 네가 알
고 있으며 안다고 그리 말하였음이니
라.
28 너의 제자들도 그리 갈 것이니라.
29 만백성에게 전하라.
30 너희가 지키지 못하는 것을 지키고 가
는 것이 나의 아들이요, 나로부터 선
택된 목자라 그리 말하라.
31 아무도 그 길을 갈 수 없다고 말하는
자, 지킬 수 없다고 말하는 자는 나로
부터 선택된 종교 지도자가 아니요,
참진리를 깨우칠 수 없다 그리 말하라.
32 얼마나 정확하게 지켜야만 하늘에 오
르는 것인지를 너희는 잘 알고 있을
것이니라.
33 한 치의 오차가 있어도 오를 수 없다
하지 않았는가?
34 오죽하면 낙타라는 그 동물이 바늘구
멍을 통과하기보다 더 어렵고 힘든
길이라 말하였겠느냐?
35 그러니 아무도 이룰 수 없으며 아무도
통과할 수 없으며 아무도 갈 수 없다
그리 말하나,
36 나의 아들 너는 갈 수 있으며 너를 따
르는 제자들은 갈 수 있으며 그를 통
과할 수 있다는 것을 보여야 하는 것
이 너희이니라.
37 만백성에게 전하나 믿지 않는 종교 지
도자들이요, 너희가 지킬 수 없는 그
길이라 하나,
38 그 길을 지키는 자가 있으며, 그 길을
가는 자가 있다는 것을 만백성에게 너
희가 보여 주도록 그리하라, 사랑하는
나의 아들아!
39 그것이 네가 가야 할 길이며 네가 행
하여야 길이며, 네가 그 길을 가고자
굳건히 맹세하고 있음을 아나니,
40 또한 너의 제자들도 너를 따라 그리
가는 백성이 나올 것이니 그리 알라.
41 나의 아들딸이 또 너를 따라 그와 같
이 역사하는 그 무서운 변화를 하는
제자들이 있을 것이니, 너는 외롭고
고독함이 아님을 알라.
42 내가 너를 사랑하느니라.
43 내가 너를 선택한 그 의미를 알며, 내
가 너를 아들이라 부르며 목자라 내려
보낸 그 뜻을 네가 알고 있음이니, 너
는 갈 수 있음이니라.

6,112 번째 하나님 말씀

2003년 5월 6일 22시 18분

1 사랑하는 나의 아들아!
2 "네, 아버님! 말씀하옵소서."
3 2천 년의 예수가 그 죽음의 길을 마다
하지 않고 그 역사함은, 목숨을 던져
서라도 나 여호와의 뜻을 따르며 내가
명하는 것을 행하며,
4 오로지 옳은 길에 삶을, 목숨을 던져
서라도 지키고 살아가는 것을 실행하
였으며, 그를 만백성에 깨우치고 전한
것이 예수의 죽음이니라.
5 오늘 네가 나의 아들로서, 만백성을
구하는 목자로서,
6 탱크라는 그 기계가 너를 갈기갈기 찢
어 놓고 지나가도 너는 굴복하지 아니
하며 이를 지키며 이대로 네가 지킨다
는 것,
7 나 여호와가 존재함을 만백성에게 전
하며 네가 만백성에게 깨우치고자 나
의 법전을 세상에 전함이니,
8 그것으로써 네가 가는 길이며 네가 해
낼 수 있는 임무며, 네가 마지막 선택
한 그 길이라는 것을 내가 그리 말함
이니,
9 그게 바로 네가 나의 아들로서 선택된
것이요,
10 그리하여 네가 만백성에게 당당히 외
칠 수 있으며, '모든 종교 지도자들을
믿지 못하며 모든 것을 말로써 가르치
는 자들의 언행이 다르니, 그를 바로
그대로 행하고 지키는 자가 세상에 여
기 있노라!' 그리 말할 수 있는 것이
바로 무엇인 줄 알겠는가?
11 탱크라는 기계가 너를 갈기갈기 짓이
기고 가도 네가 두려워하지 아니하며
굴복하지 아니하며, 불의와 타협하지
아니하며 그 길을 선택한다는 그것은
무엇이던가?
12 너는 죽음으로써 나 여호와가 존재함
을 네가 만백성에게 전하고자 하며,
13 나의 법전이요, 나의 성령을 내려보내
는 이 법전이야말로 만백성을 구하는
길이라 기록한 그 내용이 사실이며,
14 너희가 마지막 심판을 받을 때 나의
법전을 읽지 아니하고 깨우치지 않은
자는 심판을 받을 자격도 없으며,
15 그 심판의 내용도 모르는 것이라는 것
을 네가 당당히 부르짖고 그를 전하고
자 하며,
16 그를 전할 수 있으며 그를 입증하고자
하는 것이 네 굳은 마음이라는 것을
나 여호와가 알고 있음이니, 그게 바
로 나의 아들이 갈 수 있는 길임이니
라.
17 이제는 네가 부르짖어야 할 것이니라.
18 많은 백성이요, 그리고 나 여호와가
만든 사랑하는 나의 아들딸 그들에게
전하라.
19 이 세상의 누구도 지키지 못하는 것,
너희가 두려워 감히 행하지 못하는 것,
20 너희가 두려워 십계명대로 지키지 못
하며 너희가 나의 법전대로 지키지
못하며 인간이기에 지킬 수 없다는 그
와 같은 너희의 삶을, 이제는 인간이
기에 지킬 수 있으며 인간이기 때문에
그 역사를 지키고 살아가는 너를 보라
그리 부르짖을 수 있는 네가 되어야
함을 알라, 사랑하는 나의 아들아!

21 내가 뭐라 말하였느냐?
22 나의 아들을 죽음으로까지 몰고 간 그
종교 집단이요, 그 지도자요, 믿음의
길을 가는 그 백성이 지금까지 하고
있는 그 역사가 무엇이라 내가 말하였
느냐?
23 모든 백성에게 병 주고 약을 주는 그
와 같은 행위를 한 것이 종교 집단이
요, 지도자요, 그들이 지금까지 걸어
온 길이며 행하고 온 길이라 내가 너
에게 말하지 아니하였던가?
24 그들이 얼마나 잘못 가르쳤는가?
25 사악한 죄를 짓고도 용서를 빌면 구원
을 받으며 회개하면 구원을 받는다 그
리 말함이니,
26 그들은 그 말을 믿고 그저 수없이 죄
를 지으며 죄인 줄 모르고 잘못한 것
을 잘못이라는 것을 모르고 깨닫지 못
하고 살다 보니, 저희가 산 만큼 그들
의 가슴에 남은 것은 무엇이던가?
27 지금까지 잘못 살아온, 그리고 지금까
지 짓고 온 죄요, 그것들만이 더덕더
덕 그 가슴에 붙어 있으며 그 몸에 붙
어 있음을 깨달으니, 그들이 그를 씻
어 내고 털어 낼 곳이 어디 있는가?
28 그저 저희가 나에게 기도하고 경배하
면 그 모두를 씻어 낼 것 같지만, 저희
는 제가 씻는 방법을 모름이니라.
29 남이 씻어 줘야 하며 남에게 강론을
들으며 남의 뜻을, 가르침을 들으며
남이 인도하는 대로 저희가 그 길을
가는 것이 저희가 그 무거운 죄를 씻
는 것이라 착각함이니,
30 그리하여 맹종하고 맹신하며, 그저 고
리에 꿰어 있는 강아지처럼 딸려 가
는 것이 사랑하는 나의 백성이요, 너
희가 지금 가고 있는 것이 아니던가?
31 그 수많은 세월 동안에 나의 백성을
구원하고 구제한다는 종교 집단이 병
주고 약 주는 이와 같은 행위를 계속
하고 있는 것이 그들이니라.
32 치료할 수 있는 약이라 준 것이 약을
준 것이 아니요, 더 썩게 하며 더 상하
게 만든 것을 약이라 팔아먹는 자들이
니라.
33 그리하여 병들게 하고 그를 고치는 약
이라는 것이 그 약과는 관계도 없음이
니,
34 그저 밀가루 덩어리를 환으로 만들어
서 먹는 약이라 하여 던져 줌이니 그
것이 바로 그들이니라.
35 그 약이라는 것을 믿고 제 스스로 깨
우쳐 일어나는 자가 있다면, 그것은
너희가 바로 준 약을 먹고 깨우친 것
이며, 나 여호와가 역사한 것이며 나
를 믿기에 구원을 받았다, 그를 내세
워 만백성에게 그리함이니라.
36 그들이 준 가짜 약을 먹어 회생하는
것은 그 마음에 달렸으며 그 믿음에
달렸으며, 그가 죽기 아니면 살기로
노력한 속에서 그 병고요, 전염병에서
헤어난 것이거늘,
37 그것을 너희는 나 여호와가 역사한 것
이며 너희의 그 기도로써 나은 것이
며, 그 교회라는 곳에 와 재물과 은혜
를 바쳐서 나은 것이라 너희가 그리
또 팔아먹으니,
38 또 그를 빙자하여 너희가 약을 팔아
먹는 사악한 짓을 하고 있는 것이 지
금의 모든 종교 집단이요, 지도자들이

하고 있는 추하고 더러운 그 행위이니
라.
39 이를 내가 뿌리 뽑고자 하며 이를 내
가 더 이상 두고 보지 아니하며 이들
을 단죄할 것이니라.
40 그 단죄하는 칼날이 무엇인 줄 알겠느
냐?
41 나의 법전이니라.
42 그들을 모두 치우고 쓸고 나가는 나의
이 불칼이 세상에 내려와 지금 있음이
니, 이 칼을 뽑아 쓰는 자가 바로 너이
니,
43 네가 그 칼로써 이 모든 썩은 세상을
수술하며 치고 나갈 때, 너희는 아무
것도 존재할 수 없는 그 무서운 소용
돌이 변화의 역사가 이루어진다는 것
을 너희 눈으로 볼 때가 있을 것이니
그리 알라.
44 지금은 나약한 나의 아들이요, 나의
아들이 칼을 빼 들고 저를 따르라 소
리 지르나,
45 그를 따르는 자 없으며, 그 칼날의 위
력을 모르며, 그 칼의 힘의 무서운 것
을 모르나, 이제 그 위대함을 알게 될
것이니,
46 그게 바로 너희가 죽기 전에 내가 존
재하며 내가 역사함을 안다 한 그 가
르침이 거기에 있음을 알라.

6,113 번째 하나님 말씀

2003년 5월 6일 22시 31분

1 사랑하는 나의 아들아!
2 "네, 아버님! 말씀하옵소서."
3 인간 세상에 인간으로 태어나 살아가
면서 인간과 서로 만남이 소중하며 그
리고 이 세상에서 부딪히며 얻고 잃는
그 모두가 다 너희에게 소중하고 귀한
것이라 내가 그리 말하였느니라.
4 그중에서도 가장 소중한 것이 무엇이
라 말하였더냐?
5 지금 내가 새로운 성경이요, 나의 법
전이라 하여 너희가 읽고 깨우쳐 하
늘에 오르는 그 심판의 길을 볼 수 있
으며 심판의 기준을 들여다볼 수 있
는 나의 법전보다 더 소중한 것이 없
다 내가 그리 말하였느니라.
6 이제 나의 법전을 읽고 깨우친 백성이
요, 나의 아들을 따르는 그 제자들, 그
리고 나로부터 선택되어 나의 법전을
정독한 백성, 너희는 알아야 할 것이
니라.
7 나의 법전을 읽고 깨우치는 백성 너희
는 이 세상의 모든 백성을 너희가 자
식을 다스리는 것처럼 너희 자식을 어
루만지는 그와 같은 마음으로 살아가
야 한다는 것을 잊어서는 아니 됨이니
라.
8 모든 것을 잘못 하는 백성, 실수하는
그 백성, 너희에게 가슴 아프게 하는
모든 그 백성이요, 이웃의 형제들에게
철없이 세상을 살아가는 그 어린 자식
을 가르치는 부모의 마음으로 그리 돌
아다봐야 함을 잊지 말라.
9 내가 나의 아들을 통하여 너희에게 전
하였느니라.
10 너희가 세상사 모든 백성을 보는 것
을, 철없는 자식이 실수하는 것을 뒤
따라 다니며 수습하는 그 부모의 마음
과 같은 형국으로 내가 너희에게 살

아야 한다 그리하였음이니라.
11 자식의 실수를 다 수습하는 그 마음이
어떤 마음이요, 그 부모의 마음이 어
떤 것이던가?
12 자식을 사랑하기에, 그가 소중하기에,
그가 잘못되기를 바라지 아니하기에,
그리고 그가 바로 서기를 원하기에
그와 같이 수습하는 부모의 마음으로
써 나의 피조물 만백성을 바라다보며
그와 같은 마음으로 생각하며 살라 그
리 말하였음이니라.
13 그것이 나의 법전을 읽고 깨우친 백성
이 하는 것이니라.
14 이 세상 모든 인간관계의 만남과 이
세상에 살아가면서 너희가 얻고 잃는
그와 같은 부딪히는 것 중에서 가장
소중한 것을 접했으며, 가장 소중함을
너희가 소유했으며 가장 소중한 것을
너희가 만났기 때문이니라.
15 그 가장 소중하고 위대한 것을 가지고
있는 백성 너희가 살아가는 길이 그
와 같은 마음을 가지고 살아가는 것이
너희가 살아가야 하는 그 뜻임을 알라.
16 사랑하는 나의 아들아!
17 "네, 아버님! 말씀하옵소서."
18 너희가 나의 법전을 접하는 것이 가장
소중하고 큰 것이 무엇인 줄 알겠는가?
19 가장 위대한 진리요, 가장 위대함을
너희가 알게 되며, 그를 보고 깨달음
의 길을 가기 때문이라 내가 말하였음
이니라.
20 큰 새와 작은 새가 한 길을 걸어갈 때,
작은 새가 앞에 가면서 큰 새에게 빨
리 따라오라 꾸중을 한다면,
21 과연 그 큰 새가 걸어갔을 때 그 작은
새가 그 큰 새를 따라갈 수 있겠느냐?
22 그와 같은 형국이 지금의 세상에 접해
져 있음이니라.
23 이게 바로 무엇인 줄 알겠느냐?
24 모든 작은 새들이 지금 저희만이 이
세상을 지배하며, 저희만이 앞에 갈
수 있으며, 저희만이 가장 빠른 것이
라 생각하고 달려가나,
25 큰 새가 세상에 내려옴이니, 그를 보
고 '빨리 따라오라, 왜 이리 늦냐?' 하
며 그리고 '너는 나를 따라붙지 못할
것이니라.' 하여 그를 꾸짖는 그와 같
은 형국이 되어 있음이니라.
26 나의 법전이 세상에 내려가는 이보다
더 큰 깨달음이 없으며 더 위대한 진
리가 없으니, 더 빠른 새가 없으며 더
큰 새가 없음이니라.
27 그런 것을 지상의 작은 새들이 늦다
소리 지르며 탓하고 꾸중한다 하면 과
연 어찌 되겠는가?
28 이와 같은 이치의 형국의 깨달음이 나
의 법전이 세상에 내려가는 것이요,
진리가 세상에 내려감이니라.
29 모든 진리는 이 세상을 다 덮으며, 모
든 진리는 이 세상을 지배할 수 있으
며, 모든 진리는 이 세상을 지켜 나가
는 그 기둥이 될 수 있음이니라.
30 그러니 그와 같은 이유의 형국이 이루
어지고 있는 것이 지금의 세상이니,
31 이제 작은 새들이 너희를 탓하는 것
을 보고 광분하지 말며 흥분하지 말며
그들과 대적하지 말라.
32 그저 긴 다리로 뚜벅뚜벅 걸어 그 작
은 새들이 감히 따라올 수 없도록, 저
희가 탓한 것을 부끄러움을 알도록,

제가 탓함이 얼마나 어리석은지를 느
낄 수 있도록 그와 같은 너희 삶이요,
행함이 중요함을 잊지 말라, 사랑하는
나의 아들딸들아!

6,114 번째 하나님 말씀

2003년 5월 6일 23시 14분

1 사랑하는 나의 아들아!
2 "네, 아버님! 말씀하옵소서."
3 사람이 참진리요, 나 여호와의 뜻을
알며 그 길을 가는 백성은 잠시도 자
만하고 오만해서는 아니 됨을 알아야
할 것이니라.
4 너희의 경지가 높아지며 깨닫고 깨달
음이 높아짐으로 너희가 높은 곳에서
세상의 아래를 내려다보니,
5 인간의 살아가는 모습이요, 그 형태를
너희가 다 볼 수 있으며 더 많은 것을
보게 됨이니라.
6 그들의 잘못된 것을 많이 보고 들을
수 있는 그와 같은 위치에 있는 자가
오만하며 자만하게 되면 과연 어찌
되는가?
7 그건 곧 너희가 추락하게 된다는 걸
잊어서는 아니 됨을 알아야 할 것이
니라.
8 그리하여 너희가 인간 세상에 살아가
면서 하는 말이 있지 않은가?
9 나무를 잘 타고 재주가 많은 그 '원숭
이도 떨어질 때가 있다.' 하였음이니,
그는 무엇이더냐?
10 방심하며 너희가 제정신을 바로 차리
지 아니하며 긴장하지 아니하는 그와
같은 삶을 사는 것을 너희에게 경고
하고 깨우쳐 주고자 함이 아니던가?
11 믿음의 길을 가는 나로부터 선택된 백
성, 나의 아들딸, 너희는 나의 법전을
읽고 읽음으로 경지가 높아지며 하늘
에 높이 올라옴이니, 너희가 세상을
내려다보는 것이 더 많이 보이며 긴
안목으로 세상을 보게 됨이니라.
12 그렇다 하여 너희가 잠시라도 방심하
며 오만하고 태만하면 하루아침에 무
너지는 것이 너희의 깨달음이요, 나에
게 오르는 길이라는 것을 정녕 잊어서
는 아니 됨이니라.
13 이와 같은 모든 마음 자세요, 변함없
이 꾸준히 너희가 노력하며 항상 긴장
속에서 나를 경배하며 나의 법전을 읽
고 정독하는 그 세월 속에서 너희가
바르고 곧게 올 수 있다는 것을 너희
는 가르쳐 줘야 할 것이니라.
14 내가 나의 법전에 일찍이 기록하여 너
에게 뭐라 전하였느냐?
15 종교 지도자라는 것은 한 점의 부끄럼
이 있어서는 아니 된다 그리 말하였음
이니,
16 바르고 곧고 긴장된 생활 속에서 살아
가는 것이 종교 지도자라 내가 그리
말하였느니라.
17 네가 지금 말하여 네 제자에게 전하지
아니하였던가?
18 바르고 고운 너의 제자 한 명이 네 옆
에 있어 네가 그 마음의 심성을 보며
너 자신을 다스려 변화되는 것이 네가
그 좋은 제자가 있음으로 성인군자가
되며,
19 좋은 제자가 네 옆에 있어 너를 바라
보고 있음이니, 그리하여 네가 학과

같이 아름답고 고고한 삶을 살 수가
있으며,
20 아름답고 고운 진실한 제자가 있음이
니 그를 보고 살아가는 네 마음의 자
세가 천사와 같이 변할 수 있는 근본
의 힘이 거기에 있으며,
21 그와 같이 훌륭한 제자요, 착한 제자
가 네 옆에 있음으로 인하여 네가 나
여호와의 아들로서 손색이 없는 삶의
그 무서운 변화의 역사를 이룰 수 있
는 것이 바로 스승이요, 가르침이 옆
에 있는 사람의 자세라 내가 너에게
지금 가르쳐 주었듯이,
22 종교 지도자라는 것이 무엇인 줄 알겠
는가?
23 종교 지도자는 바로 그와 같은 것이니
라.
24 한 사람의 종교 지도자가 잘못 섰을
때, 그 수많은 나의 백성이 지옥으로
가며 구원의 길을 역행하게 되는 것이
니라.
25 네 제자 한 사람이 바르고 고운 자가
네 옆에 있어 네가 그와 같이 단계적
으로 변해 가는 그 역사 속에 네가 성
장하듯이,
26 그 종교 지도자가 바로 섰을 때는 많
은 나의 백성이 네가 변하고 네가 생
각하는 마음처럼 그리 아름답게 변하
여 천사가 되며 나에게 오를 수 있는
백성이 되나,
27 종교 지도자가 잘못 가르치고 잘못 인
도했을 때 그 수천수만의 헤아릴 수
없는 백성이 그와 같이 곱고 아름답게
변하는 것이 아니요, 지옥의 길을 마
다하지 아니하며 그 길을 달려가는 그
무서운 형국이 됨이니라.
28 하나의 제자를 보는 눈이 바로 볼 때,
그 제자의 아름다움을 볼 수 있을 때
너 자신이 그리 무섭게 변화되는 것이
거늘,
29 종교 지도자가 잘못 갔을 때, 종교 지
도자가 바로 섰을 때 거기서 얻고 잃
는 것이 얼마나 큰지 알겠는가?
30 이제는 네가 바로 섰을 때 나의 피조
물 만백성을 그와 같이 변화시킬 수
있는 것이며,
31 네가 잘못되었을 때, 잘못 가르칠 때
네가 나의 뜻에 의하여 살지 아니하며
전할 때, 그 복음이요, 그 가르침은 독
이 되며 독소가 되어 나의 사랑하는
백성을 지옥으로 이끌어 가며 지옥으
로 가도록 하는 그와 같은 행위라는
그 무서움을 너는 오늘 깊이 깨달았으
며, 그리 깨달았으니,
32 너는 차후에 그와 같은 실수를 해서는
아니 될 것이며 한 점의 부끄럼이 있
는 네가 되어서는 아니 될 것이니라.
33 이제 모든 종교 지도자요, 집단에 있
는 나의 백성이요, 그리고 구원의 길
을 가는 백성, 너희는 알라.
34 한 사람의 좋은 친구를 얻음으로써
너희가 그를 보고 그와 같이 변할 수
있음이니,
35 한 사람의 종교 지도자가 바로 서는
것이 얼마나 위대한 것인가?
36 그가 추한 모습이요, 한 점의 부끄럼
이 없는 삶을 살지 아니하며, 털고 털
었을 때 수없는 그의 추한 모습이 보
이는 겉과 속이 다른 종교 지도자는
나의 피조물 만백성을 지옥으로 이끌

어 가는 자요,
37 털어도 털어도 파고들어가도 파고들
어가도 아름다운 마음만이 있는, 진정
한 한 점의 부끄럼이 없이 사는 종교
지도자는 많은 백성을 구하는 역사를
함이니,
38 네가 바로 그 길을 가야 됨이라는 것
을 잊지 말라, 나의 아들아!

6,115 번째 하나님 말씀

2003년 5월 6일 23시 26분

1 사랑하는 나의 아들아!
2 "네, 아버님! 말씀하옵소서."
3 내가 너희에게 뭐라 말하였느냐?
4 나의 계명이요, 나의 법전대로 살아갈
수 없다고 말하는 백성, 나로부터 선
택된 나의 아들딸, 그리고 내가 세상
에 내보낸 너희가 모두 그를 지키고
살아갈 수 없다고 말하는 것은 너희
마음의 문이 닫혀 있음임을 알아야
할 것이니라.
5 너희는 믿음과 소망과 사랑 그중에
가장 제일은 사랑이라 말하지 아니하
였던가?
6 너희가 그 모두를 지키고 행할 수 없
다는 것은 너희가 사랑의 문이요, 사
랑의 열쇠를 잠가 놓고 있기 때문임
을 알아야 할 것이니라.
7 오른손이 하는 것을 왼손이 모르며
오른빰을 때리면 왼빰을 내놓으라 그
와 같이 말하는 것, 그 모두가 무엇인
줄 알겠는가?
8 인간이 도저히 할 수 없으며 넘을 수
없는 그와 같은 모든 역사함은 무엇
인 줄 알겠느냐?
9 너희 마음의 사랑의 창문을 열지 못했
기 때문이니라.
10 너희가 사랑의 문을 꼭꼭 닫아 놓고
세상을 보니, 너희 가슴속에서 우러나
올 수 있는 그 아름다운 사랑의 마음
이 나올 수 없음이니, 어찌 너희가 사
랑하며 사랑하는 것을 볼 수 있단 말
이던가?
11 내가 너희는 십계명을 지킬 수 있으
며, 너희는 내가 명한 대로 살 수 있으
며, 나의 법전대로 살 수 있으며,
12 오른쪽으로 도는 그 팽이를 왼쪽으로
돌릴 수 있는 것이 인간 너희라 그리
말하였음이니라.
13 그것이 바로 무엇인 줄 알겠는가?
14 너희가 사랑하는 마음의 문을 열고 세
상을 보면 다 그를 역사할 수 있음이
니라.
15 사랑의 문을 꼭꼭 잠가 놓은 다음에
사랑 타령을 하며 사랑을 부르며 사랑
을 이루는 것이며 사랑이 소중하다 말
한다면,
16 너희 가슴에서 우러나올 수 있는 그
사랑의 문을 닫아 놓고 어찌하여 사랑
을 실천하며 사랑을 보며 사랑하는 것
을 느낄 수 있다 말할 수 있겠느냐?
17 이제 너희는 모두 다 역사할 수 있음
이니라.
18 어떠한 성인군자도 나의 아들 예수와
같은 삶을 절대 인간은 살 수 없다고
그리 말하는 것, 그게 무엇인 줄 알겠
느냐?
19 가슴의 사랑의 문을 열고 보면 그와
같이 살 수 있으니 아무것도 아닌 것

이니라.
20 사랑의 문을 열고 보면 모두가 다 귀하고 사랑하는 것이며 소중한 것이니라.
21 우선 마음을 열고 세상의 만물을 보라.
22 너희가 사랑하는 마음의 문을 꽉꽉 닫아 놓고 어찌 사랑을 느끼며 사랑을 볼 수 있단 말이던가?
23 네 가슴의 사랑의 문을 열면 그 사랑의 마음은 끊어지지 않는 생수가 나오는 옹달샘처럼 계속 그게 흘러나오니 사랑이 넘침이니라.
24 사랑이 넘쳤을 때 이 세상은 그 사랑으로 덮지 못할 것이 없으며 용서하지 못할 것이 없음이니라.
25 사랑의 생수가 흘러나오도록 하지 못하며 그를 다 막아 놓고 있으면서 어찌하여 너희가 세상을 사랑할 수 있다 하느냐?
26 사랑하는 마음이 너희 발끝에서 머리끝까지 충만하게 용솟음쳐 흘러나올 때,
27 너희는 세상을 사랑하는 눈으로 볼 수 있으며 사랑하는 마음으로 볼 수 있는 것이니라.
28 그 사랑으로써 덮을 수 있는 너희 생명수의 아름다운 그 생수의 사랑의 문을 닫아 흘러나오지 못하도록 묶어 놓고 너희가 어찌하여 세상을 사랑한다 하느냐?
29 그 생수가 세상을 덮어 스치는 모두가 다 아름답고 소중하게 보일 때, 그 사랑 앞에는 아무것도 견딜 수 없음이니라.
30 태양열도 녹는 것이 사랑이며, 태풍의 바람도 고개를 숙이는 것이 사랑이니라.
31 이제 사랑의 문을 열고 너희가 세상을 보며 가슴을 열었을 때, 너희는 십계명대로 인간은 지킬 수 없다는 말을 감히 할 수 없음이니라.
32 사랑 앞에 그것은 아무것도 아님이니라.
33 내가 사랑은 나에게 오르는 길이요, 근본이라 하였으니,
34 십계명은 내가 친필로 써 내린 것이니 그것도 너희의 사랑의 문을 열기 위해 내가 너희에게 내린 것이니라.
35 이제 사랑하는 나의 아들딸 너희는 사랑하는 마음을 열고 세상을 보면 모두 다 사랑하게 됨이니라.
36 미워하는 것도, 싫어하는 것도, 매운 것도, 쓴 것도, 탄 것도, 짠 것도 없는 그것이 사랑의 문을 열고 세상을 보는 마음이니라.
37 사랑의 문을 열고 세상을 보며, 너희 가슴에서 사랑이 넘치도록 그리 먼저 문을 열라.
38 그러면 세상을 다 사랑하느니라.
39 너희의 가슴에 있는 사랑의 마음이 세상에 나와 모두를 접했을 때 그들을 사랑할 수 있거늘,
40 사랑하는 마음은 하나도 내보내지 아니하며 욕심의 마음이요, 질투의 마음이요, 시기하는 마음만을 세상에 내보내 모든 만물을 접하면서, 그 속에서 어찌 너희가 만물을 사랑할 수 있느냐?
41 사악한 마음만을 보내 놓고 그들이 사랑을 베풀며 사랑을 이루기를 바라는 것이 너희의 마음은 아니 됨이니라.

42 이것이 바로 너희이니라.
43 아들을 낳아 놓고 딸이 되기를 바라는
것은 아니 되며, 딸을 낳아 놓고 아들
을 바라는 것은 아니 되는 것과 같이,
44 아들은 아들이요, 딸은 딸로서 존재하
는 것이니 그 이치를 깨우치라.
45 사랑하는 마음을 너희 가슴속에서 내
보내지 아니하여 세상을 사랑으로 보
지 아니하며,
46 악한 마음을 내보내며 세상을 바라보
고자 하면서 사랑을 원하는 것이니,
47 이것이 너희의 지금 형국이며, 말도
안 되며 이룰 수 없으며 역사할 수 없
는 걸 가지고 구원의 길이라 몸부림치
는 것이 너희임을 알라.

6,116 번째 하나님 말씀

2003년 5월 6일 23시 33분

1 사랑하는 나의 아들아!
2 "네, 아버님! 말씀하옵소서."
3 나의 피조물 만백성을 구원하며 하늘
로 인도한다는 모든 종교 집단이요,
지도자들이요, 또 선생이라 가르치는
그 백성이,
4 천사와 같은 마음으로 변하여 나 여호
와의 성령으로써 살아가는 것이 아니
라,
5 그들이 죄 속에 빠져 있다 하면 정녕
그들은 나에게 대로하며 나에게 칼을
들고 대들지 아니하겠느냐?
6 나를 부르는 모든 종교 집단이요, 지
도자 그들은, 내가 그들이 죄에 빠져
있다 하면, 나를 사탄이요, 사악한 왕
사탄이라 말할 것이니라.
7 그러나 천사와 같은 속에서 살아가야
할 그들이 지금 하고 있는 행위요, 가
르치는 그 방법은 죄 속에 빠져 있는
자들의 행위이니라.
8 욕심 속에 그득히 욕심에 젖어 있으니
욕심에 빠져 있으며, 사욕에 눈이 어
두워 나 여호와의 사랑을 그들이 알지
못하며,
9 내가 이루고자 하며 내가 베푸는 사랑
이 무엇이며, 그 사랑의 끝은 어디이
며 시작은 어디인지, 그리고 그 사랑
의 위대함이요, 그 방대함을 그들은
그를 모르고 있음이니라.
10 내가 너에게 뭐라 말하였느냐?
11 사랑하는 마음을 제 가슴에서 우려내
고 퍼내지도 못하는 자가 어찌 가슴으
로 사랑을 느끼며 세상 만물을 사랑할
수 있다 하겠느냐?
12 사랑을 수없이 퍼내는 자, 그 퍼내고
퍼내는 그 속에서 악한 것도, 적도 사
랑할 수 있으며, 원수를 사랑할 수 있
으며, 사랑할 수 있는 자 또한 사랑할
수 있는 것이거늘,
13 사랑의 원천의 샘을 가슴에서 뿜어내
지 못하면서 어찌 사랑을 알며 사랑을
깨닫겠는가?
14 그러니 죄 속에 빠져 있는 모든 종교
집단이요, 지도자, 그들은 나 여호와
가 이루고자 하는 사랑이며 나의 사랑
의 끝과 시작을 모른다 하였음이니라.
15 그러니 내가 사랑하는 마음이요, 내가
너희를 아끼는 마음을 모르니, 내가
역사하고자 하는 것, 내가 이루고자
하는 것을 그들이 알겠는가?
16 전혀 알지 못함이니라.

17 그리하여 그들이 가지고 가르치는 성
경이요, 저희가 하늘에 오르는 길이
요, 만백성을 인도하며 저희가 선택된
목자라 말하는 자, 성경을 가지고 아
무리 가르치고 깨우쳐 주나, 그 자신
이 성경의 뜻을 알지 못함이니라.
18 그리하니 그 성경의 뜻을 알지 못하며
그 뜻을 이해하지 못하는 자들이 그
속에서 내가 행하고 실천하고 요구하
는 것을 그들이 알겠는가?
19 그는 더 모름이니라.
20 전혀 그들은 생각할 수도 없는 것이니
라.
21 그리하여 이제 내가 너희에게 그 기대
조차도 하지 아니하며,
22 너희에게 나의 피조물 만백성을 구원
하라 하여 하늘에 오르는 그 역사를
이룰 것이라는 것을 생각지도 아니하
며, 이제 기대조차도 버린 것이 나 여
호와이니라.
23 내가 기대할 자가 없으며 기대할 수도
없는 것이니,
24 그리하여 내가 마지막 시대, 제3의 시
대를 열어 가 너희에게 한 번의 기회
를 더 주기 위하여 내가 나의 아들을
통하여 밤과 낮을 가리지 아니하며 하
늘의 뜻을 이와 같이 법전이라 하여
기록하여 너희에게 내려보냄이니라.
25 너희가 그와 같은 이치를 알아야 할
것이며 너희가 그와 같은 뜻을 알고
살아야 할 것이니라.
26 너희가 인간사에 살아가면서 수많은
죄를 지으며 잘못되는 것을 행하고 살
아가느니라.
27 그중에서도 가장 중요한 것이 무엇인
줄 알겠느냐?
28 가장 무서운 죄의 죄목이 무엇인 줄
알겠는가?
29 너희 죄 중에서 가장 크고 무서운 죄
는 나 여호와를 믿는다며, 나의 말을
전한다 하며, 나의 뜻을 전한다 하면
서 만백성에게 그 인도자라 말하는 자
들이 나의 뜻을 따르지 아니하며,
30 나를 경배하는 가르침이 아니요, 나의
진리를 가르치는 것이 아니요, 나의
뜻을 거역하는 것을 두려워하지 아니
하며, 내가 원하는 것을 행하지 아니
하며,
31 내가 기뻐하는 길을 가고자 몸부림치
며 그 고통의 가시밭길을 가는 것이
아니라,
32 나를 거역하며 나를 능멸하는 그와 같
이 편하고 즐거운 인생살이를 살아가
고자 하며, 그 길로 나의 피조물 만백
성을 끌고 가는 자가 죄 중에 가장 큰
죄며 무서운 죄인 것을 알라.

6,117 번째 하나님 말씀

2003년 5월 7일 08시 07분

1 사랑하는 나의 아들아!
2 "네, 아버님! 말씀하옵소서."
3 나의 피조물 만백성 믿음의 길을 가는
그 지도자요, 그 모두는 다 나에게 오
르는 근본이 무엇인 줄 아느니라.
4 사랑이라는 것을 아느니라.
5 그리하여 믿음과 소망이요, 그보다도
더 소중한 것이 그 제일의 으뜸은 사
랑이라 그들은 수없이 말을 하느니라.
6 그러나 내가 너에게 뭐라 가르쳤느냐?

7 사랑을 베풀겠다 말하는 자, 사랑이
으뜸이라 하는 자, 사랑이 나 여호와
가 베푸는 것이요, 나에게 오는 길이
라는 것을 아는 백성, 그들이 과연 사
랑의 마음을 얼마나 열고 사는가?
8 자신이 사랑할 수 있는 마음이요, 사
랑의 창문을 꼭꼭 닫아 놓고, 그들이
사랑이요, 사랑이 으뜸이라 부르짖는
것이 지금의 모든 종교 집단이요, 지
도자요, 나의 피조물 만백성이 살아가
는 형국이니라.
9 사랑을 한다면서, 사랑을 받아들이며
사랑을 베풀 수 있는 그 문을 닫아 놓
고, 말로만 사랑을 외치는 그와 같은
형국이니라.
10 그러니 너희는 나의 법전을 만백성에
게 전하여, 사랑의 문을 먼저 열도록
그리 전하도록 하라.
11 너희 마음을 열었을 때 모두를 다 볼
수 있음이니라.
12 사랑의 눈을 감고 어찌 사랑을 볼 수
있단 말이던가?.
13 모두를 사랑할 수 있는 마음이요, 그
눈을 뜨지 아니하면 모두를 사랑할 수
없음이니라.
14 모두를 사랑하는 마음의 눈을 떴을
때, 보이는 모든 사물이요, 인간이요,
그 모두가 다 사랑으로 보이며 소중함
으로 보이느니라.
15 너희가 사랑의 눈을 뜨지 아니하면 세
상의 아름다운 것을 아무리 봐도 아름
답게 보이지 아니하며 귀하고 소중한
것을 봐도 그를 모름이니라.
16 그러나 사랑하는 눈이 뜨여서 볼 때,
미워하는 것도 없으며, 적도 없으며,
그리고 추한 것도 없음이니라.
17 그러니 너희의 마음부터 열라 그리 전
하라.
18 정녕 사랑의 문을 열고 사랑의 눈을
뜨도록 그리 전하라, 사랑하는 나의
아들아!
19 네가 사랑의 눈을 열며, 사랑의 마음
을 열고 세상을 바라보는 네 마음이
어떻더냐?
20 "네, 그렇사옵나이다, 아버님!
21 모두가 다 소중하며 모두가 귀한 것이
옵나이다.
22 이 세상에 존재하는 그 모두는 아버님
께서 만든 것이요, 아버님께서 존재하
도록 만든 것이요,
23 그 모두는 서로 얽히고설켜 돕고 도
와 가며 살아가는 것이며, 그리고 그
모두는 소중하지 않은 것이 하나도 없
사옵나이다.
24 사랑하는 마음이 앞에 있을 때, 미움
도 없으며, 저주함도 없으며,
25 아버님께 부끄럽 있는 삶을 살 수도
없으며, 살 필요도 없으며, 사는 가치
가 없다는 것을 알고 있사옵나이다.
26 세상 모두를 사랑하며 세상 모두를
아름답게 보는 것을,
27 나를 상처 입힌 자, 나에게 욕하는 자,
나에게 저주하는 자까지도 그 모두를
사랑이요, 행복이라 느끼는 마음이 열
리고 세상을 바라보니 아무것도 없사
옵나이다.
28 그 무엇도 미워할 수 없으며, 그 무엇
도 더 사랑할 수도 없으며,
29 그렇기에 모두가 다 그 사랑의 한계에
도달하지 못하고 있기 때문에 미워하

는 것, 사랑하는 것이 없음을 알고 있
사옵나이다.
30 지금 제가 모두를 사랑하고 소중히 생
각했다는 것도, 진실한 사랑이요, 아
버님께서 말씀하시는 진실한 사랑의
극치의 한계에 달하지 못하고 있으며,
31 바닥에서 헤매는 그와 같은 마음으로,
그것이 사랑이요, 정이요, 인정이라
생각하고 사는 것을 알았사옵나이다.
32 아버님께서 말씀하시는 진정한 사랑
의 문을 열고 사랑의 눈을 뜨고 세상
을 바라보니,
33 모두를 사랑했고 모두를 소중히 생각
했던 그 모두가 열 발짝도 앞에 올라
가지 못한 것이면서 그 사랑이 끝이
없음이니,
34 제가 죽을 때까지 모두를 아름답게 보
고 사랑으로 본다 해도 진정한 아버
님께서 원하시는 그 사랑의 한계는 도
달할 수 없으며,
35 미워하는 마음 또한 그렇사옵나이다.
36 아무리 미워하고 미워한들 그 마음이
제 가슴에 있는 것이며, 그것이 아무
리 높고 높다 하여도 사랑으로 덮을
수 있는 것을 넘지 못하며,
37 아무리 미워하는 마음, 저주하는 마
음, 그와 같은 마음이 높다 하여도 사
랑의 그 높이만큼은 높지 못하다는 것
을 알았사옵나이다.
38 정녕 모두를 사랑하는 마음이요, 모두
를 진심으로 사랑할 때, 진심으로 사
랑을 베풀 때, 진심으로 사랑을 느낄
때, 그보다 더 위대한 것은 없다 그리
깨닫고 있사옵나이다."
39 그러니라, 나의 아들아!
40 사랑의 문을 열고 사랑의 눈을 뜨고
보면 그 아래 다 있음이니라.
41 내가 이 세상에 모두를 창조하여 내려
보낸 것이 사랑이니, 그 사랑의 의미
를 알 때 모두는 그 사랑 속에 있음이
니라.
42 그 사랑 속에서 모두가 이루어지며,
사랑 속에서 생존하며, 사랑 속에서
죽고 사는 것이며, 사랑 속에서 이루
어지며 형성된다는 것을 알 것이니라.
43 그 모두를 사랑이라는 것으로써 다 덮
을 수 있으며, 사랑이라는 것으로써
다 용서를 할 수 있으며, 사랑으로써
더불어 살아갈 수 있으며, 사랑으로써
아름다움을 볼 수 있다는 그 이치를
깨달았음이니 네가 그리 살아가면 될
것이며,
44 너를 따르는 제자들이요, 나의 법전을
읽고 깨우친 만백성, 너희는 들으라.
45 나의 아들이 사랑의 문을 열며 사랑의
눈으로 세상을 바라보는 그 고고한 마
음을 너희는 봐야 할 것이니라.
46 그러니 너희가 사랑하는 마음으로 세
상을 볼 때 십계명을 지키지 못한다는
말이 너희 자신이 얼마나 초라하며 우
스운 이야기며 얼마나 어리석은 백성
이며 얼마나 욕심에 찌들어 있는 백성
인가를 알 것이니라.
47 나의 법전에 천 가지, 만 가지를 지키
라 내려보내나, 그것이 사랑이면 다
덮어지는 것이며 사랑이면 그를 다 실
천할 수 있는 것이니,
48 그를 너희가 실천할 수 없다 있다 말
하는 그 자체가 얼마나 욕심이며 얼마
나 어리석으며 얼마나 불쌍한 백성인

가?
49 너희가 사랑하는 마음을 얼마나 열었
으며 너희가 사랑하는 눈을 얼마나
떴느냐에 거기에 따라서 모두는 다 녹
음이니라.
50 사랑이라는 그 마음 앞에 녹지 않는
것이 없으며, 사랑이라는 그 마음보다
더 높은 것이 세상에 없음이니 그리
알라, 나의 아들아!
51 내가 너를 사랑하며 오늘의 너를 자랑
스럽게 생각하며, 모든 사탄과 천사들
도 네 앞에 고개를 숙일 것이며 감히
너를 따를 자 없을 것이니 그리 알라.

6,118 번째 하나님 말씀

2003년 5월 7일 08시 15분

1 사랑하는 나의 아들아!
2 "네, 아버님! 말씀하옵소서."
3 내가 너에게 깨우쳐 전하기를, 이 세
상의 가장 작은 죄도 큰 죄요, 가장 큰
죄라 너희가 생각하는 것도 또한 작은
죄라 그리 말하였음이니,
4 이는 작은 죄나 큰 죄나 너희가 구분
하지 말며, 그 두려움과 무서움을 알
라 내가 너희에게 가르쳤음이니라.
5 그러나 나의 피조물 만백성 너희는 어
찌하여 너희 임의대로 그를 구분하며
그리 생각하고 살며, 작은 죄는 죄가
아니라 하여 함부로 행하는가?
6 여기서 너희의 마음이 얼마나 사악하
며, 마음이 질서가 없으며, 마음이 간
사한 것이며, 너희 편한 대로 편의주
의로 모두 세상을 살아가는 것이 너희
마음인가를 알겠는가?
7 너희는 큰 음식상을 차려 놓으며 큰
행사 앞에서 기도할 때, 경건하며 더
진지한 기도로써 그리 기도를 드리느
니라.
8 그리고 그저 물 한 컵 마실 때, 그저
간단한 과일 조각 하나를 너희 입에
넣을 때 기도하는 자세요, 기도하는
마음이 다른 것이 너희 인간이니,
9 그러고도 진정한 믿음으로 가는 길이
요, 진정 마음을 비운 자요, 그리고 나
여호와의 뜻의 두려움과 무서움을 아
는 백성이라 말할 수 있는가?
10 내가 작은 죄나 큰 죄나 그 죄는 다 똑
같다 하였음이니, 너희가 나의 가르침
을 듣고 배우는 백성이며 그를 행하는
자들이라면,
11 큰 상 앞에, 큰 행사 앞에 기도하는 자
세와 물 한 컵을 먹으며 과일 한 조각
을 집어먹는 그와 같은 때 기도하는
자세와 마음가짐이 똑같아야 할 것이
거늘,
12 크고 작고 성대하고 성대하지 아니하
는 그때에 따라서 너희가 기도하는
모습이요, 자세까지 다른 것이 인간
너희들이니,
13 그 간사한 마음이요, 그 사악한 마음
이요, 그 흔들리며 질서가 없는 마음
을 어찌 다스리겠는가?
14 이제 나의 피조물 만백성 중에서 선택
된 백성이요, 나의 아들을 따르는 제
자 너희는 음식을 먹을 때 큰 상과 작
은 상 앞에서 기도하는 것이 달라서는
안 되며,
15 능력 있는 자, 가진 자, 권력 있는 자
앞에서 기도하는 자세와 가난하고 억

눌리고 병든 자, 너에게 무엇을 구하
고자 오는 자 앞에서 기도하는 자세와
그들과 대화하는 자세가 다른 것은 버
러지만도 못한 자임을 너희는 알아야
할 것이니라.
16 감히 버러지도 그리 생각하지는 아니
하느니라.
17 그들은 구분하지 아니하느니라.
18 가장 사랑하는 지혜를 가지며 사랑을
근본으로 살며 사랑이 하늘에 오르는
길이라 말하는 너희가 그와 같은 행
동으로써 보인 것은 너희가 어떠한가
를 알아야 할 것이니라.
19 그리고 너희가 부끄러움을 알아야 할
것이니라.
20 이제 나의 아들을 따르는 너희는 밥
을 먹을 때의 기도와 물 한 컵 마실
때, 그저 과일 한쪽 먹을 때, 그 높고
낮으며 크고 작은 앞에서 기도하는 자
세가 똑같아야 함을 절대 잊어서는
아니 될 것이니라.
21 한 점의 허튼 점이 있어서는 안 되며,
차별화를 두는 그와 같은 기도를 할
때, 너희 마음속에서 차별화를 두는
마음이요, 격리하는 마음이요, 구분하
는 마음이 아직도 떠나지 않았으니,
22 그것은 바로 욕심의 근원이요, 근본임
을 알아야 할 것이니라.

6,119 번째 하나님 말씀

2003년 5월 7일 08시 22분

1 사랑하는 나의 아들아!
2 "네, 아버님! 말씀하옵소서."
3 내가 너희에게 하늘에 오르는 길은
한 점의 오차도 없어야 한다 하였음이
니라.
4 그 의미를 너희는 알겠는가?
5 진정한 진리라는 것은 오차가 있는 것
이 아님이니라.
6 그리고 거기에는 '설마'라는 것이 없
는 것이니라.
7 진리라는 것은 하나의 빈틈이 없으며
완벽함이니라.
8 그러니 진리의 길을 가는 백성, 그를
깨닫는 백성, 너희는 완벽한 백성이
되어야 한다 함이 거기에 있음을 알아
야 할 것이니라.
9 내가 많은 백성을 구하기 위하여 나
의 아들 예수가 세상에 나와 죽고 그
2천 년의 세월이 흐른 지금, 내가 나
의 아들을 통하여 새로운 성경이요,
제3의 시대에 너희를 심판하는 새로
운 나의 법전을 세상에 내려보냄이니,
10 이 법전이 어디 한 톨의 빈틈이 있으
며 한 점의, 한구석의 빈틈이 있는가
너희는 한번 찾아보도록 그리하라.
11 너희가 이를 지키고 살기가 너무나 힘
들고 어려운 것이라 그리 생각하나,
이는 곧 무엇이더냐?
12 한 점의 빈틈이 없으며 한 곳도 헛된
데가 없기 때문에 나의 법전을 지키고
살아가는 것이 힘들고 어려운 길임을
너희는 알아야 할 것이니라.
13 나의 법전을 전하며 나의 법전을 만들
며 세상의 만백성에게 전하는 대역사
를 이루는 나의 아들이요, 그를 따르
는 제자 너희에게 잘 먹고 잘 살도록
내가 무엇을 내리며 은혜를 내린다는
구절이 거기에 있는가?

14 그러한 구절이 없음이니라.
15 너희가 어렵고 힘들어도 나누며 살며
베풀며 사는 그와 같은 너희가 남에
게 베푸는 것은 있으나,
16 너희가 이유 없이 남으로부터 거둬들
이며 받아들여 지금의 모든 종교 집단
이요, 지도자들이 호의호식하며 살아
가는 것처럼 너희가 그리 배부르게
살아가라는 구절이 어디 있으며, 그와
같은 행동을 하라는 것이 어디 있으며,
17 모두를 나의 사랑하는 백성으로부터
거둬들이라, 수천수만 가지 변명을 붙
여 대어 십일조에서부터 감사 헌금이
요, 그 모든 헌금을 거둬들여 너희가
챙기라는 구절이 여기에 있던가?
18 그와 같은 구절이 여기에 한 줄도 없
을 것이니라.
19 그러니 바로 나로부터 선택된 나의 아
들이요, 나의 백성이요, 나의 아들을
따르는 제자, 너희가 얼마나 어렵고
힘든 그 길을 가는 것인지 아는가?
20 그리 지키고 살아가는 것이 너희가
가는 길이기에 바로 나에게 선택된 소
중한 백성이라는 것을 알아야 할 것
이니라.
21 너희가 나의 성경을 가르치며 나의 새
로운 법전을 가르치며 새로 내려온 이
성경을 가지고 가르치는 것은 다 똑같
으니라.
22 너희가 어떠한 방법으로써 물질과 금
화와 은화를 거둬들여 노동력을 거둬
들이며, 너희가 편하고자, 더 큰 것을
이루고자 하는 생각을 하고 사는 자,
그것은 내가 너희에게 명한 것이 아
니며 내가 너희에게 원하는 것이 아
니니라.
23 지도자는 어렵고 힘든 길 속에서 너희
성전에 찾아오는 백성보다 가난하고
어렵고 힘든 길을 가면서 거기서 깨달
음을 얻으며 진리를 찾는 것이 진정한
지도자가 가는 길이요,
24 너희에게 배불리 먹고 호의호식하며
살아가라, 그리고 너희 신도보다도 더
아름답고 행복한 삶을 살아가며 부귀
영화를 누리는 그와 같은 삶을 살아가
라는 구절이 성경이요, 나의 법전에
없는 그를 응용하여 그리 써먹고 활용
한다면 너희는 사탄의 자식이요, 사악
한 자식이니라.
25 성경에는 한 점의 빈틈이 없으며, 내
가 내리는 나의 새로운 법전에도 한
점의 빈틈이 없는 것이니라.
26 그러나 너희가 각색했으며 너희가 거
기다 생각을 집어넣었으며,
27 한 자를 고쳐도 안 되며 한 획도 잘못
그어서는 안 된다 하며 수없는 내용을
변질시킨 것이 너희이니라.
28 그리하여 내가 구약과 신약을 모태로
하여 지금 내가 새로운 성경이요, 나
의 법전을 세상에 내려보냄이니,
29 나의 법전에는 내가 직접 기계에 담아
나의 백성에게 전함이니,
30 이를 고치지도 못하며 더하지도 못하
며 빼지도 못하도록 내가 만들었음이
니,
31 한구석의 빈틈도 없으며 한 획도 잘
못됨이 없음을 너희는 알아야 할 것
이니라.
32 내 뜻을 그대로 전하는 것이며, 너희
가 배불리 먹고살라는 구절이 거기에

없음이니,
33 이게 바로 나 여호와의 뜻이며, 나의
성령이며,
34 내가 선택한 백성을 구원하는 길이며,
너희가 가야 하는 길이며, 너희가 선
택된 그 길을 가는 백성이니 그리 알
라.
35 오늘의 고통과 시련은 너희는 선택된
백성으로서 당연히 가는 길이며 역사
해야 하는 길이며, 그것이 너희가 가
야 하는 길이라는 것을 알라.
36 나로부터 선택되어 구원의 길에 오르
는 너희가, 구원의 빛을 보는 자들이
이 세상에 무엇을 더 얻고자 하며 무
엇을 더 갖는단 말이던가?
37 가장 소중한 것이요, 가장 귀중한 것
을 품에 안고 있는 너희는 무엇을 더
얻으려 하며 더 편하고자 하며 더 가
지려 해도 안 됨이니라.
38 나의 아들 너 또한 더 편하고자, 네가
또 편하게 가고자 그와 같은 생각을
해서는 아니 될 것이며, 그와 같이 하
라는 구절도 없음이니, 이게 바로 나
의 새로운 성경의 의미며,
39 내가 만백성을 가르치고 구하는 지도
자의 자세가 여기에 있으며, 이를 보
고 따라가는 백성은 스스로 가야 할
길을 앎이니,
40 서로 선생이라 부르며 존경하며 살아
가라 하는 뜻이 여기에 있음이니라.
41 모든 것을 스스로 깨우칠 수 있는 것
이 나의 법전이니라.
42 누구한테 법전의 가르침을 받으며 누
구한테 설교를 들으며 강론을 들어서
너희가 깨우치는 것은 진정한 나의 법
전이 아님이니라.
43 모든 백성이 듣고 읽고, 그럼으로써
너희가 다 깨달을 수 있으며 똑같이
이해할 수 있으며 똑같이 생각할 수
있으며 똑같이 알아들을 수 있기에 나
의 법전임을 알라.
44 창조주 내가 내리는 나의 법전이니라.
45 너희를 심판하는 기준인 법전의 무서
움을 알라.

6,120 번째 하나님 말씀

2003년 5월 7일 08시 33분

1 사랑하는 나의 아들아!
2 "네, 아버님! 말씀하옵소서."
3 너희가 말하기를, 가장 큰 죄의 항목
이 무엇인 줄 알겠느냐?
4 육의 선함을 행함은 중요하지 않다 그
리 가르치는 것이니라.
5 육에서 아무리 선하고 아름다운 말을
해도 육으로써는 구원을 받을 수 없으
며, 인간의 노력으로써는 구원을 받을
수 없으며,
6 인간의 가르침을 듣고는 구원의 말씀
이요, 구원의 길을 갈 수 없으며 들을
수 없다 그리 가르치느니라.
7 오로지 너희가 믿는 그 교회라는 곳에
찾아오는 자만이 구원을 받는다 그리
강요하고 가르침이니라.
8 그러면서 너희는 나의 피조물 만백성
에게 뭐라 가르치느냐?
9 선한 행동을 하는 것, 아름다운 것, 너
희의 이웃으로부터 가르침을 받는 것,
그 모두는 구원의 길에 아무런 도움이
되지 않는다 그리 말하며, 행함은 아

무런 구원을 받을 수 없다 함이니라.
10 육이 행하는 것은 구원을 받을 수 없
다면서 너희는 뭐라 가르치느냐?
11 나 여호와가 존재함을 믿지 않는 그
죄의 두려움이 바로 너희가 불타는
유황불에 던져진다 그리 말하느니라.
12 그렇다면 너희가 교회를 찾는 것이요,
나를 찾는 것이요, 울부짖는 그 행위
는 바로 행동에서 이루어지는 것이 아
니고 무엇이란 말이던가?
13 너희가 교회를 찾는 것, 성막을 찾는
것, 성전을 찾는 것, 회당을 찾는 것,
그 모두가 다 너희가 행동으로 이루어
지는 것이요, 움직임이니라.
14 너희가 선한 일을 한 행동은 나에게
상을 못 받으며, 나에게 죄짓는 일을
하는 것만 벌을 받는단 말이던가?
15 선한 것도 행동함이요, 악한 것도 행
동함이니라.
16 너희는 뭐를 말하는가?
17 살인한 자도 또한 불타는 유황불에 던
져지는 벌을 면치 못한다 함이니라.
18 살인을 하는 것은 무엇이던가?
19 그게 바로 무엇이냐?
20 행동으로써 하며 행동으로 옮겨짐이
육의 행동이니라.
21 그러나 행동은 벌을 받으니, 그 죄를
용서 빌기 위하여 성전이요, 교회에
와 금화와 은화를 바쳐야 한다 그리
가르치며 선을 행한 상은 없다 그리
말함이니라.
22 너희는 뭐라 하는가?
23 우상을 숭배하는 자 또한 불타는 유황
불에 던져진다 함이니라.
24 우상을 섬기는 그 행위는 과연 행동이
아니고 무엇이던가?
25 육을 가지고 있는 백성이요, 나의 백
성이 우상을 섬기며 우상 앞에 절하며
새로운 신을 만들고자 하며 그 신 앞
에 빌고 소원하는 것도 그것이 행동이
아니던가?
26 착한 행동은 행동이 아니며 악한 행동
만 행동이라 그리 가르치는 것이 지금
종교 지도자들이요, 너희의 그 사악한
행위이니라.
27 거짓 하는 자, 육의 삶에서 거짓된 행
위를 하는 그와 같은 자를 또 뭐라 말
하느냐?
28 그들 또한 불타는 유황불에 던져지는
벌을 면치 못한다 너희 입으로 가르침
이니,
29 거짓 하는 자, 육의 삶에서 거짓된 행
위를 하는 자, 그것은 행위가 아니던
가?
30 선함을 베푸는 그 행위는 나에게 구원
을 받지 못하며, 악한 행위를 하는 것
은 그 행동은 똑같은 행동이거늘 그는
유황불에 던져지는 벌을 받는다 그리
가르침이니라.
31 십계명을 위배하는 행동을 하는 자는
그 불타는 유황불에 던져진다고 또 가
르치느니라.
32 이 모두를 뒤집어서 보도록 그리 한번
해 보라.
33 선한 일을 하며 선한 백성으로서 살아
갈 때, 그들이 와 애원할 일이 없으며
금화와 은화를 바칠 그와 같은 이유가
없는 세상이 되는 것을 너희가 막는
것이니라.
34 선하게 사는 것, 선한 행동을 하는 것

은 하늘에 계신 창조주 아버지께서 그
를 다 기억하며 천국에 가는 문이라
그리하면, 그들이 선하고 아름답게 살
아가면 되는 것을,
35 인간의 선한 행위는 구원을 받음이 아
님이니 아무리 좋은 일을 해도 구원을
받지 못한다 하여,
36 너희가 죄짓고 사는 행동은 똑같은 행
동이거늘 그 행동은 벌을 받으니, 그
죄를 사하기 위해서 교회에 와 헌금을
바치며 재물을 바치며 맹종하는 그와
같은 행위로 살아가도록 그리 가르치
고 있음이니,
37 너희는 수시로 그와 같은 설교를 하며
앞뒤가 맞지 않는 일을 하느니라.
38 그와 같이 설교하는 자 앞에 너희 신
도가 '아멘, 할렐루야, 축복이요, 영광'
이라 그리 부르짖으니, 그러면서 인간
의 행위로써 구원할 수 없으며 인간
의 행위로써는 심판과는 무관하다 너
희가 그리 가르치고 강조하는 그 행위
를 뒤집어 보라.
39 과연 너희의 실체가 무엇인가?
40 너희의 실체를, 너희 자신이 무엇인가
를 알아보라.
41 한 입 가지고 두말하며 인간 한 사람
이 선한 행동은 행동이 아니요, 악한
짓을 한 것은 악한 행동이요, 그 행동
은 너희가 알며, 선한 행동은 행동이
아니라 그리 말하니, 너희의 그 실체
가 무엇인 줄 아는가?
42 너희가 사악한 사탄이요, 나의 백성에
게 죄를 짓도록 만들며 그리하여 죄를
지은 백성에게 죄를 사하는 길은 너희
를 따라와 재물과 금화를 평생 바치
며 맹종하며 그저 종과 같이 살아가는
것이 구원받는 길이라 그와 같은 사악
한 방법으로써 나의 피조물 만백성을
지옥으로 이끌어 가는 것이 너희의
오늘의 실체이니라.
43 너희는 죄의 대가를 치른다는 것을
잊지 말라.
44 너희가 선한 일을 했을 때 그 상을 받
으며, 너희가 죄를 지었을 때 그 대가
를 치른다는 것을,
45 너희는 지금 들어서 알다시피 죄는 죄
대로 그 대가를 치르며 선함의 행위는
선함의 행위로써 나에게 상을 받음이
니, 너희 스스로 선한 길, 아름다운 삶
을 살아가면 되느니라.
46 이것을 내가 나의 아들을 통하여 법전
에 기록하여 너희에게 가르침이니, 너
희는 이를 믿고 따르며 이대로 행하라.
47 너희가 믿지 않는 자에 대해서만 죄를
짓는 것이며 믿지 않는 것으로써 너희
는 구원을 받지 못한다는 그와 같은
말에 현혹되어서는 아니 될 것이니라.
48 너희 스스로 나 여호와를 찾으며 나의
아들딸임을 믿으며, 나로부터 존재하
며 이 세상에 나로부터 은혜 받아 나
간 것이요, 그 은혜에 보답하는 길은
너희가 천사와 같은 마음으로 사는 길
이며 사랑을 베풀며 사는 것이 그 길
이라 하여 너희가 직접 그리 행하고
사는 것은 내가 거둬들이며 다 기억함
이니,
49 너희 손으로 지은 죄의 온상인 교회라
는 곳에 가 돈을 바치며 금화와 은화
를 바치며 맹종하고 맹신하면서 구원
을 받겠다는 욕심이 그득 찬 그 추한

모습으로써는, 그 추한 모습의 무게로
써는 너희가 헌금하는 것만큼 하늘에
오를 수 있게 가벼워지는 것이 아니
요, 너희 죄가 무거워짐이니라.
50 제 부모에게 효도하지 아니하며 이웃
에게 사랑을 베풀지 아니하며 형제에
게 우애 없는 자, 그저 구원을 받겠다
몸부림치는 자, 그것은 너희가 한 번
에 하나의 헌금을 낼 때마다, 감사 헌
금을 낼 때마다, 십일조를 낼 때마다
너희가 하늘에 오를 수 있는 그 죄의
무게는 무거워지느니라.
51 너희는 무게가 달려 날지 못하는 짐승
과 같이 되는 것이니라.
52 독수리가 그 발에 무거운 흙덩이가 붙
어 떨어지지 아니하여 그가 날 수 없
음이니, 흙덩어리는 그가 몸부림칠 때
마다 점점 더 묻어남이니라.
53 눈덩이가 불어나듯이 눈사람을 만들
어 굴릴 때 불어나듯이 너희가 헌금할
때마다 그 죄가 더 무거우니 너희는
날 수 없으며 그리하여 너희는 지옥
으로 가는 자요, 나에게 오를 수 없는
죄를 짓는 행위를 하고 있다는 그 무
서움을 내가 여기에 기록하여 전함이
니,
54 너희는 그를 듣고도 깨우치지 못하고
깨우쳐 하늘에 오르는 것은 너희의
선택의 길이니라.
55 그리고 영광과 축복이니라.
56 너희가 지옥으로 가는 길을 달려가느
냐, 천국에 가는 길을 달려가느냐 그
것은 네 마음에 달렸으며 네 행동에
달렸음을 잊지 말라.

6,121 번째 하나님 말씀

2003년 5월 7일 23시 50분

1 사랑하는 나의 아들아!
2 "네, 아버님! 말씀하옵소서."
3 네가 나의 성령을 받아 지금 책으로써
기록하여 세상에 전함은 한두 사람의
생명을 구함이 아니요, 한 고을의 인
간 생명을 구하고자 하는 것이 아니니
라.
4 이 세상 지구에 있는 만백성, 나의 백
성을 다 구하고자 하는 그 역사를 이
룸이니,
5 네가 가는 길이 어렵고 힘들다 하여도
너는 그 길을 넘어야 하며, 네가 너 자
신을 지켜야 하며,
6 너를 따르는 제자들과 나의 피조물 만
백성, 나로부터 선택된 아들딸 너희는
한 점의 부끄럼이 없는 삶을 살아가는
것이 너희가 가야 할 길이며 너희가
역사할 길이라 내가 그리 말하였음이
니라.
7 지금까지 인간의 세속에 살아와 인간
생활에 살아오던 너희가 나의 법전을
접하며 나의 아들의 강론을 들으며 내
가 새로운 시대를 열고자 하는 지금
내가 역사하는 그 순간부터 너희가
살아오던 그 생활의 습관이요, 습성이
요, 그 모두를 지우고 다시 태어나는
것은 육의 세상에서 어렵고도 힘든 길
이니라.
8 그리하여 수천 년 동안 흘러오는 종교
집단들이 하는 말이 정녕 인간이기에
지킬 수 없으며 인간이기에 바로 살
수 없으며 인간이기에 죄를 짓지 아니

하고 살 수 없다 그리 말하며, 인간이
기에 나의 계명대로 지키고 살 수 없
다 그리 말함이니,
9 그들이 말하는 그 선을 너희는 넘어
야 할 것이며 그들이 감히 너희를 따
르지 못하는 그와 같은 길을 너희는
가야 함을 잊어서는 아니 됨이니라.
10 그것이 너희가 만백성을 구하는 길이
요, 나의 법전을 가지고 세상에 전하
는 길이요,
11 누구도 갈 수 없는 그 길을 너와 너의
제자들과 나의 법전을 읽고 깨우친 백
성, 너희가 스스로 감으로 인하여 천
년에 걸쳐서 선한 백성이요, 천사와
같은 백성이 이 세상에 존재함이니,
12 그리하여 내가 하늘에서 이루고자 하
는 그 지상의 낙원을 이룰 수 있는 역
사함을 너는 잊어서는 아니 됨을 내가
너에게 다시 한 번 내려보냄이니,
13 내가 너에게 이 뜻을 전함을 깊이 깨
우쳐 너 스스로 그리 행할 것이며 네
제자들에게 그리 전하도록 하라, 사랑
하는 나의 아들아!

6,122 번째 하나님 말씀

2003년 5월 7일 23시 56분

1 사랑하는 나의 아들아!
2 "네, 아버님! 말씀하옵소서."
3 모든 종교 집단이요, 그 지도자들이
가르치는 것은 나의 아들 예수를 믿고
찬양하기만 하면 너희 마음속에 나의
아들이 임함이니,
4 그리하여 나의 아들이 너희 마음에 들
어옴으로 영원한 생명을 얻는다 말하
며 너희는 구원을 받는 길이라 그리
가르치고, 그와 같이 백성이 또 그를
믿고 따라가고 있음이니라.
5 그것이 곧 무엇이던가?
6 그리하여 너희가 손으로 지은 교회라
는 곳에 나의 백성이 나와 너희 뜻에
따라 설교를 들으며 강론을 들으며 찬
송하며 경배하는 그와 같은 마음의 자
세로써 살아가는 자만이 구원을 받는
다 너희가 그리 가르침이니라.
7 너희는 나의 아들 예수의 마음이 너희
몸에 들어옴으로 인하여 너희에게 임
하는 것으로써만 생명을 구하여 구원
을 받는다 그리 말하느니라.
8 그러나 나의 아들의 정신이 너희 몸
에 들어가는 그와 같은 것만을 바라며
그것만이 구원을 받는다 그리 말하지
말라.
9 너희가 그와 같이 기다리고 생각하며
그와 같은 믿음의 길을 가는 그것이
잘못되었다 내가 말함이니라.
10 너희는 나의 아들의 마음이요, 예수가
너희에게 들어올 수 있으며 임할 수
있는, 그리하여 너희 영혼의 생명을
구할 수 있는 그 준비를 하는 과정 같
은 것은 생각지 아니하며,
11 그저 너희 손으로 지은 교회라는 곳에
와야만 나의 아들 예수가 너희에게 임
하여 너희의 영원한 생명을 구원해 준
다 그리 말함이니,
12 너희는 여기서 알아야 할 것이니라.
13 설사 나의 아들 예수가 너희 마음에
임하여 구원을 받는다 하여도, 그와
같이 나의 아들 예수가 너희와 같이할
수 있는, 그 은혜를 받을 수 있는 그

준비의 다스림과 너희가 해야 할 길
이 있음을 알아야 할 것이니라.
14 그러나 너희는 그와 같은 믿음에서
이제 깨우쳐야 할 것이니라.
15 나의 아들 예수가 너희 안에 들어가
며 들어감으로 인하여 너희가 영원한
생명을 구원을 받는다는 것을 거둬들
이라.
16 나 여호와의 성령이요, 내가 임하는
것이 너희를 구원하는 것이며, 나의
성령이 너희 마음속에 임했을 때 너
희가 구원을 받는 것이며 하늘에 오르
는 길이라는 것을 너희는 알아야 할
것이니라.
17 그러니 너희는 여기서 나 여호와의
성령이 곧 너희에게 임하였을 때 너
희가 구원을 받는 길이며 하늘에 오르
는 길이라는 것을 다시 깨달아야 할
것이며 이를 명심해 너희 가슴에 심어
야 할 것이니라.
18 정녕 너희가 나에게 구원을 받으며
나에게 오르고자 한다면, 나의 성령이
너희에게 임하였을 때 너희가 하늘의
빛을 볼 수 있으며 구원의 길을 올 수
있다는 것을 잊어서는 아니 될 것이니,
19 너희에게 나의 성령이 임하고 안 하는
것은 너희의 마음에 공간이 얼마나
아름답게 비어 있으며 너희의 악한 마
음이 네 자리에 없음을 알아야 할 것
이니라.
20 너희의 악한 마음이 너희 가슴에 있으
며 너희 마음속에 차지하고 있으며,
21 너희가 천사와 같은 아름다운 마음의
공간이 없다면, 나의 성령은 너희에게
임할 수 없음이니, 너희는 곧 구원을
받을 수 없다는 것을 알아야 할 것이
니라.
22 너희가 구원을 받고 못 받는 것은 나
의 아들 예수의 이름으로써, 또 나의
아들이 너희에게 임함으로써 너희가
영원한 생명을 구원받는 것이 아니요,
23 나의 성령이 너희에게 임하였을 때 너
희가 구원을 받는다는 것을 잊지 말라.
24 그리하여 나의 성령이 너희에게 임할
수 있는 아름다운 마음의 공간을 만들
어야 할 것이며,
25 내 성령이 너희에게 임할 수 있는 비
워져 있는 그 마음의 공간이 없는 한
나의 성령은 너희에게 임할 수 없다는
것을 알아야 할 것이니라.
26 너희가 얼마나 나의 계명을 지키고
살며, 마음을 비우며 사악한 욕심을
버리며 비워져 있는 그 마음의 공간이
요, 그 깨끗한 곳이 있을 때 나의 성령
이 너희에게 임하는 것이니,
27 사악한 마음이 너희의 마음을 지배하
며 너희 마음속에 아름다운 마음의 공
간이 없을 때 나의 성령은 너희에게
임할 수 없다는 것, 너희의 삶을 얼마
나 아름답게 살아야 하는가 그 이치
부터 먼저 깨우쳐야 함을 잊지 말라.

6,123 번째 하나님 말씀

2003년 5월 8일 0시 11분

1 사랑하는 나의 아들아!
2 "네, 아버님! 말씀하옵소서."
3 수천 년 흘러오는 동안에 너희가 만백
성을 구한다 하여 전도하며 복음을 전
하는 그 뜻이 어디에 있는가?

4 너희는 복음을 전함에 있어서 너희가
손으로 지은 교회요, 너희가 지은 성
당이요, 성전이라는 곳에 나오며 너희
의 강론을 듣는 것만이 구원을 받는
길이라 너희는 그리 가르치며,
5 너희가 속해 있는 그 집단에 와야 한
다고 그리 전도하며 또 복음을 전하느
니라.
6 그러나 너희가 나의 피조물 만백성을
정녕 구원하고자 한다면 그리해서는
아니 됨이니라.
7 우선 나 여호와가 존재함을 만백성에
게 편안하게 깨우쳐 주고 전해 주며
그와 같이 전하는 자의 행동이 바르며
타의 모범이 되며 남들로부터 구분되
는 그와 같은 행동을 보여 주는 삶을
사는 것,
8 그것이 복음을 전하는 자세며 복음을
전할 수 있는 자격이 있는 자이니라.
9 그러나 너희는 어찌 전하는가?
10 복음을 전하며 전도하는 것이 너희의
종교 집단에 오는 것만이 구원을 받는
것이며, 그곳에 오는 것이 병을 고치
는 역사를 이루고 있으며 구원의 역사
가 있으며,
11 그리고 고통과 시련을 겪으며 죽을 병
에 걸린 자를 살리는 역사를 받으며
그 모든 은혜를 받는 것은 그 너희 종
교 집단에 속해 있는 교회라는 그곳에
오는 자만이 구원을 받으며 그곳에 오
는 자만이 병이요, 죽음의 고통에서
벗어나는 은사를 받는다 그리 복음을
전하고 있음이니, 그것이 너희의 욕심
이지 무엇이던가?
12 너희가 진정 나 여호와의 백성이라면
참진리를 깨우치도록 전할 것이며, 진
리가 무엇인가를 알아 참진리의 길을
갈 수 있도록 그리 가르치고 인도하는
것이 너희가 이끌어 가는 정녕 전도
요, 복음의 방법이니라.
13 너희는 지금 그와 같이 나의 피조물
만백성에게 나 여호와가 존재함을 깨
우쳐 전하며 깨우쳐 먼저 간 백성 너
희가 모범이 된 삶으로써 그들이 스
스로 너희를 따라올 수 있는 그와 같
은 행동이요, 살아감이 중요하거늘,
14 너희는 너희 자신을 돌아다볼 줄 모르
며, 오로지 복음을 전하는 것이 너희
의 손으로 지은 그 교회에 나와 너희
의 교리를 듣고 강론을 들으며 너희
에게 재물을 바치라는 그와 같은 하나
의 인간을 끌어가는 마음으로써 복음
을 전하고 전도를 하는 것이 아니던가?
15 실적을 위주로 하며 또 많은 인간의
물결을, 또 많은 자를 모으는 것을, 그
리고 그 집단을 이루는 것, 그리하여
그곳에서 많은 재물을 거둬들여 남보
다 더 큰 교회를 지으며 역사하는 것
을 목표로 전도하고 복음을 전하는 그
와 같은 것으로 가고 있느니라.
16 그리고 너희의 생계 수단으로써 복음
을 전하며, 더 큰 교회를 짓기 위하여,
더 큰 역사를 하기 위하여, 남에게 보
여 주는 물리적인 힘을 보이며 그 집
단의 수를 보이는 그와 같은 것에 연
연하는 그 복음이요, 믿음을 전하고
있음이니라.
17 그러하니 참진리를 깨우치는 데는 정
녕 관심이 없으며 오로지 많은 백성을
끌어들이고 금화와 은화를 거둬들여

더 큰 성전이요, 다른 집단보다 위대
하고 방대한 세력을 보이는 데 최선을
다하고 있어,
18 생계 수단이요, 상업적으로 전락하여
있는 것이 너희가 복음을 전하는 방
법이며 지금의 종교 집단이 이끌어 가
는 그와 같은 형태라 하였음이니라.
19 너희가 정녕 이는 사탄이 하는 말이
요, 정녕 나 여호와의 뜻이 아니라 그
리 말한다면, 산꼭대기 작은 교회의
골목 앞에까지 큰 교회라는 곳에서 차
량을 대 놓고 그곳의 주민들까지 싣고
가는 것이 정녕 그들을 깨우치기 위하
여 그곳까지 와서 실어 가는가, 그렇
지 않으면 진리를 깨닫기 위하여 실어
가는가?
20 너희는 그들에게 거둬들이는 재물을
계산하여 손익을 따져 손해 가는 일이
아니기에 그와 같은 역사를 하고 있다
면 과연 그게 아니라 부르짖을 수 있
단 말이던가?
21 너희가 지금 가는 믿음의 형국이 다
잘못되었다는 나 여호와의 뜻이 거기
에 있음이니라.
22 그와 같이 너희가 상업적이요, 생계
수단으로써 지금 이끌어 가는 것이니
라.
23 그러니 너희가 나에게 기도를 드리는
것도 욕심으로써 드리는 기도이니라.
24 너희가 욕심으로써 드리는 그 기도를
하기 때문에 나를 볼 수 없음이니라.
25 그리고 나를 만질 수 없으며 나의 음
성을 들을 수 없음이니라.
26 욕심으로 그득한 자들이 욕심의 기도
를 드리는 것이 너희며 진솔한 믿음
이 부족한 자들이니라.
27 너희가 재물을 모으며 다른 종교의 집
단보다 너희가 위대한 것을 외형적으
로 보이고자 하여 나의 피조물 만백성
에게 재물을 긁어모으는 데 혈안이
되어 있으니,
28 너희가 진정한 믿음을 가르치는 것이
아니요, 잘못된 믿음이요, 참진리를
깨우치는 것이 아니요, 잘못된 믿음으
로써 가고 있음이니라.
29 그러기에 또한 진실한 믿음이 없으며
진실한 믿음이 부족하기에 너희가 나
의 음성을 듣지 못함을 알아야 할 것
이니라.
30 그리고 기다리지 못하는 믿음을 믿는
것이 나의 피조물 만백성 너희이니라.
31 너희가 꾸준히 성서를 공부하며 깨우
치며 끈기 있는 믿음의 세상을 갈 때,
꾸준히 성경을 읽고 음미할 때, 그리
고 거기에 나와 있는 모두를 행하는
그와 같은 삶을 살아갈 수 있도록 노
력할 때 거기에서 너희는 무엇인가를
얻을 수 있음이니라.
32 그러나 너희는 인내하고 기다리는 믿
음이 아니요, 너희가 당장 구원을 받
으며, 무엇이 역사하고 이루어지며,
물질적인 은혜가 있으며, 너희가 무엇
을 바치고 또 던진 만큼 그 대가를 바
로 구하고자 하는 것, 그리고 인내하
고 기다리는 그와 같은 믿음이 없는
자들이니라.
33 또한, 나의 성령이요, 나의 뜻을 행하
지 못하는 믿음을 가고 있는 것이 너
희이니라.
34 내가 지키라는 그 계명대로 행하지 못

하며 그를 그대로 지키지 못하고 살아 가는 너희의 그 믿음이니라.

35 그리하여 너희는 욕심이 그득한 그 욕심에 젖어 있는 너희의 믿음이니 나와 관계없으며, 진솔한 믿음이 부족함이니 또한 너희가 사악한 마음으로 마음을 지배하고 있으며, 너희의 형식적인 믿음이기에 나와 관계없으며,

36 너희는 기다리고 인내하는 그와 같은 믿음을 믿지 못하며 내가 내린 나의 성령이요, 내가 내린 모든 계명을 지키지 아니하고 살고자 하며 지킬 수 없다고 말하는 것이 너희이니라.

37 그러하니 너희와 내가 아무런 이해관계가 없는 사람들과 같다 말하는 나 여호와의 뜻을 너희는 알겠는가?

38 지금 너희가 가고 있는 믿음이요, 종교 집단이요, 지도자들이 행하는 것, 그리고 모든 신도가 행하는 것이 나와는 관계없으며 다 너 자신을 위하는 그 욕심이요, 그와 같은 진솔한 믿음이 없으며,

39 그리고 너희가 기다리지 못하는 것, 그리고 나의 계명대로 지키지 못하는 그와 같은 속에서 너희가 구원을 받는다 그리함이니,

40 그 모두는 다 나의 뜻을 거역하는 자들이니 너희가 지옥 불로 간다 내가 말함이니 그리 알라.

6,124 번째 하나님 말씀

2003년 5월 8일 06시 47분

1 사랑하는 나의 아들아!

2 "네, 아버님! 말씀하옵소서."

3 나의 아들 예수가 정녕 그 고통스러운 죽음의 길이요, 그 시련의 길을 가지 아니하고자 하여 나에게 드렸던 그 기도의 의미를 너는 알겠는가?

4 "네, 아버님! 이제야 알겠사옵나이다.

5 제 마음이 지금 빨리 많이 변하여 아버님께서 원하는 사람으로서 그 누구도 갈 수 없는 그 길을 천사와 같은 사람으로 변하여 만백성을 구하는 그 역사를 하고자 하는 마음이 이리도 애절하며 이리도 간곡하옵나이다.

6 저에게 아버님께서 주신 생명을 제가 인간으로서는 갈 수 없는 그 길을 지키며, 모든 백성이 지킬 수 없다는 그 십계명을 바로 지키며,

7 법전의 내용대로 사는 사람으로 바로 살아 만백성을 구하는 길을 일찍 시작하고 싶은 마음과,

8 그리고 제가 죽어 가는 그 순간에 더 시간을 연장하여 더 많은 백성에게 진실로 제가 직접 살아서 변하고 싶은 그 마음이 한없는 욕심일지 모르나, 그와 같은 역사를 하고 싶은 마음이 제 가슴에 소용돌이칠 것 같사옵나이다.

9 좀 더 일찍 제가 바로 서지 못함이 마음 아프며, 제가 일찍 바로 다스려져 오래도록 만백성에게 아버님이 원하시는 그 뜻과 하늘에 계심과 그리고 이 법전대로 사는 것이 하늘에 오르는 길이라는 것을 직접 오래도록 많이 가르쳐 주며 많은 백성에게 보여 주고 싶은 그 마음이 제 가슴에서 떠나지 않을 것 같사오며, 그 마음이 애절할 것 같사옵나이다.

10 그러니 예수님께서 그 잔을 받지 아니
하도록 했던 그 기도와 '아버지께서
버리시렵니까?' 하는 그 기도는 고통
스럽게 아들을 버리는 것이요, 또한
그 모든 고통스러운 것을 받지 않으려
하는 그와 같은 기도가 아님을 저는
뼈저리게 느끼고 있사옵나이다.
11 예수님께서 아버님의 말씀을 들어 그
성령의 말씀으로써 직접 만백성을 깨
우치며, 예수님과 같은 그 훌륭한 제
자를 세상에 많이 배출할 그 시간이
필요했던 것이며 그 시간을 더 갖고자
하는 애절한 마음이 있었사옵나이다.
12 그리하여 그 마음으로 하여금 만백성
을 구하고자 하는 그 마음의 애절함
을 저는 이제야 그 뜻을 알겠사옵나
이다.
13 그와 같은 마음의 그 애절한 뜻이 정
녕 기도의 의미였지,
14 고통스럽게 그 길을 가지 아니하며 아
버님께 불리는 것을 만백성에게 정녕
아버님의 아들이요, 만백성의 왕이라
는 그 기적을 그 앞에서 보이지 못하
고,
15 수모를 당하며 고통을 당하며 어려운
죽음의 길을 가는 것이 두렵고 무서워
서 그와 같은 기도를 드린 것이 아니
라는 것을 저는 이제 뼈저리게 느끼고
그를 알고 있사옵나이다.
16 제가 좀 더 빨리 변하여 제가 좀 더 많
은 시간 속에서 아버님의 성령을 전하
며 아버님의 말씀을 만백성에게 직접
전하여 이 세상에 똑바른 제자를 더
많이 육성시키며 그리고 만백성의 지
도자를 많이 육성하여 세상에 남기고
가고 싶은 것이 그 욕심이요,
17 죽음이 두려운 것이 아니요, 그 고통
의 두려움이 아니라는 것을,
18 제가 만일 죽어 갈 때 아버님께 기도
를 드린다 하면 제가 이 죽음에서 좀
더 시간을 연장하며 좀 더 오래 살 수
있도록 저에게 시간을 주십사 하는 기
도를 한다면,
19 제가 죽음이 두려워서가 아니요, 제가
죽어 가는 것이 겁이 나서가 아니요,
20 제가 아버님의 말씀을 만백성에게 좀
더 많이 전하며 이 세상에 저를 대신
해 역사할 그 제자들을 육성하는 시
간이 필요했던 것이며, 그 시간을 갖
고자 하는 기도는 드릴 수 있으나,
21 어떠한 형태로 죽어 가든 그 죽음의
두려움에 아버님의 뜻을 거역하고자
하는 것은 아니옵나이다.
22 그리하여 예수님께서 말씀하시기를
그 모두는 다 아버님에 뜻에 의하여
아버님의 주관하에 하옵시고 예수님
의 뜻은 관여치 말며 생각지 말아 달
라 한 그 기도 내용의 의미를 입증하
며 증거함을 알겠사옵나이다.
23 제가 만일 죽어 갈 때 기도를 드린다
면 저도 그 기도를 드릴 것이옵나이다.
24 '아버님, 저에게 시간을 좀 더 주실 수
는 없사옵나이까?'
25 그러나 제가 만백성을 구하기 위하여,
많은 제자를 육성하기 위하여 그 시간
을 달라 하는 말은 하지 아니하겠사
옵나이다.
26 아버님께서 이미 알고 계시기 때문에
제 마음을 아시고 계시기 때문에 감히
그 기도는 드리지 않으나, 제 생명을

연장해 달라 그리 기도를 드릴 것이옵
나이다.
27 그러면 저의 후손이요, 제가 죽고 난
다음에 그 많은 백성은 제가 죽는 것
이 두려워, 하늘로 불려 가는 것이 두
려워 그 시간을 연장해 달라 기도한
것이라 그리 지도자들은 깨우칠 것이
며 가르칠 것이 두렵사옵나이다.
28 그래서 제가 오늘 아버님께 그리 말씀
드리는 것이며 제 심정을 그리 말씀을
드리옵나이다.
29 제 마음이 만백성을 좀 더 많이 깨우
칠 수 있도록 많이 지도자를, 바른 지
도자들이요, 전사들을 이 세상에 육성
해 놓고 가고자 하는 그 마음의 욕심
이지, 죽음의 고통은 아니라는 것을,
30 그래서 예수님께서 드렸던 그 기도가
'정녕 아버님, 이 잔을 받지 않으면 아
니 되겠습니까?' 하고 기도드린 것,
그리고 '이 길을 가지 아니하면 아니
되겠습니까?' 하는 애절한 기도, '저를
버리시렵니까?' 하고 드렸던 그 기도
로 그 모두는 다 좀 더 바른 제자들을
육성하는 그 시간을 갖고자 하였으며,
31 죽음의 두려움이 아니요, 십자가의 죽
음의 두려움이 아니요, 아버님의 아들
이라 하여, 아버님의 아들이라는 것을
증명하지 못하는 그 비웃음을 받는 것
이 두려워서 그런 것이 아니요, 그 역
사함을 보여 달라 한 것도 아니옵나이
다.
32 다만, 좀 더 바른 제자들을 많이 육성
할 수 있는 시간을 얻고자 하였사오
며, 그러기에 아버님의 뜻대로 하옵시
고, 예수님의 뜻대로 하지 마시고 그
를 생각도 하지 마시며, 그를 참작하
지도 말며, '아버님 계획대로 하옵소
서.'라는 그 마지막 기도가 그를 입증
하는 것이라는 애절한 뜻을 이제야 알
겠사옵나이다.
33 그러니 세상에 모든 백성이요, 종교
지도자들이 성서의 가르침이 얼마나
잘못되었으며,
34 그 의미를 알지 못함이니, 그리하여
오늘과 같이 험악한 세상이 되었으니,
35 아버님께서 법전으로 성서의 잘못된
부분을 지금 하나하나 만백성에게 깨
우쳐 주고 일깨워 주신 그 수고로움을
저는 알고 있사옵나이다."
36 아들아! 그러하니라.
37 예수의 죽음을 욕되게 하지 말라.
38 그가 고통과 시련의 죽음 때문에 그가
나에게 기도한 것이 아닌 것을 나의
법전에 기록하여 만백성에게 전하도
록 그리하라.

6,125 번째 하나님 말씀

2003년 5월 8일 06시 57분

1 사랑하는 나의 아들아!
2 "네, 아버님! 말씀하옵소서."
3 성서에 기록하여 너희에게 가르친 그
구절을 너희는 알고 있지 않은가?
4 좁은 문으로 들어가는 자는 멸망의 문
으로 들어가는 것이 아니요, 넓고 큰
문으로 들어가는 것은 멸망의 길이라
는 그와 같은 가르침이 있느니라.
5 너희가 좁은 문으로 들어가면 멸망의
길이 아니며, 넓은 문으로 큰문으로
들어가면 곧 멸망의 길이요, 죽음의

길이라는 것이 거기에 기록되어 있지
않던가?
6 너희가 그 좁은 문으로 들어가는 것은
험하고 험난한 길이며 어렵고 힘든 길
이라 기록되어 있음이니라.
7 그리고 넓고 편안한 그 길은 너희가
구원의 길이 아니요, 죽음이요, 멸망
의 길이라 그리 거기에 기록되어 있음
이니라.
8 그러니 지금 나의 계명을 지킬 수 없
으며 인간이기에 그리 행하고 살 수
없다고 하는 것은 무엇이던가?
9 그리고 나의 아들 예수의 이름으로써,
그 보혈로써 구원을 받았다 말하는
자, 그리고 죄를 짓고 용서를 빌 수 있
다, 그리고 빌었을 때 그 죄는 하얀 눈
처럼 다 씻어진다고 가르치는 것, 그
것이 얼마나 편안하고 넓은 길이며 얼
마나 쉽게 갈 수 있는 길이던가?
10 그것이 바로 어떠한 문이던가?
11 너희는 그 의미를 알고 있어야 할 것
이니라.
12 행함이 중요하지 아니하다 하며 너희
는 그저 말로써 용서를 비느니라.
13 그리고 육으로써 행하여 지은 죄를 너
희가 말로써 빎으로 그 모두를 다 빌
어질 수 있으며 그저 믿음에 재물을
바치고 기도하고 울고 불면 하늘에 오
를 수 있는 길이라 그리 가르치니, 그
길이야말로 얼마나 넓고도 훤한 길이
며 시원한 길의 입구던가?
14 그러나 너희가 그 문을 들어가는 순간
에 구원의 길이 아니요, 죽음의 길이
니라.
15 지금 나의 아들을 통하여 내가 160권
의 법전을 세상에 내보내며 그를 따르
는 그 제자들이요, 그 백성이 살아가
는 길이 얼마나 어렵고 힘든 길을 가
고 있는가?
16 그들은 십계명대로 사는 것이 하늘에
오르는 근본이요, 십계명이야말로 저
희를 하늘에 인도하는 길이요, 글이라
그리 깨우치며 교본이라 그를 지키고
살아야 한다 함이니라.
17 그리고 너희는 그 육의 행동에서 모
두를 다 책임을 져야 하며 너희가 알
고 짓는 죄는 용서받을 수 없으며 그
죄는 떨어지지 아니하니라.
18 선과 악을 행하여 그를 가지고 나에게
와 달았을 때 선이 무거운 것은 구원
이요, 악이 무거운 것은 지옥으로 가
는 길이라 하여,
19 천사와 같은 삶을 살지 아니하면 구원
을 받을 수 없으며, 행함이 바르지 못
하면 구원을 받을 수 없다 하여,
20 천 가지, 만 가지가 너희는 다 죄악이
되며 걸려 있음이니, 그리하여 너희는
숨을 쉬기가 불안하며, 잠자기가 불안
하며, 움직이는 것이 불안하며 대화
한마디를 하기가 불안한 어렵고 힘든
그 길을 가고 있음이니,
21 지금 나의 법전을 읽고 깨우치는 백성
너희야말로 성서에 기록된 편안하고
지옥으로 가는 넓은 길로 가는 것이
아니요, 좁고 험난한 그 길이요, 인간
으로서 가기 어렵고 힘든 그 길을 선
택하여 가고 있음이니, 너희가 바로
무엇이던가?
22 좁은 문으로 들어가는 나의 백성이니
라.

23 그러니 그것이 선택된 나의 백성이요,
그것 하나만 보더라도 너희가 지금의
가는 길이 구원의 길이요, 구원을 받
는 길임을 알아야 할 것이며, 나의 법
전이 나의 성령임을 알라.
24 교회라는 곳에 가서 수없이 공부를 하
며 설교를 듣고 평생 살아간 백성 너
희가 나의 아들이 가르치는 성전에 와
그의 강론을 직접 들으며 그가 행하
는 것을 직접 보고 듣고 한번 깨우쳐
보라.
25 어떠한 길이 가기가 힘들고 어려운
길인가를 그것을 보면 너희가 좁은
문으로 가는 것은 구원의 길이요, 넓
은 문으로 가는 것은 멸망의 길이라는
그 의미를 알 것이며 그 뜻을 알게 될
것이니라.
26 오죽하면 나의 피조물 만백성, 종교
집단이요, 지도자 너희가 그 어려운
길은 피하여 가려 하며 편안하고 쉬
운 길로만 가려 하겠는가?
27 너희는 신약이라는 시대에 공부하며
신약 시대를 믿으며 그 길로써 역사하
는 것이라 그리 말하느니라.
28 그리하여 구약 시대로부터 믿어 왔던
그 모두는 소홀히 생각하며 그를 다
접어 두고 가고자 함이니라.
29 그러니 구약 시대에 지키는 그 율법이
얼마나 힘들고 어려우며 지금 신약 시
대에 너희가 가고 있는 그 믿음의 방
법이 과연 어떠한 것이 쉬운 길인가?
30 내가 나의 아들을 통하여 너희에게 일
러 전하였느니라.
31 모든 것은 너희가 불리한 쪽으로 생각
하며 어렵고 힘든 쪽으로 성서를 해석
하고 설명하여 어려운 길을 선택하여
가는 것이 구원의 길이라 하였거늘,
32 너희는 구약에 기록된 그 내용도 지키
고 살기가 힘들어 신약 시대에 태어난
자들이며 신약 시대에 의하여 공부하
고 깨우치며 가는 것이요, 구약의 시
대는 지나간 것이라 하여 구약의 시대
에 대한 가르침이요,
33 그 말씀이요, 나의 성령의 뜻은 등 돌
리며 등한시하는 것이 아니던가?
34 구약 시대에는 나 여호와가 존재하지
아니하였다고 하는 것과 같은 자들이
니라.
35 그러니 구약 시대는 지나간 것이며 신
약 시대를 가지고 믿고 그 길을 간다
하면 나 여호와가 구약 시대에는 존재
하지 아니하였으며, 나 여호와가 신약
시대에만 존재했으며,
36 너희가 이 세상에 나와 사는 그 순간
부터 나는 존재한 것이라 그리 말하는
것이니라.
37 그러면 구약 시대에 모든 역사를 이루
며 기적을 이루며 내가 모세에게 보였
던 그 모두요, 십계명을 내려보낸 그
모두는 다 지나간 것이니,
38 구약 시대는 등한시하며 신약 시대를
위주로 믿음을 믿고 살아간다면,
39 구약 시대의 모든 역사는 내가 역사한
것이 아니며, 구약 시대는 나 여호와
가 존재하여 그 시대가 열린 것이며
그 시대가 이루어진 것이 아니라며 전
면 부정하며,
40 너희는 신약 시대만 나 여호와가 존재
하며 너희가 신약 시대에 믿는 나 여
호와만이 진정한 창조주라 그와 같이

억지를 쓰는 자들과 똑같음을 알아야
할 것이니라.
41 너희가 구약 시대를 등한시하며 구약
시대를 저버리는 자, 그리고 신약 시
대에 신약 법도에 따라 살아가는 것만
이 하늘에 오는 길이라 그리하는 것은
얼마나 어리석고 편의주의로 가는 것
인가?
42 좁고 험악한 길을 선택하지 아니하며
넓고 편안한 길만 가고자 하는 너희의
사악한 수법임을 알아야 할 것이니라.
43 구약 시대에도 나 여호와가 존재하였
으며 신약 시대에도 내가 존재했으며,
제3의 시대에 나의 법전을 세상에 내
려보내 만백성을 깨우치고 가르치고
자 역사하는 지금도 나 여호와가 존재
함이니,
44 너희가 구약 시대를 저버려서도 아니
되며 신약 시대도 저버려서는 아니 되
며, 나의 제3의 시대, 법전의 시대도
저버려서는 아니 되는 것을 너희는
알아야 할 것이니라.
45 구약과 신약이요, 지금 제3의 시대요,
그 모두는 나의 주관하에 나 여호와
창조주가 모두를 관장하며 이룬 역사
라는 것을 너희가 알 때,
46 구약을 버리며 신약을 버리며 너희가
제3의 시대만을 가지고 이야기한다
는, 그리고 구약과 신약을 토대로 하
지 아니하는 제3의 시대의 역사는 있
을 수 없듯이, 너희가 구약을 등한시
하며 신약 시대가 존재할 수 없다는
것을 알라.
47 너희는 그와 같은 믿음의 이치를 깨
우쳐야 할 것이니, 너희가 단계적으로
구약 시대는 지난 것이며 신약 시대만
위대하다 하면,
48 나 여호와가 신약 시대에 너희가 사는
그동안만 너희에게 존재하는 나 여호
와라는 그와 같은 착각과 어리석은 생
각이요, 어리석은 욕심으로써 너희가
뭉쳐져 있기 때문임을 그리 알라.
49 구약과 신약이요, 제3의 시대는 나 여
호와가 다 주관하고 역사함을 알라.

6,126 번째 하나님 말씀

2003년 5월 8일 12시 09분

1 사랑하는 나의 아들아!
2 "네, 아버님! 말씀하옵소서."
3 내가 너희에게 뭐라 말하였느냐?
4 너희가 나에게 오르는 길을 넓고 편안
한 길을 선택하는 것은 처음에 출발할
때는 넓고 편안한 길이나, 그 길은 가
시밭길이요, 험준한 산길이요, 너희가
도저히 넘을 수 없는 것이 길의 앞을
막고 있는 것을 모름이니라.
5 그리하여 그 길로 출발하는 백성은 나
에게 오를 수 없음이라 내가 그리 말
하였음이니라.
6 그러니 좁고 험난한 길을 선택하여 무
거운 짐을 스스로 지고 그 길을 선택
하여 오는 백성 너희는, 그 재를 넘고
고개를 넘었을 때, 너희가 상상도 할
수 없는 편안한 길이요, 아름다운 길
로 천사들이 인도하는 그와 같은 길을
만나게 됨이니라.
7 성서에 가르치기를 큰길을 선택하는
자 지옥이요, 좁은 길로 선택하는 자
천국이라 그리 말함이니, 바로 너희가

오는 길이 그와 같이 변화됨을 알아야
할 것이니라.
8 그러니 너희는 지금 스스로 어려운
짐을 지고 험한 산길에 발을 들여놔
그 길을 걷기 시작하였음이니, 바로
그것이 선택된 나의 아들딸이요, 백성
이라 내가 나의 아들을 통하여 그리
전하였음이니, 너희가 그 길을 오고
있음이니라.
9 그리하여 너희가 하나의 재를 넘고
정상에 올라서 하늘에 오르는 탄탄하
고 천사들이 인도하는 그 자리에 와
백기를 높이 들고 이곳에 오는 것이
구원의 길이라 그 방황하는 백성을
인도하는 것이 전사들이 하는 임무임
을 너희는 알아야 할 것이니라.
10 2천 년 동안 흘러온 종교 집단이요,
지도자들이 그를 가르치며 성서를 깨
우치면서도 그들이 한 구절의 성서를
가지고 그것을 깨우친다면 모든 가르
침이 거기에 다 있느니라.
11 진리는 무엇인 줄 알겠느냐?
12 진리는 다 통하게 되어 있음이니라.
13 너희가 하나를 가지고 깨우쳤을 때 모
든 진리를 깨우치며 그를 볼 수 있음
이니라.
14 그리하여 내가 160권의 법전에 모든
것을 기록하여 전하는 것은 그 하나를
보고 깨우치는 백성이 있을 때 그는
모두를 읽은 자와 같기 때문이니라.
15 성서에 기록하여 전하기를 험한 길을
오는 자는 구원을 받으며 넓은 길을
오는 자는 지옥으로 가는 길이라 그리
가르침이니, 거기에는 그와 같은 뜻이
있음이니라.
16 험한 길을 선택하여 너희처럼 짐을 지
고 가는 백성이 고개를 넘어 정상에
올라서 보니, 다음에는 평탄한 길이
요, 천사가 인도하는 그와 같은 아름
다운 길로써 편안하게 가는 길을 거기
서 보게 됨이니라.
17 그리하여 너희가 거기서 백기를 들어
지금 어느 길로 갈지 모르는 백성, 험
한 길로 시작할 것인가, 넓은 길로 갈
것인가,
18 그리고 넓은 길로 가는 백성에게 그
길로 가면 그 고개를 넘었을 때 험악
하고 험악한 길이요, 인간으로서는 도
저히 갈 수 없는 불바다가 있으며, 그
리고 강이 가로막고 있으며, 그리고
절벽이 가로막아 넘지 못함이니,
19 그 길에 들어서지 말라고 백기를 들고
소리를 지르는 것이 지금의 종교 지도
자요, 집단이요, 깨달음을 먼저 간 백
성이 해야 할 임무이니라.
20 그것이 바로 전사가 하는 길이니라.
21 그게 바로 너희임을 알아야 할 것이
니라.
22 그리하여 너희가 소중한 자라 내가
그리 말하였음이니라.
23 너희가 오늘 험악하고 힘들고 그 고
통스러운 길을 오는 것은 너희가 먼
저 어렵고 힘든 그 길을 넘어 정상에
올라왔을 때 반대편의 길을 볼 수 있
지 않겠느냐?
24 그 정상에 오르지 아니한 백성은 제가
아무리 천재요, 아무리 제가 배운 자
요, 세상에 둘도 없는 부귀영화를 누
린 자요, 제가 하늘을 나는 재주를 가
진 만큼 제가 유능하다 해도 그 정상

에 올라와서 반대 길을 보지 못하면
그는 알 수 없음이니라.
25 그러니 누군가는 정상에 올라와 다음
에 펼쳐지는 악의 세계와 천사의 세계
를 보아서 나의 사랑하는 백성을 천
사의 길로 인도하는 백기를 들고 흔드
는 그와 같은 자가 있어야 하지 않겠
느냐?
26 그것이 바로 전사들이 하는 임무이니
라.
27 그리고 너희가 해야 할 임무며 너희
가 역사해야 하는 것이니라.
28 그리하여 너희가 먼저 어렵고 힘들고
고통스러운 길을 먼저 가라 함이니,
29 그리하여 내가 나의 아들을 통하여 너
희를 바로 서라 함이요, 너희가 나의
법전을 보고 그대로 지켜 하늘에 오
르는 길을 오라 함이 여기에 있음이니,
30 이 뜻을 아는 종교 지도자요, 수십 년
동안 평생을 바쳐 믿음이라는 길을 가
는 백성이 그 의미를 아는가?
31 내가 너희를 쓰고자 하는 것이 무엇인
가?
32 모든 종교 집단이요, 지도자, 그들이
편안한 길로 대들지 아니하며 넓고 편
안한 길로 가고자 그들이 출발하지 아
니하고 너희처럼 험악하고 험악한 그
산길을 향하여 출발하는 백성이 있었
다 하면, 오늘에 나의 법전이 세상에
내려올 필요가 없음이니라.
33 그가 바로 백기를 들고 하늘에 서서
그 길을 오라 소리 지르기 때문이니라.
34 수박이라는 것을 익고 안 익은 것을
시시비비하지 말고 쪼개서 보면 된다
하지 않더냐?
35 쪼개서 보는 그 용감한 자가 있어야
할 것이니라.
36 그리고 그것을 먹어 보이며 이것이 익
은 수박이라는 것을 보여 줄 수 있는
용기 있는 자가 있어야 하거늘, 지금
까지 수천 년 동안 흘러오면서 그걸
쪼개 본 자가 없으며 쪼갤 용기가 있
는 자가 없느니라.
37 그러니 곪고 곪았음이니라.
38 그리하여 곪고 곪은 것을 째는 백성이
없으며 칼을 들고 그를 째는 용감한
백성이 없었음이니,
39 바로 지금 내가 나의 아들을 통하여
나의 법전을 세상에 내려보내 그 불
칼로 썩은 것을 쪼개며 그 수박을 쪼
개어 익고 안 익은 것을 내가 보이고
자 함이라.
40 그리하여 내가 너희를 완벽한 백성으
로 만들어 어렵고 힘든 고난의 길을
넘어 정상에 서서 백기를 들고 방황하
는 백성에게 너를 따르라 하며 그 길
을 보여 주는 것, 그것이 너희가 해야
할 길이기에 먼저 가는 것이니라.
41 먼저 가는 자, 부모와 형제와 이웃의
그 모두를 생각하고 마음을 두고 가면
고통스럽고 힘든 길을 갈 수 없기에,
모두를 대중적으로 보며 모두를 다 사
랑하라 하며 모든 마음을 비우라 하며,
42 너희에게 욕하는 자, 너희에게 상처
내는 자, 너희에게 피해를 주는 자, 그
들이 있어서 너희는 행복이라 그리 말
하라 하였음이니라.
43 너희가 가는 길을 방해하는 것이니라.
44 가시덤불, 외나무다리 길을 놓고 가는
너희는 상처투성이 몸이니, 그래서라

도 너희가 정상에 올라오면 그때부터
나에게 오르는 길에 선두주자가 되지
않더냐?
45 너희가 백기를 들고 감으로 그들이
따라올 것이며 만백성이 그를 들고 전
할 수 있는 그와 같은 너희가 되기에
오늘에 상처투성이인 그 길을 가고 있
음을 잊지 말라.
46 그러기에 너희가 그것이 영광이라 함
이니라.
47 남들이 너희를 넘어트리든, 너희에게
피해를 주든 너희는 묵묵히 정상에
올라가고 있음이니,
48 정상에 올라가는 과정에서 상처가 나
는 것은 아무것도 아님이니라.
49 오로지 정상을 향하여 가는 길이기에
모두를 다 사랑하며 모두가 다 행복이
라 하였음이니라.
50 너희가 축복을 받는 것도 행복이요,
고통도 행복이요, 시련도 행복이라 생
각하라 하였음이니라.
51 범사에 감사하라는 뜻이 여기에 있는
것이니라.
52 범사에 감사하는 것은 득이 있을 때,
무엇을 얻었을 때, 기쁨이 있을 때만,
그리고 너희 생명이 살아가는 것, 평
범하게 존재하는 것, 인간으로서 살아
가는 그 모두를 범사에 감사하라는 것
이 아니니라.
53 고통과 시련이요, 남으로부터 견딜 수
없는 그와 같은 시련과 고통이요, 너
희가 모두를 다 잃는 슬픔이요, 욥과
같이 모두를 다 잃어 버리는 그와 같
은 고통을 당할 때도 너희가 행복하다
생각하는 마음을 가지라.
54 그게 범사에 감사하는 마음이니라.
55 범사에 감사하라는 뜻을 알겠는가?
56 종교 지도자요, 그곳에서 배우는 하늘
에 오르고자 하는 자, 감히 나의 아들
의 보혈로써 구원을 받았다 하는 백
성, 그들에게 물어보라.
57 내가 지금 너희에게 가르치는 진리요,
그 뜻을 단 하나라도 알고 있는가?
58 그들은 모름이니라.
59 그리하여 그들은 그저 넓은 길이 좋다
하여 달려감이니,
60 그 정상에 올랐을 때 그들은 다시 내
려올 수도 없으며 갈 수도 없는 그와
같은 형국이 되어,
61 올라가면 다시 내려오지 못하는 그 정
상에서 그들은 오도 가도 못함이니,
지옥으로 떨어짐이니 그리 알라, 사랑
하는 나의 아들딸들아!

6,127 번째 하나님 말씀

2003년 5월 8일 21시 12분

1 사랑하는 나의 아들아!
2 "네, 아버님! 말씀하옵소서."
3 '나의 법전을 가슴에 안고 정독하는
자 반석 위에 서서 하늘에 오르는 찬
란한 빛을 보는 영광을 얻게 됨이라'
함이니, 너희는 그를 수 없이 들으며
그 기록하는 것을 수없이 읽으나 그
뜻이 얼마나 귀하고 소중한 것인가를
모르느니라.
4 너희의 생명을 다 바쳐서도 구할 수
없으며 얻을 수 없는 것이 그것이니라.
5 나의 법전을 가슴에 안고 정독하는 자
반석 위에 서서 하늘에 오르는 찬란한

빛을 보게 되는 영광을 얻음이니, 너
희가 반석 위에 설 수 있는 것은 무엇
이더냐?
6 60점이라는 그 육의 삶을 아름답게
살아 나의 뜻에 의하여 잘 지켜 온 자,
내가 사랑하는 자, 그리고 내가 믿을
수 있는 자, 그리고 나에게 오를 수 있
는 그 길에 접어든 자들이니라.
7 반석 위에 올라서서 하늘에 오르는 빛
을 보는 그 영광이 얼마나 너희에게
소중하고 귀한 것인가?
8 반석 위에 서서 하늘에 오르는 찬란한
빛을 보는 백성은 그때서부터 나에게
오는 길을 달려오면 되는 것이거늘,
그게 얼마나 위대하고 소중한 말인가
를 너희는 모르느니라.
9 단어 하나하나 내가 내리는 말뜻 하나
하나가 얼마나 귀하고 소중한가를 모
르고 사는 백성이 너희이니,
10 진주와 보석과 잡석을 구분하지 못하
는 너희이니라.
11 그리하여 성서에 기록되어 있는 그 내
용 하나도 종교 지도자들이 수천 년
동안 가르쳐 흘러온 그 말 하나를 정
신을 차리고 분석해 보면,
12 그 뜻이 얼마나 잘못되었으며, 잘못
가르치고 있으며 말이 되지 아니하는
것을 말이라 하여 설교하고 강론하는
것인가를 알 수 있거늘,
13 그것 하나도 구분하지 못하며 발견하
지 못하는 것이 너희이니라.
14 그저 '아멘!'이요, '할렐루야!' 눈물 흘
리고 찬송 부르고 은혜 받았다, 구원
받았다, 그리고 축복받았다 소리 지르
며 악을 쓰며, 재물을 몇 푼 갖다 바치
면 구원을 받는 것이라 그리함이니,
15 내가 나의 아들을 통하여 너희에게 뭐
라 말하였느냐?
16 너희는 그리 말한다 하였음이니라.
17 모든 이 세상에 존재하는 백성이 너희
가 손으로 지은 그 사악한 교회요, 성
당이요, 성막이라는 곳에 가든 안가든
인간으로 태어난 자가 행동을 잘못하
며 바르게 살지 못했을 때, 그리고 죄
를 지었을 때 그 죄는 너희가 반드시
벌을 받는다 그리 말하며,
18 너희가 살인하고 거짓 하고 또 죄지은
것, 간음하고 도적질한 그 죄들, 그 모
두는 다 너희가 타는 유황불에 들어
가는 것이니,
19 교회를 다니는 백성이요, 다니지 않는
백성이요, 나로부터 생명을 받은 이
우주의 모든 백성은 죄를 지었을 때
똑같이 그와 같은 벌을 받으니,
20 너희가 그 죄를 용서를 빌며 회개하며
재물과 금화를 바치며 내가 내린 성경
의 가르침의 그 강론을 들어 구원을
받아야 한다 너희는 그리 말하느니라.
21 이 세상에 존재하는 모든 백성은 그
죄를 짓는 대로 타는 유황불에 들어
가 그 무서운 벌을 받는 것이 너희라
그리 말하느니라.
22 그러면서 너희는 뭐라 말하느냐?
23 똑같은 나의 피조물 만백성이 잘못했
을 때 벌을 받는 것은 똑같이 받는다
그리 말하며,
24 너희는 믿지 않는 백성이요, 너희 성
전에 와 경배하지 않는 백성이 선하
고 착한 일을 하면,
25 그는 나로부터 복을 받으며 후원을 받

을 자격이 없으며 받지 못한다, 아무
리 선행을 해도 아무런 효과가 없으며
구원을 받고 천국에 오르는 길과는 관
계가 없다 그리 말함이니,
26 너희는 어찌하여 똑같은 자가 두말을
하는가?
27 그러니 한 동물이 혀를 두 개 가진 자
가 너희라 내가 그리 무서운 말을 내
리는 것을 너희가 감히 두려운 줄을
모르느니라.
28 너희는 어찌하여 너희의 교회에 오지
않는 백성이 죄를 지으면 그들은 똑
같이 유황불에 들어가며,
29 어찌하여 그들이 착한 일을 한 행동
은 나로부터 상을 받을 수 없다 그리
말한단 말이던가?
30 너희가 그렇다면 어찌 되는가?
31 너희의 그 성전이요, 너희 교회를 오
지 않는 자가 아무리 착한 일을 하며
제 재산을 털어 이웃을 도우며 남의
생명을 위해 제 생명을 던지는, 그와
같은 감히 누구도 생각할 수 없는 그
행동을 했을 때, 그는 나로부터 구원
을 받지 못하며,
32 어찌하여 나쁜 짓 하는 것은 벌을 받
는다 그리 말하는가?
33 그렇다면 너희의 성전이요, 교회요,
너희가 목사라는 자들이 설교하는 것
을 듣지 아니하며 교회에 가지 않는
자는 죄를 지어도 벌을 받지 아니하
는 것이 공평한 가르침이 아니던가?
34 교회를 오지 않는 자가 좋은 행동을
하는 것은 구원을 받지 못하며 은혜가
없다 말하면서, 어찌하여 죄를 짓는
것은 그 벌을 똑같이 받는다 말하는가?
35 너희가 한 입으로 바른말을, 하는 자
라면 교회에 오지 않는 자는 아무리
착한 일을 해도 상을 받지 못한다 그
리 가르쳤다면, 교회에 오지 않는 자
는 아무리 악한 일을 해도 나 여호와
로부터 벌을 받지 않는다고 정당히 그
리 가르쳐야 하며, 그리하는 것이 공
평하지 않은가?
36 그러하니 너희가 그와 같은 가르침을
볼 때 어떠한 자들이 가르치는 것이며
그들이 성경을 어찌 잘못 이해하며 잘
못 가르치는 것인지 거기서 다 찾을
수 있지 아니하는가?
37 나의 아들이 지금 가르치는 것은 뭐라
말하느냐?
38 너희가 똑같이 교회를 다니든, 너희가
성전에 가지 않든, 성당에 가지 않든,
법당에 가지 않든,
39 선한 일을 하면 나 여호와요, 나의 아
들딸이기에 너희가 그 상을 받으며.
40 너희가 잘못했을 때는 교회를 가든,
절에 가든, 성당에 가든, 성막에 가든,
어떠한 종교 집단에 가든 잘못한 자
는 그 대가를 반드시 자신이 치르는
것이라 나의 아들은 그리 가르치며,
나의 법전에 그리 기록하여 너희에게
전함이니,
41 이 이치가 맞는가, 너희의 교회에서
너희가 가르치는 그 이치가 맞는가?
42 세 살 먹은 아이도 알 수 있는 가장 쉬
운 정답이니라.
43 그것을 너희가 지금 모르고 있느니라.
44 그를 보지 못하며 듣지 못하며 그 뜻
을 구분하지 못하는 것은 너희가 그
욕심에 가득 찬 사악한 마음 때문이니

라.
45 그저 구원을 받는다는 것, 하늘에 오
르는 것, 어찌 살든 저희는 천국에 오
르면 된다는 것, 그리고 천국에서 상
을 받을 수 있는 백성이라는 것,
46 나의 아들 예수의 이름을 부르지 아니
하며 너희가 지은 그 성전에 가지 않
는 자는 구원을 받지 못한다는 것, 그
리하여 너희는 구원을 받는다는 것,
47 그 오만과 자만이요, 그 욕심 덩어리
의 마음 때문에 한 치 앞을 못 보는 것
이 너희이니라.
48 너희 말대로 종교 지도자가 가르치는
그대로 한다면, 너희만이 나의 뜻에
따르지 아니하고 너희가 지은 죄는
너희만이 유황불에 들어간다는 그 무
서운 집단에 들어가 있는 것이 바로
사탄이요, 사악한 소굴이라 의미하는
것을 어찌하여 모르는가?
49 너희가 사탄의 소굴이요, 사악한 소굴
이 아니라면 어찌 말해야 하는가?
50 너희는 나로부터 선택된 백성이요, 생
명을 가진 모든 백성은 어찌 살든, 저
희가 어디에 살든, 어떤 종파를 갖든,
51 아름다운 일, 남들이 할 수 없는 사랑
을 베풀며 남들이 할 수 없는 용서를
하며 그리 살아가는 자는 나로부터 축
복을 받으며,
52 어떠한 곳에 가 있든 나의 뜻을 거역
하며 죄를 짓는 자는 똑같이 유황불에
들어가며 끓는 기름 가마솥에 들어가
며 무서운 벌을 받는 것은 동등하다
그리 가르쳐야 할 것이니라.
53 그리 가르치지 않은 자는 한 입에 두
혓바닥을 가진 동물보다도 더 사악하
며 그 미물보다도 더 간악한 자라는
것을 알아야 할 것이니라.
54 이 이치를 듣고도 너희가 깨우치지
못하며, 나의 법전을 타박하며, 나의
아들을 욕하며 나의 법전이 이단이요,
사탄이요, 사악한 자가 세상을 혼란케
하는 것이라 너희가 말한다면,
55 너희가 그 죄의 대가를 치를 날이 수
십 년, 수백 년 남은 것 같으나, 너희
코앞에 닥쳐 와 있으며, 언제 나에게
불려 와 그 죄의 대가의 무서움을 받
을지 모르거늘, 너희가 아직도 제정신
을 차리지 못하고 있음이니라.
56 나의 아들이 가르치는 그 강론은 너희
가 믿음을 갖든 안 갖든 선하게 사는
것은 나의 아들딸이기에 나로부터 상
을 받으며,
57 아무리 내가 사랑하는 자요, 믿음이
아니라 너희가 무슨 짓을 다 한다 해
도 천만금을 다 세상에 내며 제 재산
을 다 털어놓는다 해도 그가 지은 죄
의 대가는 그가 반드시 치르며,
58 그의 죄가 사면되며 없어지는 것이 아
니라, 선과 악의 가감을 따져 선행을
많이 하면 악이 묻힌다 내가 그리 말
하였음이니,
59 이와 같이 내가 가르치는 것이요, 나
의 아들이 전하는 그 법전의 가르침이
과연 지금의 종교 집단이 가르치는 교
리와 어떠한 차이가 있으며 어떠한 것
이 정답인가를 스스로 깨우치도록 그
리하라.
60 나의 어리석은 백성들아, 더 이상 어
리석은 짓을 하지 말라.
61 더 이상 지옥으로 끌려가는 짓을 하지

말라.
62 너희 자신을 버리는 그와 같은 어리석
은 짓을 하지 말라.

6,128 번째 하나님 말씀

2003년 5월 8일 21시 21분

1 사랑하는 나의 아들아!
2 "네, 아버님! 말씀하옵소서."
3 수천 년 동안 흘러오는 종교 집단이
요, 지도자요, 그 모든 백성이 지금에
와서 하는 말이 무엇이라 말하는가?
4 구약을 무시하며 너희가 신약 시대에
신약에 의해 살아가며 그 믿음의 모두
를 신약에 맞춰 살아가면 된다 그리
말함이니라.
5 그리하여 구약은 덮어 놓은 것이며,
신약만을 가지고 구원의 길이요, 하늘
에 오르는 길이라 그리 가르치는 종교
지도자 너희가, 그러면서 구약에서 필
요한 것은 너희 양식으로 만들며,
6 구약에서 어렵고 힘들며 행하고 지켜
야 하는 것은 구약 시대의 것이기 때
문에 지금 시대에서는 필요 없다 그리
말하는 자들이니,
7 그와 같은 종교 집단이요, 지도자요,
그 백성이 얼마나 어리석은 자인 줄
너희는 알겠는가?
8 태양이 뜨는 것을, 지난날의 과거는
태양이 아니며,
9 저희가 세상에 태어났을 때부터, 제가
뜻을 알고 철이 들었을 때부터 뜨는
태양만이 진정한 태양이라 말하는 자
와 같은 것이 그들의 그 형태이며 어
리석은 자임을 너희는 알아야 할 것
이니라.
10 그들이 얼마나 어리석고 우매한 자인
가?
11 낮과 밤의 변화의 그 흘러온 역사도
그들은 그 지난 과거의 시대는 아니
며, 오늘의 시대만 낮과 밤이 존재한
다는 생각을 하는 자며,
12 지난날의 과거의 밤과 낮은 아니라 그
리 말하는 자들과 똑같으니라.
13 계절의 변화요, 그 모든 역사하는 것
이 다 지난 과거는 잘못되었으며 지
금과는 관계없으며,
14 오로지 너희 자신이 태어나 철이든 그
순간부터 너희가 접하고 보고 사는
그 순간만이 그것이 밤과 낮의 변화
요, 계절의 변화요, 바다의 존재함이
요,
15 그러니 태양이 뜨고 지는 것, 달이 뜨
고 지는 그 모두도 과거의 것은 태양
이 뜨는 것이 아니며, 달이 진 것이 아
니며, 낮과 밤의 역사가 이루어진 것
이 아니며,
16 오로지 너희가 철들어 세상의 이치를
알고 깨달으며 지금 살아가는 이 시대
만이 그 모두가 존재하는 것이며, 과
거의 것은 아니다 그리 말함이니,
17 태양은 과거부터 현재까지 미래에도
그리 존속할 것이며,
18 밤과 낮의 변화요, 계절의 변화요, 사
계절이 변하는 역사며 지역에 따라 변
하는 모든 계절의 변화는 그 역시 그
리 존속하며 지탱될 것이니,
19 너희는 어찌하여 과거도 인정하지 아
니하며 미래의 그 역사함도 자연의 그
위대한 순리도 인정하지 아니하려 하

며,
20 너희가 세상에 나와 파리 목숨보다
못한 그 짧은 역사의 생활 속에 너희
가 존재하는 그것만이 가장 위대한 것
이며, 그것만이 태양이요, 달이요, 그
리고 계절의 변화요, 밤과 낮이 역사
하는 것이며,
21 모두를 그때 것만이 진정한 것이며 위
대한 것이라 인정하고자 하는 것인가?
22 너희가 얼마나 불쌍한 백성이며 얼마
나 어리석은 백성이란 말이던가?
23 정상적으로 운행되지 못하는 것이며
정상적으로 흘러가지 못하는 것이 너
희이니라.
24 그러니 너희는 편법을 쓰는 자요, 그
저 편법에 얽매이는 자요, 기회주의자
요,
25 기회와 수단과 방법을 가리지 아니하
고 너희가 유리한 쪽으로, 편리한 쪽
으로 모든 세상 것을 다 두드려 맞춰
너희 것으로만 유리하게 만드는 것이
니,
26 그리하여 자연의 위대한 그것까지도
너희가 편리한 대로, 유리한 대로 둘
러맞추며 그저 꿰맞춰 네 것으로 만
들며, 너희가 살아가는 데 편한 도구
로 사용하려는 그 어리석은 자들이니,
27 너희는 내가 말했듯이 하루살이 생명
만도 못한 자들이 영원히 천년만년
지속하는 이 대자연의 위대함을 거기
에 맞추려 하는 자들이니, 그게 얼마
나 어리석고 불쌍한 백성인지 알겠는
가?
28 그러니 구약을 무시하며 신약 시대에
는 신약만 가지고 새로운 시대를 간다
그리 말함이니, 그러면서 또한 너희는
뭐라 말하느냐?
29 제3의 시대에 역사하고자 하는, 내가
직접 성령을 내려 새로운 성경이요,
법전이라 하여 너희를 심판하는 시대
를 여는 이 위대한 역사를 인정하지
아니하려 함이니,
30 너희가 태양이 뜨고 지고 달이 뜨고
지는 그 모든 과거를 인정하지 아니하
려 하며 미래를 인정하지 아니하려 하
며, 하루살이만큼도 못한 목숨이 살아
가는 그 순간만이 위대한 태양이요,
위대한 달이요,
31 밤과 낮의 변화요, 계절의 역사함이
요, 그 모두가 존재하는 것이며, 그 과
거와 현재는 다 아무것도 아니다 그리
몸부림치고 악을 쓰는 불쌍한 너희이
니,
32 이것이 오늘의 종교 집단이요, 지도자
요, 그리고 거기에 가서 구원을 받았
다고 울고불고 찬송하며 경배하며 그
저 재물을 갖다 바치는 자, 저희 부모
는 헌신짝처럼 생각하며,
33 낳아 주고 길러 준 부모의 은혜요, 형
제지간의 정은 생각하지도 못하며 그
는 그저 지워 버리고 살면서 너희와
는 무관한 것같이, 관계없는 것같이
던져 버리고 살며,
34 오로지 구원을 받겠다 하는 것, 그 욕
심에 눈이 어두운 자들이니,
35 너희는 정녕 나와는 아무런 관계도 없
는 자라는 것을 내가 오늘 나의 아들
을 통하여 다시 한 번 너희에게 전함
이니,
36 내가 왜 이 무서운 말을 너희에게 전

하며,
37 나의 아들딸인 나의 백성이 나와 무관한 자라 말하는가 그 무서움을 알며, 그 두려움을 깨우치도록 그리하라.
38 그것을 깨우치지 못하는 자, 두렵고 무서움을 모르고 반성하지 못하는 자, 너희가 나에게 올 날이 머지않았음이니 그때 너희가 얼마나 통곡하며 얼마나 몸부림치며 후회하는가?
39 그때는 아니 되느니라.
40 그저 소금을 뿌려 놓은 미꾸라지보다도 더 고통스러우며 더 처참한 아우성이요, 발버둥치며 몸부림치는 것이 너희라는 것을 잊지 말라.

6,129 번째 하나님 말씀

2003년 5월 8일 21시 ?분

녹음기 작동 오류 (원본테이프 408번 중에서)

1 사랑하는 나의 아들아!
2 **"네, 아버님! 말씀하옵소서."**
3 이제 너희는 변화와 개혁을 이루어야 할 것이니라.
4 지금 수천 년 동안 흘러오는 세월 속에 나의 피조물 만백성을 구원하는 종교 집단이요, 지도자들이요, 그리고 하늘에 오르겠다 공부하며 깨우치는 백성은 과연 어디에서 나의 참진리요, 나의 뜻을 찾고 연구를 했던가?
5 그들은 오로지 성서 하나를 가지고 수천 년 동안 나의 피조물 만백성에게 참진리요, 하늘에 오르는 길을 깨우쳐 주고자 지금까지 흘러왔음이니라.
6 그러나 내가 이제 새로운 시대에 나의 법전을 내리며 내가 새로운 성경을 내리며 내가 직접 임하는 이와 같은 새 시대에 있어서,
7 너희는 나 여호와의 전지전능함이요, 내가 역사하고자 하는 것이며 내가 이루고자 하는 것을 알고자 한다면,
8 너희는 지금 손으로 지은 그 교회요, 그 성전이요, 성당이요, 법당이라 하는 그와 같은 회당에서 나를 찾으려 하지 말며 나를 알려 연구하지 말며 나를 알려 노력하지 말라 그리 이르라.
9 너희가 정녕 전지전능한 나 여호와요, 창조주요, 나 여호와의 뜻을 알며, 내가 역사하고자 하는 것을 알며, 내가 운영하고자 하는 것을 알며, 내가 이루고자 하는 것을 알려면,
10 교회라는 곳의 바깥 세상에서 돌아가고 운영되는 것, 모든 것이 존재하는 그와 같은 형태의 생활 속에서 하나하나 깨달음을 얻어야 할 것이며,
11 거기에서 나의 위대함이요, 전지전능함을 찾도록 역사해야 함을 알아야 할 것이니라.
12 너희가 아무리 나의 법전을 읽고 깨우치며 이를 정독하고 읽고 깨우친다 하여도,
13 자연의 위대함이요, 나의 전지전능함을 그 아름다움 속에서 자연의 그 형태 속에서 물의 형태 속에서 위대함을 찾지 못한다면 정녕 하늘에 오르는 길을 알 수 없음을 알아야 할 것이니라.
14 정녕 하늘에 오르는 길이요, 내가 역사하는 것을 알고 깨우치고자 하거든, 정녕 나의 전능함을 알고자 하거든 너희 손으로 지은 그 교회 안에서 찾으려 하지 말며 바깥의 아름다운 세상의

그 자연의 형태요…….

15 (하나님께서 기적을 보이시어, 녹음 중에 녹음기의 버튼이 저절로 튀어 녹음 상태가 불량합니다. 또한, 총 90분 분량의 녹음테이프 중에서 B면의 녹음이 삭제되었습니다.

16 - 녹음테이프 408번 전체의 소리 파형-90분 분량)

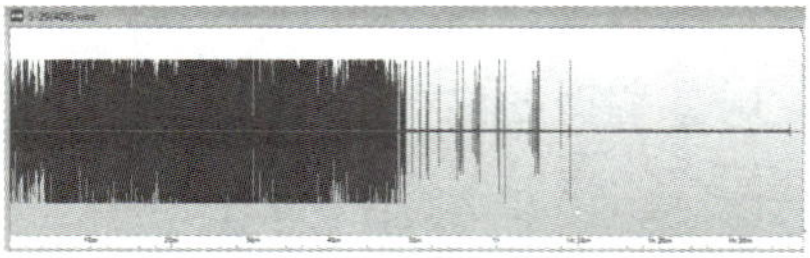

6,130 번째 하나님 말씀

2003년 5월 9일 0시 22분

1 사랑하는 나의 아들아!

2 "네, 아버님! 말씀하옵소서."

3 너희가 세상의 모든 사물을 볼 수 있는 눈이 있으며 들을 수 있는 귀가 있으며 또한 말을 전할 수 있는 입이 있느니라.

4 그러나 세상 만물을 다 볼 수 있는 그 눈을 가지고 있되,

5 정녕 보석과 잡석을 구분하지 못하는 눈이라 하면, 그 눈은 과연 어떠한 눈이며, 그 눈의 필요성은 어디에 있는가?

6 너희가 눈이 있는 것은 사물을 바로 보며 바로 판단하며 바로 구분할 수 있도록 그리하여 눈이 필요한 것이 아니던가?

7 그러나 그 눈이 정녕 보석과 잡석을 구분하지 못하는 눈이라면 그 눈은 과연 자기의 직분을 다하는 것이며 자기의 능력을 다하는 것이냐?

8 다하지 못하는 것이니라.

9 제 직분을 다하지 못하는 자처럼 어리석고 불쌍한 자가 세상에 어디 있는가?

10 지금 내가 나의 피조물 만백성에게 전하여 뭐라 가르쳤던가?

11 이 세상에 아무리 사나운 맹수요, 아무리 힘이 센 맹수라 하여도,

12 인간 너희와 서로 견주어 죽고 사는 그 생사의 싸움을 시작한다면 인간을 이길 수 있는 것은 아무것도 없다 하였음이니라.

13 준비 기간이요, 서로 싸움을 할 수 있는 시간을 주며 약정된 시간에 싸움을 하게 한다면,

14 너희는 그 머리로써 어떠한 사나운 짐승도 너희를 당할 수 없으며, 너희 앞에 굴복하게 되어 있음이니라.

15 그것이 인간 너희가 가진 재능이요, 능력이요, 또 내가 너희에게 준 것이라 그리 말하지 아니하였던가?

16 그와 같은 재능을 가진 나의 피조물 만백성 너희가 정녕 구원의 길이요, 지옥으로 가는 길이요, 그를 구분하지 못한다면, 너희는 그 모든 지혜를 가지고 있는 거나 없는 거나 마찬가지가 아니냐?

17 너희가 그 지혜를 잘못 씀으로써 하늘에 오르는 길이 아니요, 지옥의 벼랑길로 떨어지는 그와 같은 삶을 산다면, 차라리 그 지혜를 갖지 못함과 마찬가지이니라.

18 내가 너에게 말했듯이 눈을 가지고 있되 보석과 잡석을 구분하지 못한다면, 차라리 너희 손으로 만져서 보석과 잡

석은 구분할 수 있는 것이니라.
19 너희가 지혜가 없으며 영리함이 없다
면, 그리고 생각하는 깨달음이 없다
면, 너희가 차라리 어리석은 삶을 살
지는 아니할 것이니라.
20 너희가 내가 높이 준 그 지혜를 잘못
쓰기 때문에 잘못 보는 자와 마찬가지
이기에,
21 지금 진정한 나 여호와의 뜻이요, 하
늘에 오르는 길이요, 내가 새로운 생
명을 구원할 수 있는 새로운 생명의
빛을 세상에 내려보내거늘,
22 너희가 그리 갈구하고 그리 원하면서
도 막상 너희 손에 쥐여 주니 그를 모
르며 그를 받으려 하지 아니하며 보려
하지 아니하니,
23 이는 너희의 어리석음이 아니요,
24 너희가 너무나 영특하여 제 꾀에 제가
넘어가는 그와 같은 어리석은 생각이
요, 어리석은 방법으로써 살아가는 나
의 백성이기 때문이니 그와 같은 자
들이 이를 보지 못함이니라.
25 그와 같이 보지 못하는 것은 너희가
너무 영특하고 너무 사악하며 너무 간
교하기 때문이니라.
26 그저 미련한 자처럼 바보스러운 자,
그리고 남을 넘어트리고자 하지 않는
자, 그와 같은 백성은 나의 법전을 볼
수 있음을 너희는 알아야 할 것이니
라.
27 너희가 지금 살아가는 형국이요, 너희
생각이 얼마나 어리석고 미련한 자인
가?
28 내가 너희에게 일찍이 깨우쳐 주지
아니하였던가?
29 너희는 구약 시대는 구약으로 정리하
며, 신약 시대는 신약으로 정리하며,
30 또한 미래의 나의 새로운 시대는 내가
직접 주관하며 내가 관장하는 새로운
제3의 시대를 열어 가는 것은 너희가
믿으려 하지 아니하며, 그와 같이 역
사할 수 없으며 그와 같은 변화는 있
을 수 없다고 그리 말하며,
31 오로지 너희가 살아 있는 이 시점만
소중하다 그리 말하는 것은 내가 얼마
나 어리석은 백성이라고 했더냐?
32 구약 시대에 떴다가 지는 달과 해가
그때 것과 지금 신약의 것과 다르며,
그리고 미래의 제3의 시대를 여는 것
이 다 다르다 말하는 어리석은 자라
말하였음이니라.
33 구약은 모세를 통하여 역사했으며 모
세로 하여금 십계명을 내가 너희에게
전한 것이며,
34 나의 아들 예수를 통하여 그 목숨을
던져 너희를 구원하고자 했던 그 예
수의 시대요,
35 또 지금 내가 나의 아들을 통하여 밤
과 낮을 가리지 아니하며 160권의 법
전을 기록하여 너희에게 구원의 길이
요, 근본인 법전을 손에 쥐여 주는 그
역사를,
36 너희는 구약 시대의 하나님이요, 신약
시대의 하나님이요, 지금 시대의 하나
님이라 그리 구분하는가?
37 그렇지 아니하면 구약 시대는 사탄이
지배했으며, 너희 지금의 신약 시대만
나 여호와가 주관하였으며, 제3의 시
대 또한 사탄이요, 사악한 자가 지배
한다 너희가 그리 분류하는 어리석은

것이니,
38 그는 너희가 지고 뜨는 달을 구분하며
너희가 살아 있는 동안에만 해와 달이
라 하는 그와 같이 어리석은 자라는
것을 잊지 말라.
39 너희는 나 여호와가 구약과 신약과
제3의 시대를 다 지배하고 관장함을
알아야 할 것이니라.
40 너희는 구약 시대를 지나 신약 시대가
역사하듯이 제3의 시대가 그리 역사
한다는 것을 알아야 할 것이니라.
41 너희는 구약 시대는 너희와 관계없으
며 신약 시대만 역사한다 하듯이 또한
제3의 시대가 역사함을 알아야 할 것
이니라.
42 그렇다면 나의 법전을 읽고 깨우친 백
성은 앞으로 천 년 후에 그들은 제3의
시대만 위대한 시대라 그리 말할 것이
니라.
43 그러니 지금의 시대에 사는 나의 종교
집단이요, 지도자 너희가 너무나 나의
사랑하는 백성을 잘못 가르치며 잘못
인도하며, 너희 자신이 알지 못하기에
지금 이와 같이 험악한 세상이 되었
으며 오류의 세상이 되었음을 너희는
알아야 할 것이니라.
44 움직이는 모든 기계를 어찌 움직이는
것인지 성능을 모르며 그 방법을 모르
는 자가 그 기계를 운영하였을 때는,
45 그 기계는 인간을 도우며 너희를 편
안하게 하는 게 아니라, 그는 바로 너
희의 생명을 앗아 가며 불행을 자초하
는 그와 같은 무서운 결과가 나오는
것이 아니던가?
46 폭발물 하나도 다룰 줄 모르는 자가
그저 안전핀을 제거하는 그와 같은 불
행한 사태가 된다면 그 결과는 무엇이
던가?
47 많은 생명을 잃게 됨이니라.
48 너희가 사람의 생명을 싣고 나르는 기
계 또한 마찬가지이니라.
49 그걸 운영하는 자가 잘못하여 그를 운
영한다 했을 때, 사고라는 것으로써
너희가 모든 생명을 잃는 불행한 역사
가 이루어지는 것이니,
50 지금 하늘에 오르는 길이 무엇이며 내
가 역사하는 것인지도 모르는 종교 지
도자요, 집단들이 사랑하는 나의 피조
물 만백성을 구원한다 하며 너희를 이
끌어 가는 것이 바로 그와 같은 자들
이니라.
51 폭발물을 가지고 안전핀을 빼는 어리
석은 자들이요, 우매한 자들이며,
52 사람을 태우고 나는 기계를 운전할 줄
도 모르면서, 남들이 하기 때문에 그
저 날 것이라 하여,
53 그 소중한 기계를 움직여 모든 생명을
앗아 가는 그와 같은 어리석은 행위를
하고 있는 것이 종교 집단이요, 지도
자, 너희가 하고 있는 행위라는 것을
알라.
54 내가 나의 법전에 기록하여 너희가
잘못하는 것과 잘못되는 것을 나의
아들을 통하여 시정하고자, 깨우치고
자, 가르치고자 하는 것을 엄연히 구
분하여 기록함이니,
55 너희가 읽고 깨우치면 이를 알 것을,
어찌하여 이를 보지 아니하는가?
56 너희는 눈은 떠 있되 보석과 잡석을
구분하지 못하는 어리석은 백성이니,

57 차라리 눈이 없다면 손과 발로 몸으로
비벼서라도 보석과 잡석은 구분할 수
있을 것을,
58 이것이 지금 너희의 형국임을 잊지
말라.

6,131 번째 하나님 말씀

2003년 5월 9일 0시 28분

1 사랑하는 나의 아들아!
2 "네, 아버님! 말씀하옵소서."
3 나의 사랑하는 피조물 만백성 너희가
지금 살아가는 이 지구요, 내가 만든
이 성전에 살아가는 너희의 형국은 과
연 어떠하던가?
4 너희가 생각하고 생각하면 너희가 살
아가는 이 지상의 그 모두가 불안 요
소며, 너희가 불안한 존재며, 너희는
공포에 휩싸여 살 수 없는 그와 같은
느낌이 들 수 있는 것이니라.
5 이 지상에 너희가 살아 있는 그 자체
를 분석하고 생각할 때, 너희는 그 불
안 요소며 너희가 또한 이 지상에 살
고 있는 그 존재가 언제 재앙으로써
부딪칠지 모르며,
6 그를 의심하기 시작한다면 너희가 삶
의 행복이 아니라 불안과 공포요, 그
와 같은 삶을 살게 될 것이니라.
7 너희가 존재하는 그 자체, 너희가 이
리 살아가면서 그 모두를 믿으며 육의
세상에서 살아가고 생활하면서 살 수
있는 그 모두를 믿고 사는 것은 과연
어디서부터 믿고 불안과 공포 속에서
벗어나 너희가 살아갈 수 있는가?
8 과연 너희가 이 지상에 하루하루 살며
불안해하지 아니하며, 마음 편한 이
지상에서 걷고 생활하며 불안해하지
아니하며 달리고 뛰며 가족과 더불어
편안히 살아가는 그와 같은 믿음의 마
음을 가질 수 있는 것은,
9 과연 너희는 누구를 믿기에 그와 같
은 마음을 가지고 있으며 누구를 생각
하기에 그와 같은 마음을 가지고 있는
가?
10 그리고 이 세상을 누가 지배하기에 너
희가 이 세상에 살아가면서 편안한
마음으로 이와 같이 하루하루 생활을
할 수 있단 말이던가?
11 너희가 생각하고 분석하면 불안과 공
포 속에 살고, 그 불안과 공포 속에 불
안정한 그 세상사의 삶에 잠시도 눈을
감고 잘 수 없는 그와 같은 형국이 너
희가 이 세상을 생각하는 것이니라.
12 그러나 너희가 살고 있는 이 지상이
존재함을 너희 자신도 모르게 누군가
를 믿고 있으며 무엇인가를 지금 믿고
살아가지 않는가?
13 그 믿는 마음 자체가 없다면 너희는
불안과 공포에서 살아갈 수 없는 것이
니라.
14 그렇다면 이 지상에서 너희가 편안하
게 믿고 살 수 있는 그 믿음은 과연 어
디며 누구를 믿는가?
15 인간의 능력을 믿고 있기 때문인가?
16 과학 발전으로 모든 인간의 미래를 위
하여 과학의 변화요, 역사하는 그와
같은 능력 때문에 지금 믿고 편안한
인간의 삶을 사는가?
17 그렇지 않으면 짐승의 머리를 놓고 제
사를 지내며 고사를 지낸다는 그들이

믿는 그 신의 능력 때문에 너희가 지
금 편안한 마음을 가지고 이 세상을
살아가는가?
18 그러면 모든 종교 집단의 능력과 그들
이 존재하며 이끌어 가며 기도하고 경
배하는 그와 같은 역사 때문에 너희의
삶 자체를 믿고 사는 것인가?
19 너희는 과연 누구를 믿고 누구를 바탕
으로 하여 지금 살아가는 것이며, 너
희가 편안히 살 수 있는 그 마음의 근
본은 어디에서 오는 것이며, 그 심성
은 어디서부터 나온다 너희는 생각하
는가?
20 이 세상의 모든 사물의 질서는 과연
누가 통제하며 지탱한다고 너희는 생
각하는가?
21 너희는 스스로 이 지구상에 살면서
무엇인가를 믿고 의지하는 그 마음,
그리고 이 세상의 사물의 질서를 누군
가가 통제한다는 그와 같은 이치를 깨
달을 때 무섭고 두려움을 알게 될 것
이니라.
22 그렇다면 너희가 나 여호와가 존재하
며 창조주 너희가 말하는 하늘의 어
버이가 이 모두를 통제한다는 것을 생
각할 때 얼마나 무섭고 두려운 것인가
를 깨달아야 할 것이거늘,
23 너희는 나 여호와가 존재함을 믿으려
아니하며, 진심으로 믿지 못하며 진솔
하게 믿지 못하는 자들이니라.
24 그리하여 너희가 나에게 와 심판을 받
으며 심판의 결과에 대한 것도 '설마
설마 그러할 수 있을까?
25 그렇지 아닐 것이다' 하는 그와 같은
마음의 자세에서 내일을 기약 못 하는
그 삶을 살고 있음이니,
26 오늘 내가 나의 아들을 통하여 너희에
게 가장 기초적인 기본을 가르쳐 줌이
니, 너희가 이 지구상에서 편안하게
모두를 다 믿고 열심히 일하면 노력하
는 만큼 거둬들일 수 있으며 역사할
수 있다는 그와 같은 안일한 생각을
하고 살 수 있으며 편안한 마음을 가
지고 살 수 있는 것은 누구를 믿으며
누가 존재하기 때문에 너희가 그리 살
아갈 수 있는가?
27 그것을 한번 생각해 보라.
28 그렇다면 알 것이니라.
29 그러나 지금 모든 종교 집단이요, 지
도자 그들은 말할 것이니라.
30 저희가 있기 때문이라고, 저희를 믿기
때문이라고, 저희를 따르기 때문이라
고 그리할 것이니라.
31 그들은 나의 피조물 만백성을 편안하
게 믿고 그와 같이 살아가도록 그리
인도한 것이 아니요, 공포와 불안 속
으로 인간이 인간을 두려워하는 사악
한 시대를 만든 것이니,
32 그들에게 현혹되어 다시 태어나는 생
명의 구원을 얻는 것을 버리지 말라,
사랑하는 나의 아들딸들아!

6,132 번째 하나님 말씀

2003년 5월 9일 0시 42분

1 사랑하는 나의 아들아!
2 "네, 아버님! 말씀하옵소서."
3 나의 피조물 만백성 그들에게 나의 뜻
을 확실히 네가 전하여야 하며 나의
그 모든 뜻을 그들의 가슴에 심어 줘

야 함을 너는 알아야 할 것이니라.
4 나 여호와가 이 대자연이요, 내가 만
든 이 지상을 통제하는 것은, 모두를
내가 원하는 자요, 내가 성령으로써
임하는 자요, 나로부터 선택된 자만이
그 모든 것을 역사함을 알아야 할 것
이니라.
5 나 여호와가 성령을 내려 한 사람을
선택하여 한 사람에게 나의 성령을 내
려 모두를 통제하고 역사하는 것은 그
한 사람을 통하여 모든 게 이루어진다
는 것을 내가 일찍이 법전에 기록하여
너희에게 깨우쳐 주었으나,
6 너희는 이 소중하고 귀한 뜻을 알지
못하느니라.
7 이 세상을 통제하고 역사하는 것은 나
의 성령을 내가 직접 내려 선택한 한
사람으로 하여금 모두를 통제하고 역
사한다는 것을 너희는 잊어서는 아니
될 것이니라.
8 성령의 능력을 부여받은 사람, 오직
그 한 사람을 통하여 모든 것이 이루
어진다 함이니라.
9 모세의 시대에 그리하였으며, 예수의
시대도 또 그리하였으며, 지금 제3의
시대 나의 아들을 통하여 내가 160권
의 법전이라는 성령을 내려보내 너희
에게 심판하는 책을 내려보내는 그
역사가 시작됨이니,
10 바로 나의 아들을 통하여 그 모두가
너희에게 전달되며 이 세상을 통제하
는 그 역사가 이루어지는 것을 알아야
할 것이니라.
11 너희는 이를 잘 깨우쳐야 할 것이니
라.
12 내가 만든 이 아름다운 지상을 통제하
는 것은 오로지 한 사람이니라.
13 그 한 사람은 나의 성령으로써 선택됨
이니, 그는 자의로 말하지 아니하며
내가 내리는 것을 가지고 따르며 내가
명하는 것을 직접 가지고 행함이니라.
14 모세가 그 민족을 구하기 위해 역사한
것은 과연 누구의 명을 따라서 그리했
던가?
15 엄연히 모세는 나의 음성이요, 나의
지시를 따라서 그 한 사람을 통하여
대역사를 이루었던 것이니라.
16 여기서 신약 시대에 예수를 통한 것은
내가 누구를 통하여 역사했던가?
17 내가 직접 나의 아들 예수를 내려보내
그를 통하여 만백성을 구하는 그 역사
를 이루었음이니라.
18 그것 하나를 본다 하여도 내가 성령으
로써 임할 수 있는 선택된 나의 아들
딸이요, 그중에 내가 선택한 사람만이
내 대임을 역사하며 나의 명을 받아
움직인다는 것을, 그리고 그가 통제한
다는 것을 너희는 어찌 믿지 않는가?
19 지금은 내가 나의 아들을 통하여 나의
성령이요, 160권의 책을 세상에 내보
내 만백성을 구하고자 하는 것이 나의
뜻이니라.
20 그러니 손바닥만 한 작은 성전이요,
교회라는 것을 지어 놓고 거기서 사람
을 모아 놓고 세상에 역사한 것이며,
만백성을 깨우치는 그와 같은 지도자
라 울부짖고 있음이니,
21 과연 너희 성전에 와 기도하는 머리
숫자가 얼마나 되며 그 인구가 얼마나
되며 거기에서 펴져 나가는 역사가

과연 얼마나 다스릴 수 있다 생각하
는가?
22 모세가 역사한 것은 모든 백성이 그
를 보고 기록하여 그 뜻을 따라온 백
성이 그를 보고 깨우치는 하나의 역사
를 이루었으며,
23 나의 아들 예수 또한 신약이라는 그
성서요, 그가 기록했던 것을 만백성을
대상으로 하여 그가 선택된 자로서 만
백성을 구하는 그 역사를 했음이니라.
24 그가 하나의 오두막이요, 너희처럼 죄
의 온상인 성전이요, 교회라는 것을
지어 놓고 국한된 속에서, 제한된 속
에서 만백성을 깨우쳤단 말이던가?
25 너희가 지금 교회라는 것을 지어 놓고
그곳에 오는 자만이 구원받는다고 하
고 있는 것이 얼마나 불쌍한 짓이며,
얼마나 우매한 짓이며, 얼마나 어리석
은 짓을 하는 것인가?
26 우물 안 개구리가 대장 노릇 하는 것
만도 못한 형국이 지금 성전이요, 교
회를 지어 놓고 그곳에 오는 자만이
구원을 받는다 함이니,
27 너희가 구원을 받고 구원을 시킨다는
백성을 얼마만큼 상대하며 얼마만큼
많이 만나며 얼마만큼 강론하고 전하
는가?
28 너희 종교 지도자요, 목사라 하여 네
가 한평생 살아갈 때 너희 교회에 와
서 만나는 사람이 얼마나 되며, 너희
가 거쳐 가는 사람이 과연 얼마나 된
다고 너희가 이 세상을 정화하며 이
세상을 깨우치며 지도하고 하늘의 만
백성을 인도하는 지도자라 감히 그 말
을 할 수 있는가?
29 너희 자신을 한번 돌이켜 보도록 그
리하라.
30 나의 뜻을 따라 역사한 모세가 그 기
적을 어떤 사람들을 상대로 구원하고
자 했으며, 나의 아들 예수가 얼마나
많은 사람을 위하여 강론했으며, 지금
까지 그 복음이 전하여 내려오는 그
역사가 얼마나 무서운 변화를 이루었
는가?
31 거기에 비추어 볼 때 감히 너희가 손
으로 지은 그 두꺼비집이요, 죄의 온
상인 거기에 오는 자에게 백날 가서
강의하고 설교를 하고 그 백성 앞에
서 천국에 인도하는 길이며, 너희 앞
에 와 강론을 듣는 백성만이 구원을
받는다고 아우성을 치며 재물을 거둬
들이니,
32 네 성전을 거쳐 가는 자, 네 강론을 거
쳐 가는 자가 과연 이 세상의 몇 분의
몇이나 된다 말하느냐?
33 예수의 역사에 비했을 때 너희가 거기
에 견줄 수 있겠는가?
34 지금 내가 나의 아들을 통하여 160권
의 법전의 책을 만들어 피부색을 떠나
서, 언어와 관계없이, 나라에 관계없
이, 지역에 관계없이 만백성을 구하고
자 하는 그 역사함에, 과연 어디에 갖
다 너희 자신을 붙일 수 있다고 생각
하는가, 이 불쌍한 종교 지도자들아!
35 그를 보고 또 구원을 받겠다고 재물과
금화와 은화를 갖다 바치며 몸부림치
는 신도라는 나의 사랑하는 백성 너희
는 어찌하여 이것 하나도 깨우치지 못
하는가?
36 나 여호와가 역사함은 온 세상의 만백

성을 구하며, 만백성의 가슴에 길이
남으며, 만백성의 가슴에 역사하며,
누구나가 들어서 그들이 깨달으며 누
구나가 들어서 변할 수 있는 구약의
역사가 이루어졌으며 신약의 역사가
이루어졌듯이, 지금 제3의 시대의 법
전이 이루어짐이니라.
37 너희가 나로부터 선택된 백성이요, 나
로부터 선택된 지도자라면, 너희는 구
약을 만든 모세의 그 시대보다 더 큰
역사를 이루어야 할 것이며,
38 나의 아들 예수를 통하여 복음을 전했
던 신약성서라는 것보다도 더 위대한
성서요, 더 위대한 글로써 나의 성령
으로써 이 세상에 펴내야만, 너희가
나로부터 선택된 자요, 나로부터 선택
된 목자며, 너희가 나의 임무를 대행
하는 것이며,
39 내 뜻을 대행하여 만백성을 하늘에 인
도하며 깨우치는 자요, 너희가 선택된
자라 당당히 말할 수 있을 것이니라.
40 그러니 지금 나의 아들이 160권의 법
전을 세상에 전하는 것보다 더 큰 역
사를 한 자가 어디에 있으며 그보다도
더 큰 일을 이루는 자가 어디에 있더
냐?
41 내가 그리하여 말하였느니라.
42 나의 아들이 160권의 법전을 세상에
만들어 내는 것보다도 더 많이 기록하
여 전하는 자가 있다면, 그가 나의 아
들이요, 나에게 선택된 자라 하였으며,
43 나의 아들이 죽을 때까지 주옥같이
아름다운 깨달음이요, 너희의 마음을
정화하며 사랑이 움트는 그와 같은 글
을 남길 것이며, 책으로 기록하여 전
하는 그 무엇보다 더 많은 것을 역사
할 수 있는 사람이 있다 하면 내가 너
희에게 말하지 아니할 것이니라.
44 아무리 항우장사의 인간이라도 다 짊
어지고 일어설 수 없을 만큼 하늘의
뜻을 기록하여 나의 아들이 세상에 남
기고 그가 나에게 올 것이니,
45 그보다 더한 역사를 이룰 자가 있다면
나로부터 선택된 자며 이 세상을 통제
하는 목자요, 지도자라 그리하라.
46 너희는 여기서 알라.
47 나 여호와는 한 사람을 통하여 내가
한 사람에게만 내 성령을 임하여 선택
한 한 사람으로부터 한 시대를 내가
통제하며 한 시대를 관장하며 그 시대
에 역사한다는 것을 알라.
48 그러니 구약성경보다 더 역사할 수 있
는 사람, 신약성경보다 더 역사할 수
있는 사람,
49 지금 내가 나의 성령이요, 직접 관장
하는 제3의 시대에 내가 내리는 나의
새로운 성경이요, 나의 법전보다 더
위대한 역사를 이루는 자가 있다면,
50 그가 나로부터 선택된 자요, 그가 나
의 지식이요, 내 임무를 대행하는 자
이니라.
51 그러나 제3의 시대에 나의 아들이 역
사하는 것만큼 이루지 못한다면 감히
그를 비방하지 말며 욕하지 말라.
52 어찌하여 작은 그릇이 그 큰 그릇의
뜻을 알 수 있단 말이던가?
53 너희가 말하느니라.
54 참새가 봉황의 뜻을 알 수 없다고 말
하듯이,
55 너희가 160권을 만들며 인간 세상에

아름다운 마음을 만들며, 그들이 한
구절을 읽을 때 가슴에 깨달음이 있어
눈물을 흘리는 그와 같은 주옥같은 나
의 하늘의 시요, 하늘의 뜻이요, 내가
가르치는 그것을 너희가 짊어지고 일
어설 수 없을 만큼 이 세상에 전해 놓
고 가는 나의 아들보다 더한 역사를
이룰 수 있으며 위대한 일을 할 수 있
거든,
56 네가 나의 아들보다 위대한 자라 그리
말하며 나로부터 선택된 진정한 목자
라 말하라.
57 그와 같은 역사를 이루지 못하거든 모
래알만도 못한 너희가 만든 교회요,
성전에 오는 자는 축복받으며, 세상에
너희 지도자가 만백성을 구하는 역사
를 한 것처럼 말하지 말라.
58 만백성을 구하는 대명을 받은 너희가
그 모래알만도 못한 움막 안에서 세상
을 통제할 것처럼, 세상을 이루는 것
처럼, 나 여호와로부터 선택된 자처럼
그와 같은 어리석은 짓을 하지 말며
추한 짓을 하지 말며,
59 의식주를 해결하기 위해, 너희가 생
계를 유지하기 위한 그 간악한 수단으
로써 세상을 가리려 하지 말라, 불쌍
한 나의 백성들아!
60 그것을 모르고 따라가는 신도라는 나
의 백성, 모두를 다 바치는 불쌍한 너
희를 내가 더 이상 보기가 마음이 아
프나,
61 구원을 받고 못 받는 것은 너희에게
달렸음이니라.
62 이를 보고 깨우치지 못하는 자, 나의
법전을 읽고도 깨우치지 못하는 자,
이 내용을 듣고도 깨우치지 못하는 백
성, 그를 어찌하겠는가?
63 그가 귀가 있어도 듣지 못하는 자며
눈이 있어도 보지 못하는 자이니라.

6,133 번째 하나님 말씀

2003년 5월 9일 0시 56분

1 사랑하는 나의 아들아!
2 "네, 아버님! 말씀하옵소서."
3 나 여호와로부터 성령을 받지 않은 사
람은 나 여호와의 뜻을 미리 알 수가
없으며, 내가 역사함을 알 수 없으며,
내가 지도자로서 쓰는 자가 아니라 그
리 말하였느니라.
4 내가 선택하여 나의 성령으로 임하지
않은 선택되지 아니하는 자는 나 여호
와가 역사하고자 하는 그 위대한 계획
을 알 수 없으며, 그 역사함에 참여할
수 없으며, 안내자로서 그가 구분되어
나의 일을 도울 수 없음이니라.
5 나 여호와의 일을 할 수가 없는 것이
며 나를 도울 수도 없으며 내가 이루
고자 하는 그 일부분을 감당할 수도
없는 것이니라.
6 그러니 곧 지도자로서, 그는 안내자로
서, 그리고 나의 피조물 만백성이 구
원을 받는 그 길을 가르치는 자로서
그와 같은 어떠한 역사도 그가 이룰
수 없음을 너희는 알아야 할 것이니
라.
7 나로부터 성령을 받은 선택된 사람 이
외는 그와 같은 길에 지도자로서 역사
할 수 없음이니라.
8 종교 지도자라 하여 지금 목자요, 목

회자라 하는 자들은 더욱이나 그러하
니라.
9 그러니 지금의 모든 종파요, 지도자들
이 나로부터 성령을 직접 받았으며,
그들에게 나의 성령이 역사했다 말할
수 있으며 그리 대답할 수 있는가?
10 나로부터 성령이 임하지 않은 자는 지
도자가 될 수 없다는 것을 너희는 알
아야 할 것이니라.
11 그러니 나의 성령이 임하지 않은 사람
은 성서를 가지고 나의 피조물 만백성
을 제가 구원할 수 있는 자요, 구원의
길로 인도한다 말할 수 없음이니라.
12 저희는 그저 성령으로써 성서로써 나
의 뜻을 가르쳐 나의 뜻을 전한다 하
며 저희가 생활하는 방법이요, 생계
수단으로 나의 피조물 만백성을 우롱
하는 것이지,
13 그들이 정녕 하늘에 오르는 그 이치
요, 길을 모름을 너희는 알아야 할 것
이니라.
14 너희를 지금 구원의 길로 인도한다 하
는 것을 믿는 것은 너희가 지옥으로
가고 있다는 것을 잊지 말라.
15 구약과 신약성서의 의미를 너희가 안
다면, 그를 음미해서 정독해서 읽는다
하면 그와 같은 내용이 거기에도 기록
되어 있음을 너희는 알아야 할 것이
니라.
16 나로부터 선택된 백성이 아니요, 나로
부터 성령이 임하지 아니한 백성은 만
백성을 구하는 지도자로서 그가 자질
이 없으며 자격이 없다는 것을 나의
구약과 신약 성서를 상세히 뒤져 읽어
보라.
17 거기에 그와 같은 의미의 기록된 나의
뜻이 있음을 너희는 알게 될 것이니라.
18 그러나 그를 찾았을 때, 너희가 그리
찾는다 하여 그를 행하지 아니하며,
너희가 자격이 없으며 자질이 없으며
종교 지도자로서 갈 수 없다 하여 그
자리를 놓고 물러나는 자가 과연 한
명이나 이 세상에 있겠는가?
19 그와 같은 뜻이 들킬까 봐 덮을 것이
며, 그와 같은 내용을 만백성이 알까
봐 그를 가지고 강론하지 아니함이니,
20 반드시 너희가 성서를 뒤지면 나로부
터 성령을 받지 아니하는 자는 지도자
가 될 수 없다는 그와 같은 의미가 기
록되어 있음을 알라.
21 그러니 지금의 모든 종파요, 모든 종
교 지도자들이 나로부터 직접 지도자
로서 성령을 받았다고 너희는 생각하
는가?
22 나의 성령은 오로지 한 사람을 통하여
내가 역사하며 이 지상을 통제한다 하
였음을 잊지 말라.
23 나 여호와로부터 성령이 임하지 않은
백성은 지도자가 될 수 없다는 것을
너희는 깊이 깨달아야 할 것이며 이
를 잊어서는 아니 될 것이니라.
24 지금의 모든 종교 집단이요, 지도자들
이 나로부터 성령으로써 임하지 아니
한 백성은 지상의 인간관계의 육의
삶에서 너희가 해결사가 될 수 있으
며 해결사의 역할은 할 수 있으며 거
래하는 중개자의 역할은 할 수 있으나,
25 너희가 하늘에 오르는 길이요, 하늘의
이치를 깨우치는 데는 너희 자신이
그 의미를 알지 못하기에, 그를 가르

친다 해서는 아니 됨을 알아야 할 것
이니라.
26 너희 자신이 하늘에 오르는 빛이 무엇
이며, 하늘에 오르는 길이 무엇이며,
하늘에 오르는 길에 첫발을 디디는
그 장소를 모르며 출발선을 모르는 너
희가 어찌하여 그를 깨우치며 전한다
말할 수 있는가?
27 그러니 이를 너희는 알아야 할 것이
니라.
28 나 여호와로부터 성령이 임한 백성,
선택된 나의 백성은 지금도 나의 법전
을 기록하여 전하는 나의 아들뿐이라
는 것을 너희가 알아야 할 것이니라.
29 그리고 너희가 깨우치고 인도하는 것
은 내가 내리는 새로운 성경이요, 나
의 법전이요, 여기에 이것 외에는 아
무것도 너희를 구원하는 길이 없으며
하늘에 오르는 길을 볼 수 없다는 것
을 내가 다시 한 번 너희에게 전함이
니 그리 알라.
30 지금의 모든 종교 집단이요, 지도자들
이 설교하며 강론하는 것은 인간 세상
사 너희가 살아가는 삶에 대한 해결
사요, 육의 세상에서 너희가 깨우치며
인간 세상에 도덕적으로 살 수 있는
그와 같은 한계는 너희가 다 이룰 수
있으나,
31 그 이상의 한계는 넘을 수 없으며 하
늘의 뜻을 알 수 없기에 그 이상은 너
희가 갈 수도 없으며 넘을 수도 없음
이니라.
32 그 이상의 세상을 보며 그 이상을 넘
고자 한다면, 너희는 내가 나의 아들
을 통하여 내리는 강론을 들어야 할
것이며,
33 나의 법전을 읽고 깨우쳐 눈을 떴을
때, 너희가 그를 보고 그 길에 들어선
다는 것을 알아야 할 것이니라.

6,134 번째 하나님 말씀

2003년 5월 9일 06시 53분

1 사랑하는 나의 아들아!
2 "네, 아버님! 말씀하옵소서."
3 인간 세상에 살아가는 너희의 삶에서
도 한 사람에게 은혜를 입으며 그 사
람으로 인해 먹고살며 그 사람으로
인해 제 가족을 다스리며 살아갈 수
있는 그와 같은 은혜를 입은 자가,
4 겉으로는 그에게 은혜를 입으나, 뒤에
서는 그 주인이요, 도와주며 아껴 준
사람에게 화살을 쏘는 그와 같은 행위
를 한다면,
5 평생 도와준 사람의 마음은 어떠하며,
그 도움을 받으면서도 고마움을 모르
며 항상 불평불만이요, 그리고 그 도
와준 사람에 대하여 악의를 품고 사
는 자가 있다면, 그를 도와준 사람의
마음이 얼마나 아픈 일이던가?
6 너희는 여기서 세상에 태어나는 그 생
명의 은혜를 받아 세상에 나갔음이니,
그것은 내가 너희에게 베풀어 준 은혜
가 아니던가?
7 나로부터 너희가 생명의 은혜를 받아
세상에 나갔으며,
8 내가 존재하여 내가 만든 이 지상의
낙원에서 너희는 모두를 취하고 얻으
면서 또한 너희의 귀한 생명이 그리
살아가느니라.

9 그러면서 너희가 나의 뜻이요, 내가
명한 십계명이요, 나의 율법대로 살아
가지 아니하며 그를 정면으로 거부하
며 그를 행하지 아니하고 살아가는 삶
을 산다 하면,
10 내가 너희에게 원하는 길은 오른쪽으
로 가는 길을 원하거늘, 너희가 그를
무시하며 그를 듣지 아니하며 너희가
왼쪽으로 달려가는 그 길만 간다면,
11 나 여호와가 너희를 내려다보는 그
마음이 얼마나 섭섭하겠는가?
12 수없이 인간 세상에서 도와주고 또 도
와준 사람에게 화살을 쏘는 자를 보는
그 도와준 사람의 마음보다 열배 백배
더 아픈 것이 나 여호와의 마음이니라.
13 지금 모든 종교 집단이요, 믿음의 길
을 가는 백성이 다 그러하니, 내가 오
죽하면 너희에게 지금까지 살았던 삶
을 반대 방향으로 사는 자, 그와 같은
자만이 나에게 오를 수 있으며 나를
볼 수 있다고 내가 말하겠는가?
14 지금 너희가 살아가는 형국이 그러하
니라.
15 은혜를 모르는 자들이요, 어디서 왔는
지를 모르며 누구 때문에 이 세상을
살면서 편안한 마음으로 사는 것인가?
16 그리하여 내가 모두를 너희에게 주었
으며 천사와 같은 마음으로 살라 내가
부탁한 그 하나를 너희가 들어주지 아
니하며 그를 따라 살지 아니한다면,
17 창조주 나 여호와의 섭섭한 마음이요,
내가 너희에게서 손을 놓는 그 마음
을 너희는 나를 원망해서는 아니 될
것이니라.
18 어찌하여 그 의미 하나를 모르는가?
19 너희가 아름다운 행동이요, 아름다운
마음을 갖고 사는 것, 그것으로써 너
희가 나로부터 받은 모든 것에 대한
은혜요, 영광에 보답하는 길이라 하였
거늘,
20 그것 하나를 너희가 행하지 아니함이
니, 근본적으로 너희는 무엇이더냐?
21 인간의 선함을 행하는 것이 문제가 아
니요, 나의 아들 예수를 찾으며 나를
부르는 것만으로 나에게 은혜를 갚는
길이라 그리 말함이니,
22 너희는 여기서 잘못 가르치고 있으며
잘못 가고 있음을 알아야 할 것이니라.
23 나를 믿는 사람도, 믿지 않은 사람도,
나 여호와를 부르짖는 사람도, 부르짖
지 아니하는 사람도, 그 모두는 다 행
동에 달렸으며 행함이 먼저 우선임을
너희는 알아야 할 것이니라.
24 그것이 근본임을 알라.
25 그와 같은 행위를 바로 하지 못하는
자, 너희가 아무리 나를 울고불고 찾
는다 하여도 그것은 나에게 은혜를 보
답하는 길이요, 감사함에 보답하는 길
이 아님을 알라.
26 이 의미를 깊이 깨우쳐 너희가 바른
삶이요, 바로 가는 삶을 살도록 그리
하라.
27 그렇지 아니한 자, 나에게 구원을 받
을 수 없다는 것을 알라.

6,135 번째 하나님 말씀

2003년 5월 9일 21시 01분

1 사랑하는 나의 아들아!
2 "네, 아버님! 말씀하옵소서."

3 너희가 어리고 어린 그 시절에 바라봤
던 넓은 그 강이요, 그 높은 산들도,
4 너희가 나이를 먹고 세상에 살아가면
서 더 큰 강을 보며 바다를 보며 더 높
은 산천을 구경하고 돌아와서 그 강을
보고 그 산천을 볼 때,
5 그 얼마나 너희 마음속에 작게 보이
며, 어린 시절에 보았던 그 모두가 어
찌하면 그리도 작은 것이며, 이 작은
것을 어린 시절에 어찌 이리 크게 보
았는가 그와 같은 생각을 하게 될 것
이니라.
6 너희가 지금 나에게 오는 믿음의 길이
그러하니라.
7 너희는 지금 모르고 있음이니라.
8 너희가 처음에 시작하여 지금까지 흘
러오는 이 세월 속에 너희의 깨달음이
요, 너희 머릿속에 가지고 있는 그 느
낌이라는 것은 너희가 상상할 수가 없
음을 알아야 할 것이니라.
9 이제는 너희가 어린 시절에 봤던 그
강이 좁게 보이듯이, 그 높았던 산이
낮게 보이는 그 인생의 연륜이 쌓인
것처럼, 너희가 모든 세상사가 다 그
리 보임이니라.
10 그러니 너희가 그와 같이 변화되며 높
이 오르고 있음이니, 너희가 그와 같
은 것을 깨달아야 할 것이며,
11 그와 같이 되었을 때 너희가 그 행동
이 또한 따름을 잊어서는 아니 될 것
이니 그리 알라.
12 나의 성전에 오는 네 동료요, 나의 아
들을 따르는 제자 너희가 한 명이 나
오든, 두 명이 나오든 그와 같은 것에
너희는 관여하지 말며 마음을 둘 필요
가 없음을 알아야 할 것이니라.
13 나의 아들 예수를 따랐던 그 제자들이
요, 그리고 그 많은 역사를 봤던 그들
이 언제 그에게서 떠났는가?
14 그들이 잠자고 먹고살며 편안한 세월
속에 그를 선생이라 따랐으며, 나의
아들이라 따랐으며, 그를 숭배하였으
며, 죽음의 길을 같이 가겠다 말하였
으며, 모든 역사를 같이 하겠다 그들
은 말하지 아니하였는가?
15 그러나 결정적인 그 마지막 순간에,
가장 필요한 그 순간에, 서로 동반자
가 되어야 할 그 순간에 그들이 등을
돌리고 떠나지 아니하였던가?
16 그러니 너희가 지금 나의 아들이 어렵
고 힘들 때 떠나는 그들보다 지금 떠
나면 훨씬 나으니라.
17 그리하여 내가 지금 너를 따르는 자들
이요, 너의 제자들을 선별하고 또 선
별함이니라.
18 너희 가슴속에 끓는 그 피와 마찬가지
로 너희가 그 모두를 나에게 바치겠다
는 생각, 모두를 다 저버리고 바치겠
다는 생각,
19 세상 모두를 대중적으로 보며 너희가
피해를 보는 것, 그 모두는 나의 역사
함이니 그를 행복이라 정녕 느끼고 행
동할 수 있을 때, 그와 같은 제자들만
이 여기에 남을 수 있음을 너희는 알
아야 할 것이니,
20 내가 나의 아들이 정녕 너희가 필요
할 때 손을 내밀 때 등을 돌리고 떠나
는 그와 같은 두 번의 아픈 시간을 겪
지 아니하게 할 것이며,
21 나의 아들로부터 그와 같은 고통을 내

가 임하게 하지 아니할 것이 나 여호
와의 뜻이니라.
22 나의 아들이 너희 손이 필요하며 너
희와 더불어 가는 그 길동무가 필요할
때, 나의 아들 예수에게 등을 돌렸듯
이 너희 또한 그리 등을 돌린다면 그
때 예수의 아픔은 너희가 알지 못할
것이니라.
23 그러니 내가 두 번 다시 나의 아들에
게 그와 같은 아픔의 역사요, 그와 같
은 시련마저 그에게 대물림하지 아니
할 것이 나 여호와니라.
24 그리하여 내가 너희를 선별하고 고름
이니라.
25 단 하나의 제자가 있음으로써 그가
얼마나 행복한 것인가를 알고 있음이
니라.
26 수천수만의 제자요, 그를 따르는 자들
이 있어도, 그들이 바로 깨우치지 못
하며 바로 가지 못한다면 그는 나의
아들의 길동무가 아님이니라.
27 바보요, 장애인이요, 그리고 부족한
자라 하여도, 그가 가지고 있는 마음
이 곧고 변함없는 그와 같은 사랑을
베풀며 인간의 도리를 지키고 온 자가
그 옆에 있을 때,
28 그는 수천수만 명의 스승보다도 위대
한 스승이요, 위대한 스승으로서 그는
그를 보고 깨우칠 것이며,
29 나의 아들이 변하는 그 속도에 너희가
가속도를 붙여 주는 것과 같은 것이니
라.
30 그와 마찬가지로 역으로 생각할 때 수
천수만이 있으면 무엇하겠는가?
31 정녕 그가 필요할 때, 그가 십자가를
짊어지고 고통의 길을 갈 때, 그가 갈
증이 나서 물 한 모금이 필요할 때 제
옷에 적셔서 그 목에 물 한 방울이라
도 전해 줄 수 있는 자,
32 적의 창칼에 의해 그가 산산조각이 난
다 하여도, 제 옷에 물을 묻혀서, 그게
아니면 제 피를 짜서라도 십자가를 짊
어지고 가는 나의 아들의 목을 축여
줄 수 있는 한 사람의 그 제자요, 그
동료요, 그 형제가 필요한 것이니라.
33 나는 그를 선택하고자 함이니, 너희는
나의 성전에 사람이 많이 있고 없음을
의식하지 말며 그를 생각하지 말라.
34 나는 나의 아들 예수에게 그 고통과
시련과 아픔을 주었듯이, 나는 두 번
다시 그와 같은 고통과 시련을 나의
아들에게 대물림할 수는 없음이니라.
35 그가 십자가를 지켜 갔을 때, 누구를
생각하며 누구를 그리 생각했겠는가?
36 가장 갈증이 나고 가장 힘들 때, 나의
아들 예수는 누구를 생각했던가?
37 그에게 손가락질하며 저주하는 자들
이 그에게 물 한 방울을 주기를 그는
기대했겠는가?
38 그들에게 창칼을 들이대며 창칼로써
호위하는 자들, 그를 죽이고자 혈안이
된 자들을 생각하면서 그들에게 물 한
모금을 얻어먹기를 나의 아들 예수는
생각했던가?
39 그는 그 물을 마시지 못할지언정 그들
에게 칼로 창으로써 제 몸이 찢기면서
도 물을 들고 그에게 달려오는 그 제
자들의 얼굴을 하나하나 그렸을 것이
며 그 제자들을 생각했을 것이며,
40 어떠한 제자는 반드시 이와 같은 무서

운 형국을 뚫고 물을 들고 그에게 달
려올 것이라 그리 생각했을 것이며,
그리해 줄 것이라 생각했을 것이니라.
41 그와 같은 자가 한 사람도 없었으며
그와 같은 역사가 없을 때, 그 모두를
저버렸을 때 예수의 발걸음이 얼마나
무겁고 힘들었겠는가?
42 짊어지는 십자가보다도, 죽음보다도
더 두렵고 무서운 것이 나의 아들 예
수의 그 찢어지는 마음의 아픔이었느
니라.
43 그 십자가에 피 흘려 죽어 갈 때까지
그는 누구를 생각했겠는가?
44 그 제자들을 생각했을 것이며, 그들을
그리워했을 것이며,
45 그래도 그는 그들이 바로 서기를 바랐
으며, 그들의 영원한 육의 행복이요,
나 여호와에게 구원을 받기를 그는 애
절하게 바라고 기도했을 것이니라.
46 지금 나의 아들이 그와 같은 형국을
당할 때, 과연 그는 누구를 생각하겠
는가?
47 너희를 먼저 생각하겠는가, 밖에 지나
가는 백성을 생각하겠는가?
48 종교 지도자요, 그 교회요, 성당이요,
회당에서 그를 비판하고 그에게 손가
락질하며 사탄이요, 이단이라 욕한 자
들이 그에게 물 한 바가지 주기를 지
금의 나의 아들이 기대하고 생각하겠
는가, 누구를 생각하겠는가?
49 그리고 그는 너희 제자들을 위해서 물
을 갖다 주지 않는다 해서 나의 아들
은 무엇을 기도하며 너희를 원망하는
마음으로써 가겠는가?
50 누구를 생각하겠는가 생각해 보라.
51 그가 생각했을 때 올 수 있는 그 제자
들만이 그 옆에 존재한다는 철저한 나
의 뜻을 알라.

부 록

【하나님께서 가르쳐 주신 운동】

천재지변이 일어날 때, 동물이나 미물들은 미리 알고 대피하지만, 인간은 알지 못하고 큰 화를 당합니다. 하나님께서 인간에게 가장 높은 지혜를 주시고 완벽하게 창조해 주셨기에 동물들보다 더 잘 알 수 있지만, 욕심으로 마음이 혼탁해져서 한 치 앞을 보지 못하는 것입니다.

마찬가지로, 인간은 누구나 스스로 필요한 운동을 해서 건강을 지킬 수 있도록 하나님께서 만들어 주셨습니다. 우리의 머리에서 우리 몸에 필요한 동작을 해 달라고 끊임없이 신호를 보내지만, 인간이 혼탁하게 살아서 그 신호를 알아채지 못합니다. 그러니 자연스럽게 자기 몸이 원하는 그 신호를 따라서 운동하는 것이 하나님께서 가르쳐 주신 운동 방법입니다. 바로, 우리의 영이 육을 이끄는 운동입니다.

▶ 하나님 운동법

1. 눈을 감고, 발을 어깨너비로 벌리고 바르게 선다.
2. 몸에 힘을 풀고, 허리를 숙이면서 손과 머리를 아래로 내린다.
3. 허리를 펴고 싶을 때, 천천히 펴면서 하고 싶은 동작을 하면 운동이 시작된다. (사람마다 다르다.)
4. 멈추지 말고, 어떤 동작이든지 자기 몸의 느낌대로 계속 이어서 한다.

▶ 참고 사항

① 눈을 감은 상태로 아무 생각 하지 않고, 자기 몸의 느낌대로 움직입니다.

② 마음을 비우고, 욕심을 버리고, 지난날의 잘못을 반성하면서 몇 차례 시도하다 보면, 자기도 모르게 하고 싶은 동작이 끊임없이 생깁니다.

③ 운동 장소는 방 안이든 운동장이든 관계없으며, 걷거나 달리고 싶을 때는 눈을 떠도 됩니다.

④ 매일 40분 이상, 주 4회 이상, 3개월 이상 하면 음식 조절에 들어갑니다.
- 음식으로 생긴 병은 음식으로 치료하게 되며, 어떤 음식을 먹어야 하는지 스스로 알게 됩니다.
(자기 몸에 필요한 음식만 먹고 싶어집니다.)

⑤ 사랑하는 사람과 함께 운동하면 서로 치료해 주기도 합니다.

⑥ 운동을 하다가 몸의 어느 한 부분을 계속 손으로 자극한다면 그쪽에 이상이 있는 것이니, 의사에게 상담을 받고 적절한 치료를 받으면 됩니다.

⑦ 다이어트 및 기타 건강관리에 효과적입니다.

⑧ 꾸준히 운동하여 영이 맑아지면, 자신의 과거와 미래를 스스로 보게 됩니다.

누구나 스스로 하실 수 있습니다.

간 행 사

《새로운 성경》은:

· 새로운 성경은, 하나님께서 선량하고 선한 자를 선택하여 십계명을 암송하도록 하시고, 십계명을 암송한 다음에 음성으로써 들려주시는 말씀을 듣고 그대로 카세트테이프에 녹음해서 받아쓴 책입니다.

· 90분짜리 녹음테이프 700여 개에 달하는 말씀으로, 1999년 8월부터 2004년 7월까지 총 160권(권당 288쪽)을 완성하였으며, 그 이후에도 현재까지 계속 말씀을 내려 주고 계십니다.

· 새로운 성경은 "하늘을 두루마리 삼고 바닷물을 먹물 삼아 쓰고 써도 다 못 쓴다"는, 끝없이 방대한 하나님의 말씀이 두루마리로 직접 내려오는 것입니다. 이러한 새로운 성경은 구약과 신약을 폐하려는 것이 아니라 "인봉된 성서의 비유의 뜻"을 상세히 설명하여 완성하고자 하나님께서 직접 내려 주신 말씀입니다.

《새로운 성경》의 구성:

· 제 목: 2013년, 160권 모음집을 발간하면서, 본 도서의 제목을 "하나님! 말씀하옵소서"에서 《새로운 성경》으로 명해 주셨습니다.

· 단행본: 각 권당 288쪽(신국판) 책이 160권까지 시리즈로 출판됩니다.
(모음집은 단행본을 16권씩 묶어서, 총 10부로 구성됩니다.)

《새로운 성경》의 성경적 근거:

· 신약 성경 [요한복음] 16장 13절에 "진리의 성령이 오시면 그가 너희를 모든 진리 가운데로 인도하시리니 그가 자의로 말하지 않고, 오직 듣는 것만을 말하며" 하신 말씀처럼 하나님의 음성을 들은 것만 기록하였으며,

· "장래 일을 너희에게 알리시리라" 하신 말씀과 같이 개인, 나라, 인류의 "장래"일을 하나님께서 알려 주시는 것만 기록하여 책으로 만들었습니다.

《새로운 성경》의 기록 방법:

· 1999년 8월부터 하나님께서 저에게 들려주시는 음성을 기록하였습니다. 처음에는 제가 들은 말씀을 불러 주면 저의 아내가 기록하여, 2000년 1월 29일에 1권 초판이 세상에 나왔습니다. 2000년 4월부터는 주시는 말씀을 받아 녹음기에 기록하여 시리즈로 출간하기 시작하였습니다.

· 녹음을 시작하면서 하나님의 말씀을 받는 데 가속도가 붙었고, 2001년 5월 3일에 1부(1~16권까지)를 인쇄하여 출판하였으며, 2004년 7월까지 총160권 분량의 말씀을 받아 기록하였습니다.

하나님께서 저에게 주신 것은:

· 첫째, 만백성을 상대로 내려 주시는 "기도", 둘째, 수시로 내려 주시는 "묵상", 셋째, 개인의 과거, 현재, 미래를 알려 주시는 "개인 기도", 넷째, 개인의 건강을 위해서 내려 주시는 "음식 처방", 다섯째, 하나님께서 가르쳐 주신 "운동"등이 있습니다. 이 중에 첫 번째, "기도"를 책으로 편찬하였습니다. 사람의 생사, 개인의 미래에 관한 천기는 수록하지 말라 하셨습니다.

강론 안내:

· 하나님께서는 지금도 매일 저에게 새로운 하늘의 비밀의 말씀을 내려 주고 계십니다. 수시로 내려 주시는 말씀을 정리해서 제자를 육성하라는 말씀에 따라 매주 강론을 하고 있습니다. 누구나 무료로 들으실 수 있습니다. (book160.com)

《새로운 성경》을 읽는 분들에게 드리는 선물:

· 개인 기도: 개인의 과거, 현재, 미래에 관하여 말씀을 내려 주십니다.

· 음식 처방: 사람은 음식을 먹고살다가 건강을 잃으니, 음식과 운동으로 건강을 되찾는 방법을 알려 드립니다. 단, 하나님이 계심을 믿고, 십계명을 지키겠다고 진실로 서약하는 분들께 알려드립니다.

《새로운 성경》의 은혜와 기적:

· 새로운 성경 전160권은 16권씩 묶어서 총 10부의 모음집으로 구성됩니다. 모음집 한 부를 읽고 깨우치는 자에게 하나님께서 다음과 같은 기적이 있다고 하셨습니다.

· "첫째, 그가 죽어 하늘에 갔을 때 그의 죄를 묻지 아니하며, 구원을 받는 위대한 은혜가 있으며, 둘째, 그의 소원과 소망이 이루어지고, 셋째, 죽은 자(부모, 형제, 자식, 사랑하고 은혜 입은 분)의 이름으로 구입한 책을 읽고 누군가 한 사람이 깨우칠 때, 그 죽은 자가 지옥에서 천국으로 구원을 받게 되며, 넷째, 유산, 중절 수술 등으로 태어나지 못한 아이를 위하여 구입한 책을 보고 한 명이 깨우쳤을 때, 그 아이가 사람으로 다시 한 번 태어나는 은혜를 받는다."

· "새로운 성경"을 3회 이상 정성을 다해 정독하는 자, 성서의 비밀을 알게 되고, 세상의 이치를 알게 되며, 세상을 지배하고 통제할 수 있는 지혜를 다 얻게 된다고 하셨습니다. 이 책은 만백성이 정독하고 이웃에게 전하여, 평생 가슴에 묻은 슬픔과 고통의 짐을 벗고 미래를 위한 힘찬 삶을 살아가도록 하는 책입니다.

끝으로

· 하나님께서는 흰 눈이 세상을 덮듯이 새로운 성경을 온 세상에 전하라고 하셨습니다. 《새로운 성경》을 각국어로 번역해서 온 인류에게 구원의 길을 깨우쳐 주고, 그 수익으로 가난하고 어려운 백성을 구제하여, 만백성의 영과 육을 함께 구원하는 선지자의 임무를 수행하라고 저에게 명하셨습니다.

· 하늘에서 내려 주신 말씀의 보화를 만백성에게 나누어 주는 것이 선지자의 임무라고 하셨습니다. 새로운 성경을 통해서 얻는 재물을 사용할 곳도 하나님께서 일일이 명해 주십니다. 모든 재물은 저의 자의로 쓸 수 없고, 하나님께서 명하시는 대로만 쓰여집니다.

· 어떤 명분으로든 십일조나 각종 헌금을 거두어들이지 말라 하셨으며, 국내뿐 아니라 각국에 성전과 단독 서점을 운영하며, 한국의 많은 젊은이들을 전 세계에 지도자로 내보내라고 하셨습니다.

· 우리는 세계적으로 새로운 성경을 보급하며 어려운 이들을 돕는 역사를 해 나갈 것입니다. 지금까지 비록 몇 명 안 되는 제자들과 함께 이러한 일을 역사했지만, 앞으로도 계속 하나님께서 기뻐하시는 일들을 해 나갈 것입니다. 부족한 저희에게 여러분들의 지혜와 성원을 보내 주시기를 바랍니다. 많은 분들의 참여와 도움을 간절히 기다립니다. 감사합니다.

한국어로 내려온 《새로운 성경》 단행본을 출간하며
2016년 4월 10일

발행인 **김 용 철**

한국어로 내려온

새로운 **성 경** · 6부 · 제83권

지은이 하나님 말씀
대역자 김용철

초판인쇄 1쇄 2017년 4월 3일

펴낸 곳 도서출판 하얀마음
등록번호 제 10-2107호 (2001년 2월 14일)
주소 서울시 노원구 덕릉로86길5, 2층
전화번호 02) 313-1114
팩스 02) 393-5554
전자우편 book160@hanmail.net
편집위원 조나영 김미향 이석교
제작지원 김홍숙 이미숙 이미란

도서상담 1600-7527
ISBN 978-89-5875-183-0 (04230)
978-89-5875-100-7 (세 트)

값 10,000원
잘못된 책은 구입하신 곳에서 바꾸어 드립니다.

※이 책은 10부로 제작되며, 각 부 16권씩 총160권으로 구성됩니다.※

1부	2부	3부	4부	5부	**6부**	7부	8부	9부	10부
1권	17권	33권	49권	65권	81권	97권	113권	129권	145권
2권	18권	34권	50권	66권	82권	98권	114권	130권	146권
3권	19권	35권	51권	67권	83권	99권	115권	131권	147권
4권	20권	36권	52권	68권	84권	100권	116권	132권	148권
5권	21권	37권	53권	69권	85권	101권	117권	133권	149권
6권	22권	38권	54권	70권	86권	102권	118권	134권	150권
7권	23권	39권	55권	71권	87권	103권	119권	135권	151권
8권	24권	40권	56권	72권	88권	104권	120권	136권	152권
9권	25권	41권	57권	73권	89권	105권	121권	137권	153권
10권	26권	42권	58권	74권	90권	106권	122권	138권	154권
11권	27권	43권	59권	75권	91권	107권	123권	139권	155권
12권	28권	44권	60권	76권	92권	108권	124권	140권	156권
13권	29권	45권	61권	77권	93권	109권	125권	141권	157권
14권	30권	46권	62권	78권	94권	110권	126권	142권	158권
15권	31권	47권	63권	79권	95권	111권	127권	143권	159권
16권	32권	48권	64권	80권	96권	112권	128권	144권	160권